新时代教育学进展丛书

主编：崔景贵

信息技术赋能的
学前教育评价研究与实践

吕雪　李丽◎著

知识产权出版社

全国百佳图书出版单位

—北京—

图书在版编目（CIP）数据

信息技术赋能的学前教育评价研究与实践/吕雪，李丽著. —北京：知识产权出版社，2024.9
ISBN 978 - 7 - 5130 - 9289 - 0

Ⅰ. ①信… Ⅱ. ①吕… ②李… Ⅲ. ①信息技术—应用—学前教育—教育评估
Ⅳ. ①G610 - 39

中国国家版本馆 CIP 数据核字（2024）第 030357 号

内容提要

在学前教育质量监测与质量提升的政策导向下，技术赋能的尤其是智能技术赋能的学前教育评价的学术研究与实践探索及应用是未来的趋势，也是迫切的现实需求。在教育信息化以及学前教育保育教育质量评估与质量提升的背景下，本书在介绍学前教育评价基本内容的基础上，思考信息技术，尤其是新兴信息技术赋能的学前教育评价研究与实践中的问题。

责任编辑：刘亚军　　　　　　　　　　责任校对：谷　洋
封面设计：邵建文　　　　　　　　　　责任印制：孙婷婷

信息技术赋能的学前教育评价研究与实践

吕　雪　李　丽　著

出版发行：知识产权出版社 有限责任公司　　网　　址：http://www.ipph.cn
社　　址：北京市海淀区气象路 50 号院　　　　邮　　编：100081
责编电话：010 - 82000860 转 8342　　　　　　责编邮箱：731942852@qq.com
发行电话：010 - 82000860 转 8101/8102　　　发行传真：010 - 82000893/82005070/82000270
印　　刷：北京中献拓方科技发展有限公司　　经　　销：新华书店、各大网上书店及相关专业书店
开　　本：720mm × 1000mm　1/16　　　　　　印　　张：20
版　　次：2024 年 9 月第 1 版　　　　　　　　印　　次：2024 年 9 月第 1 次印刷
字　　数：300 千字　　　　　　　　　　　　　定　　价：88.00 元
ISBN 978 - 7 - 5130 - 9289 - 0

前　言

　　教育信息化进入 3.0 时代，信息技术尤其是物联网、大数据、云计算、智能机器人等的发展，为信息技术与教育的深度融合提供了更多的可能性。在学前教育质量监测与质量提升的政策导向下，技术赋能尤其是智能技术赋能的学前教育评价的学术研究与实践探索及应用，是教育研究的重点之一，也是迫切的现实需求。在教育信息化以及学前教育、保育教育质量评估与质量提升的背景下，本书在介绍学前教育评价基本内容的基础上，思考信息技术尤其是新兴信息技术赋能的学前教育评价研究与实践中的问题。

　　本书共七章，内容简述如下。

　　第一章主要阐述学前教育评价的发展历程，学前教育评价的基本概念、功能和基本类型。第二章主要阐述了信息技术的基本概念与功能，新兴信息技术的内涵与特点，信息技术对教育的影响以及信息技术在学前教育中的应用，重点梳理了物联网技术在学前教育中的应用。随着信息技术的进步和教育统计测量新模型的更新，学前教育评价出现了新的研究范式，本章主要阐述认知诊断评估和基于游戏的评估的内涵、过程和研究进展。在此基础上，系统论述了信息技术在学前教育评价中的应用并报告了新兴信息技术支持下的学前教育评价实证研究新进展。第三章从学前教育评价的准备与实施、学前教育评价结果与分析和学前教育评价的解释与运用三个方面进行阐述，在相应部分论述了信息技术在其中的应用。第四章系统梳理了收集评价信息的方法和处理评价信息的方法与技术，同时阐述了信息技术导向下的一些学前教育评价方法和技术。第五章从学前儿童身体健康和动作、语言、认知、社会性与情绪、学习品质这五个领域进行阐释，在此基础上论述了信息技术，尤其是新兴信息技术在学前儿童学习与发展评价中的应用。第六章主要阐释了信息技术支持下的幼儿园教师专业发展，信息技术运用于幼儿园教师评价的思路、形式和方法，教育信息化以及学前教育质量提升要求教师具备一定的信息素养，因此本章梳理了幼儿园教师信息素养评价的概念、内容和方法等。第七章介绍了教育信息化背景下，幼儿园利用新兴信息技术在幼儿园课程开发、组织与实施、儿童学习与支持等方面的实践探索与反思，同时介绍了信息技术助力学前教育管理方面的技术设计与实践框架。

本书系江苏高校哲学社会科学研究项目"基于游戏的学前儿童类比推理研究"（课题编号：2021SJA1197）、江苏理工学院社科基金项目"基于物联网技术的幼儿区域活动质量评价研究"（项目批准号：KYY21502）、江苏省高校哲学社会科学研究项目"基于数智媒介的阅读方式对幼儿早期阅读能力发展的影响研究"（课题编号：2024SJYB0905）和江苏省教育科学规划十四五重点课题"基于物联网技术的学前儿童区域活动质量评价研究"（课题编号：C－b/2021/01/37）的研究成果。感谢研究生侯肖伟、牛文萱、王慧、谭平分别在本书第一章、第三章、第四章和第五章撰写工作中的参与。感谢毛智轩、胡玉姣、翟羽佳、汤广芸同学参与部分书稿的校对工作。书中内容如有不当之处，敬请读者指正。

吕雪

2024 年 8 月

目　录

第一章　学前教育评价概述

第一节　学前教育评价的概念

一、教育评价与学前教育评价

（一）教育评价的概念

教育评价是一项对客体满足主体需求的程度进行价值判断的活动，其目的在于评价教育的质量和价值。它既体现为一个理念和实践创新的过程，也包含了对已有理论与实践成果进行总结提升的阶段。教育评价的定义与其发展历程一脉相承，二者皆为一个由粗糙到精细的渐进过程。教育评价的定义在国内外学者中存在差异，而在不同的阶段，对于教育评价的定义也存在不同的看法。美国学者格朗兰德认为，教育评价应当被视为一种结合了数量和质量的价值判断，而非简单的测量。❶

在我国，对于教育评价，不同的学者提出了各自的观点。陈玉琨将教育评价定义为对教育活动的实际或潜在价值进行评价，以判断其是否能够满足社会和个体的需求，从而实现教育价值的提升。❷ 霍力岩认为，教育评价是对教育所带来的社会价值进行综合评价的过程。❸ 金娣认为，教育评价是在对教育信息进行系统、科学和全面的搜集、整理、处理和分析的基础上，对教育的价值进行综合评价的过程，旨在推动教育改革，提升教育质量。❹ 程书肖认为，教育评价是对教育现象进行的

---

❶ 胡云聪，申健强，李容香．学前教育评价［M］．北京：人民邮电出版社，2015：6．

❷ 陈玉琨．教育评价学［M］．北京：人民教育出版社，2006：7．

❸ 霍力岩．学前教育评价［M］．北京：北京师范大学出版社，2010：13．

❹ 金娣，王刚．教育评价与测量［M］．北京：教育科学出版社，2002：3．

一种价值判断，其目的在于评价教育的价值和意义。● 张向众指出，教育评价是一种基于个人价值和需求的教育实践，通过判断、揭示、理解和创造教育价值，进行各种价值选择和比较、自我判断和自我反思，最终在自我意识的基础上形成一种特殊而自觉的学校教育生活。❷

本书对教育评价的定义为：教育评价是根据教育活动的价值以及教育活动的目标，科学系统地搜集信息、分析资料，并用科学手段处理信息，在此基础上，对教育实践活动进行价值选择、比较以及反思，从而对教育过程和教育结果不断地完善，为教育决策提供科学依据，促进教育改革，提升教育质量。

（二）学前教育评价的概念

学前教育评价是教育评价的一个分支，它涵盖了教育评价的基本属性。❸ 学前教育的质量需要不断提高，因为学前教育的内容和方法以及教育环境对这一时期幼儿的发展有着重要影响。学前教育评价为学前教育提供了一个方向，通过学前教育评价的应用，有助于不断提高学前教育水平和教学质量，帮助教师了解学前教育活动的适宜性和有效性，为提高学前教育教师的绩效和增强教育管理效果提供依据。❹

学前教育评价是通过系统地收集、解释和分析学前教育过程中每个阶段的教育数据，最后进行评价、反馈和调整，来评价学前教育的教育价值。学前教育是一项有目的的活动，需要评价所实施的教育活动是否有助于儿童的身心发展。

（三）学前教育评价的要素

学前教育的评价范围涵盖了儿童教育阶段的各个方面。对这一教育阶段的评价，我们需要全面考虑各个方面的因素。❺ 学前教育是一个涵盖课程、教师、儿童、儿童活动和环境等多个要素的复杂教育阶段。因此，对学前教育的评价，需要对其构成要素进行深入剖析和系统梳理。

---

❶ 程书肖. 教育评价方法技术［M］. 北京：北京师范大学出版社，2004：7.
❷ 张向众. 中国基础教育评价的积弊与更新［M］. 北京：教育科学出版社，2009：1－2.
❸ 胡云聪，申健强，李容香. 学前教育评价［M］. 北京：人民邮电出版社，2015：6.
❹ 李季湄，肖湘宁. 幼儿园教育［M］. 北京：北京师范大学出版社，1997.
❺ 陈幸军. 高等院校学前教育专业规划教材 学前教育概论［M］. 北京：高等教育出版社，2015：3.

学前教育评价的范围非常广泛，具体包括对学前教育课程评价、学前教育教师评价、学前教育活动评价、儿童发展评价以及其他评价。❶

①学前教育课程评价：包括对课程方案、课程内容、实施过程以及实施效果的评价。

②学前教育教师评价：包括对教师的基本素质、教师的教育理念及其业务能力的评价。

③学前教育活动评价：包括对幼儿园教育活动的方案、内容、过程以及效果的评价。

④儿童发展评价：包括对儿童身体发展、认知发展以及社会发展的评价。

⑤其他评价：包括学前教育环境评价、家长评价、幼儿园保育工作评价以及儿童教育改革评价。

二、学前教育评价的发展历程

学前教育是教育学的一个分支，学前教育评价的发展理所应当存在于教育评价的发展中，与教育评价的发展轨迹是具有一致性的。学前教育评价的发展经历了一个从不成熟到相对成熟再到比较精确的过程，可以总结为从测验阶段到评价阶段这样的一个发展过程。比奈，一位法国心理学家，提出一种智力评价工具即量表以衡量个体的智力水平。这个量表能在不同年龄组间测量出儿童智力水平高低，所以又叫"智力测验"量表。这一类测量工具被广泛应用于评价三岁、五岁和七岁儿童的能力水平，该量表也用于测量学龄前儿童是否有智力低下问题。在1908 年和 1911 年，学者们对其进行修订以适应时代需求。在 1916 年，美国的学者对此量表进行了更新，并引入了"智商"这一概念，以提高其实用性。因此，美国学者将学前儿童的评价纳入教育科学的范畴，以促进其全面发展和成长。❷ 据其观点，儿童的成长过程可以通过一份 ABC 等字母所代表的等级量表进行评价。

格塞尔教授在 1940 年正式提出了一个量表，称为格塞尔发展量表，

---

❶ 胡惠闵，郭良菁. 幼儿园教育评价［M］. 上海：华东师范大学出版社，2009：6.

❷ 霍力岩，潘月娟，黄爽，等. 学前教育评价［M］. 3 版. 北京：北京师范大学出版社，2015：228.

3

又称耶鲁量表。同时也出现许多其他测验量表，其中有著名的卡特尔智力测验量表，以及弗兰肯伯格和道兹等学者同样发表了一系列具有国际影响力的测验量表。

20世纪50年代标志着学前教育测验量表时代的终结。这一时期，随着科学技术的进步与发展，人们对于儿童教育质量有了新的要求，因此学前教育评价也随之出现了许多变化。从50年代末到60年代初，全球范围内都高度重视学前教育评价工作，并进行了大规模的教育改革。例如，美国纽约州对四岁儿童提供免费义务教育，苏联则实行了将孩童入学的年龄从七岁改为六岁的改革，这意味着学前教育成为本次改革的核心。这就要求相对应的学前教育评价也应进行更新。各个西方国家加大了对学前教育的教育投资。通过大量拨款的方式，美国政府展开了一项提前启动计划，旨在为未来的学前教育发展奠定坚实的基础。1968年，英国政府启动了一项援助城市的计划，旨在未来六年内向贫困地区提供六千万英镑的资金援助，其中三分之一是用于五岁孩童的。❶ 随着各国对学前教育投入的增加，学前教育评价也受到重视而得以迅速发展。

在20世纪60年代之前，学前教育评价的目标是考察儿童的智力和成就，但忽略儿童其他方面的发展是错误的。为了解决这一缺陷，需要制定标准对儿童早期发展进行全面评价，包括身体、心理和社会发展的标准，以更好地促进儿童的全面发展。随着学前教育评价目标的更新，学前教育评价体系及其方法也需要更新。在原有评价标准的基础上，应制定更加全面、系统的学前教育评价，这样教育评价才能更加客观、全面，为学前教育的发展作出贡献。

在20世纪60年代，美国实施了一项名为"提前开端计划"的大规模教育计划，为贫困儿童提供补偿性的教育。这项计划旨在通过早期干预使儿童尽早地适应学校生活。在入学前，众多教育工作者对儿童进行了全面测试，并对其入学后的多个方面表现进行综合评价后得出结论。该计划对儿童的发展产生了积极的促进作用，也对其小学入学后的学习成绩产生了深远的影响。在美国，出现了多种早期学习课程模式，其中包括直接引导、开放式学习、以儿童为中心和主题导向等多种形式。多

---

❶ 陈帼眉. 学前儿童发展与教育评价手册［M］. 北京：北京师范大学出版社，1994：9.

位美国教育家对课程模式进行了广泛而深入的纵向研究和评价。这些研究都是通过各种方式来测量和评价不同教育类型的学校所采用的课程模式，以及它们各自具有的特点。

第二节　学前教育评价的功能

学前教育评价的目的在于提高学前教育事业的公平与质量，通过评价的方式提升幼儿园教学水平以及保教质量，这是一种手段或者说是一种过程，对教育事业具有重要作用和意义。从整体来看，学前教育评价具有五大功能。

一、鉴别功能

鉴别功能是学前教育评价体系的一个重要组成部分。学前教育是一门需要专门的教育学知识和一系列教育活动的学科，通过对教师、儿童和教育活动的准确评价，确保教育活动的质量更好。同时，根据评价的目的，有必要采用不同的评价标准。鉴别功能的重要性在于对教育活动的评价，为教育活动选择一个好的方向，使教育能够更好发展。学前教育评价的鉴别功能需要对儿童的不同方面进行全面、系统的评估。这包括对认知发展、身体运动、语言表达、社交能力、艺术才能等各个方面的评估，综合评估儿童的多个维度，以准确判断儿童的发展水平和个体差异。针对学前儿童的评估需要采用多种方法，如观察记录、测试量表、问卷调查、作品展示等。这样可以更全面、客观地了解儿童的表现和特征，并避免单一评估方法的主观性和片面性。学前教育评价的鉴别功能主要是为了发现儿童的个体特征，如兴趣、特长、优势和弱势等。通过评估儿童的认知发展、兴趣爱好、动手能力等方面，可以及时发现儿童的个体需求和潜在能力，为制订个性化的教育计划和教学策略提供依据。学前教育评价的鉴别功能还可以根据儿童的发展水平进行鉴别。通过评估儿童在各个发展阶段的发展表现，可以了解儿童在不同发展领域的进展情况，及时发现儿童的发展延迟或超前，从而及时提供针对性的指导和支持。学前教育评价的鉴别功能还可以发现儿童的需求和问题。通过评估儿童的发展情况和个体差异，可以发现儿童在学习、行为、情绪等方面的问题，如学习障碍、行为异常、身体不适等。及时发现并解决这些问题，可以帮助儿童更好地适应学习环境和发展成长。

在实际中，学前教育评价的鉴别功能可以通过以下的措施来实施。

①制定科学可行的评估指标：学前教育的评价指标需要包括儿童认知、语言、社交、情绪等方面，要综合考虑儿童发展的多维度特点，以确保评价的全面性和准确性。

②采用多方法的评价手段：评估儿童的学习和发展需要采用多种方法，如观察、记录、测试量表等，以获取全面、客观的评价数据，并结合教师和家长的反馈信息，形成综合的评估结果。

③制订个性化的适应性教育计划：根据儿童的评估结果，制订个性化的适应性教育计划，根据每个儿童的特点和需求进行有针对性的教育引导，促进儿童全面发展。

④建立多元化的支持体系：学前教育评价的鉴别功能需要教师、家长和其他专业人员的合作，建立起多元化的支持体系，共同为儿童提供个性化的发展引导和帮助。

综上所述，学前教育评价的鉴别功能通过对学前儿童的学习发展和个人特征进行评估，可以鉴别儿童的发展水平、潜能、兴趣和特长，帮助教师和家长了解儿童的个体差异，为儿童提供个性化的教育。这对于推动学前教育的质量提升和促进儿童全面发展具有重要意义。

二、导向功能

学前教育的评价标准基于教育目标，这些标准反映的是学前教育本身追求的目标。因此，评价标准必须能体现出这些目标的要求并与之相适应。一旦确立了明确的目标，评价标准就能够在指导学前教育教师和儿童的行动中扮演着至关重要的角色。如果不将这种作用体现出来，那么评价标准不会真正起到促进学前教育发展的功能。教育干预措施的正确方向可以通过评价的引导作用得以确立。

因此，学前教育评价标准的制定应考虑它对实践产生影响的因素。长期以来，对于课堂评价的关注主要集中在研究方面，对教学方面的关注相对较少，然而通过更加强调教学的重要性，我们可以纠正这种不足。评价还应该帮助教师理解自己的工作方式，并为他们提供适当的信息和建议。随着时代的演进和教育的变革，教育评价的内容和重点也必须与时俱进，以适应时代的发展和人们的需求。从这个意义上讲，教育评价应该是一种有目的、有意识促进学习者学习活动的过程性工具，其核心在于提高学习效率。教育评价的有效性与教学功能息息相关，因为教学功能的实施能够引导评价对象朝着既定目标迈进。教育评价应该以培养人为主，同时兼顾其他方面，即促进社会和谐与可持续发展。通过建立基于目标、指标和评价内容框架的指导机制，教育评价能够为国家教育部门、学校、教师和学生的教学工作提供有效的指导。

在新时期我国的教育改革中，教育评价的导向作用显得尤为重要。因此，教育评价的目标、指标和内容结构应当体现教育的导向性和客观性，符合当代先进的教育理念和思想，体现国家的教育政策，与当前教育的发展相适应。教育评价应该遵循科学性与公正性相结合的原则，并要在科学发展观的指导下开展具体的实践活动。为确保公共教育主管部门、校长和教师的绩效不断提高，朝着目标稳步前进，同时保障学生的学习不断得到加强和改善，教育评价可以通过建立以评价机构和官员为中心的持续监管反馈机制进行调整。同时，重视社会各方面力量的参与，建立一个被广泛认可、有效运行、公正透明、公平高效的评价体系，并以此作为政府改进教育管理、促进学校改革与发展的依据和工具。运用基于形成性评价的技术和方法框架，对公共教育机构的工作、学校工作以及教师和学生的学习进行持续的评价、规范和监督，以实现教育目标的接近。在这一框架下，教育评价人员应具备"专业"能力，并能根据特定目的将其运用到具体的教育实践中。充分发挥这一职能的基础在于以教育目标为导向，通过引导教育行为来实现；教育目标的实现过程就是一个基本过程；实现教育目标的终极目标在于达成其所追求的目标；对教育结果进行科学评价并据此调整行动方向。评价是教师和学生在工作、学习和行为方面不断获得指导和实现的重要途径，因此评价的结果必然影响教育的效果，从而决定着学校的方向、任务及奋斗目标的确定。加强了以目标为导向的行为，同时纠正了偏离预期的行为。教育评价就是要对这些结果做出价值判断，并在此基础上提出改进建议或措施。从意识形态的视角来看，教育评价的目标在于激发教育评价对象的自我意识，促使他们按照既定的目标和阶段有序地展开教育活动。

三、诊断功能

评价是为了发现教学问题，调查和分析其原因，抓住问题的核心，为改进提供有用的信息。只有运用评价的诊断功能，才能确保日常教学活动的正常运转。在这种情况下，教师必须通过练习来实现其期望的目的。教师可以通过评价的诊断功能，明确教学方向，从而提高教学效果。如果能把这些信息及时反馈给教师，就会帮助教师改进教学方式。他们将具备对未来三年的课程进行深入研究和规划的能力，充分利用教材资源，并真正关注学生思维发展的水平。如果不能及时了解学生的学习情况，就会使课堂教学失去意义。唯有运用评价的诊断功能，方能真正将课堂改革付诸实践。因此，在课堂教学中实施评价是必要的也是迫切的。只有通过深入研究和完善课程标准、科学制定教学目标以及有效设计教学过程，才能真正引导教师认识到评价在教学过程中的至关重要性。只有将终结性评价和日常教学过程的评价连贯起来，才能真正实施课程改革。

目前在教育活动实施时，传统幼儿园统一教学的最重要问题源于儿童之间在一些方面存在着重大差异，而这些差异没有得到准确的认识。在教学过程中也没有根据儿童的个人发展水平和准备情况进行调整。为寻找到适应儿童的个人发展水平和准备情况，我们利用信息技术开展学习评价，整合了形成性和诊断性的评价功能。

学前教育评价教学信息化最大程度上可以实现教学资源的整合建设，利用信息技术挖掘教育资源，将教育的优势结合起来，不断挖掘资源的潜在价值，同时在即将进行的教育评价中，更加全面、科学地对教育活动的每个要素实施优质且高效的评价。

四、调节功能

学前教育评价是对学前教育系统运作的反馈和调节。它为教育利益相关者不定期地提供有关儿童教育活动状况的信息，使他们能够及时发现成功和不足之处，并对存在的问题进行调整和改进。教育评价的调节功能是指教育评价的有效性及其对被评价者的学习或教育活动的调节能力。这种功能可以有两种形式。首先，评价者对被评价对象的目标和过程进行调节。例如，在评价过程中，如果评价者评定被评价者已经实现了他或她的目标，并有可能实现更高的目标，评价者就会相对快速地对被评价者调高目标或过程；如果评价者评定被评价者不太可能实现他或她的目标，评价者就会根据被评价者的实际情况相对缓慢地对被评价者调低目标或过程。换句话说，评价者必须能够在不同层次上为让目标的实现而努力，以避免出现实现了目标的人停滞不前，没有实现目标的人感到沮丧的情况。其次，必须确保被评价者充分了解自身的长处、短处、劣势和优势，明确自身的努力方向并采取改进措施，以实现自我调节。如果评价的结果与实际情况不符，就会造成教学效率低下，影响教学质量提高。在教育管理的实践中，常常需要实施多种监管措施以确保其有效性。如果目标已经实现，或几乎没有实现的希望，则应对目标进行调整，这些信息可以通过教育评价获得。评价的结果是规划下一步行动的最重要依据之一。因此，教育评价是一项应定期进行的活动，是教育管理的一部分，以避免因计划错误或主观错误而造成工作损失。

五、激励功能

学前教育的评价结果一方面为教育管理者和决策者提供信息，另一方面为被评价者提供反馈。这促使被评价者更加努力地工作和学习，不断改进自己。

利用激励来提高管理效果是一种重要的管理机制。近年来，幼儿园引入了促进自我竞争和相互选择的机制。在招聘补充教师时，将自我竞争、大规模测试和酌情管理相结合。采用互动式选拔的方式来填补教学岗位。任课教师可选择他们的合作教师，合作教师也有权选择他们的任课教师。教师们希望被选中的合作教师与他们一起工作，组成优势互补的团队，形成最佳的团体结构，因此逐渐形成了这样的共识：要想受到欢迎，每个人都必须不断改变，学会与他人合作，为团队贡献价值，大家一致认为必须这样做。双向选择制度有效地扭转了目前的推拉现象，促进了教师的发展，形成了个人为集体做贡献、集体为个人发展创造条件的良性循环，使教师在整个实施过程中方向明确，动力充足，职责权利清晰。确保物质、精神和道德方面以具体动机的形式一起形成合力。如果我们只关注精神、道德和政治方面的需求，而忽略了物质方面的需求，那么这种动机必然是缺乏力量和韧性的。教学内容应与学生学习兴趣相结合，符合儿童认知特点，以促进其全面发展为目标。除了物质奖励，人们还追求精神和道德上的激励，以激励自己在工作中不断进步。这是因为，在一定条件下，精神和道德都可以被看作一种有效的激励机制。实际上，人类的合法需求可以通过道德激励来得到满足。因此，必须重视精神与物质相结合的激励机制。只有将各种形式的激励有机地融合在一起，方能获得卓越的激励成效。因此，在现实生活中，人们往往注重个人的物质需求，而忽视了社会、精神与政治等方面的需求。若我们只关注物质需求，而忽视了社会、精神和政治需求，就会将人们的物质需求推向极致，无法再进一步探讨。道德需求是一种高层次的需求，与物质需求相比，它更具有合理性、针对性。那些只对财富和金钱感兴趣的人，注定会在性格上存在缺陷。教师作为人类灵魂的工程师，人格品质直接关系整个民族的精神面貌，也影响教育事业的兴衰成败。因此，为提升教职工的道德素养和学校的运营效能，必须积极满足教师的道德需求。建立有效的激励机制，致力于为教师制定个性化的职业发展目标，不断增强他们的自信心，以实现他们为自己设定的目标。为了实现道德激励的功能，我们必须提高道德激励目标在人们心中的地位，并采取措施保障目标的实现。

第三节　学前教育评价的类型

教育评价的目的是保证社会主义教育的方向和满足社会的需求，不断提高教育水平和质量，监督教育的指导思想，评价数据、培训、科研和社会服务的水平和质量，是教育机构、学校管理的一个重要形式。随着学前教育评价的内容越来越复杂，各种类型的评价标准应运而生。按照不同的划分标准，学前教育评价可以分为不同的类型。

一、按评价功能划分

（一）诊断性评价

诊断性评价是在一个学期或一个教学单元开始时进行的一项评价，其目的在于审视学生的学习准备情况以及影响学习的各种因素。它与总结性评价不同，前者只是了解教师对学生学业表现所作的评定，后者则反映了教师对学生学业成绩作出的判断，从而为改进教学策略提供依据。❶ 诊断性评价的主要目的在于评价学生的学习准备情况，确定学生的适宜位置，以及识别学生学习困难的根源。例如入学测试、分班测试、摸底测试。❷

现代信息技术在教育中的广泛应用，通过对幼儿园管理过程进行分析，提出了一套基于数据挖掘技术的学前教育综合评价方案。❸ 由于在线学前教育涉及很多方面的决策数据，存在大规模数据不能并行计算的问题。因此，教育数据挖掘是发现和应用教学规则（预测）的过程。数据挖掘之所以能在教学过程中发挥作用，原因在于利用数据挖掘技术可以对学习者或其他人的历史学习经验进行深入分析，以预测有效学习条件和未来学习行为，从而为学习者提供具有针对性的学习资源和学习过程，学前教育评价支持的信息技术应用，实际上是一项涉及数据和信息相互传递的复杂过程，实际上需要大量的推理和计算。因为信息挖掘是一个非常耗时的操作，需要大量的推理和计算。可以充分利用网上学前教育评价的有效数据资源，尤其是数据库。数据库的主要功能是存储、管理、提供和维护决策支持的数据。数据库存储了学校内外所需的各种数据信息，可以监测、分析和评价所需的各种数据信息。

（二）总结性评价

学生在长时间的学习、学期或课程结束时，对其学习成果进行综合评价，这种评价方式被称为总结性评价，它与学生的学习成果密切相关。学前教育活动结束后，对教育效果进行的总结性评价，旨在评价学前教育计划或方案达成标准的程度，以检验其执行效果。总结性评价可以分为终结性评价和发展性评价两种形式。总结性评价是一种事后的评价方式，它注重的不是过程本身，而是对评价对象的识别、分类和分级，以及对其未来发展趋势的预测。总结性评价还可以用来作为一种手段，帮助教育者了解自己所采用的方法是否有效和是否取得了预期的效

---

❶ 王坚红. 学前教育评价［M］. 北京：人民教育出版社，1994：8.

❷ 张乐天. 教育学 新编本［M］. 北京：高等教育出版社，2007：3.

❸ 闫志明，朱友良，刘方媛. 新一代信息技术支撑的教育评价：价值诉求、现实问题与建设进路［J］. 现代教育技术，2022，32（11）：34-41.

果，从而改进和完善教学方法。对儿童的学期评价、教师的学年考核以及幼儿园的评价等，均为总结性评价的具体应用。

（三）形成性评价

在学前教育活动中进行的评价，其目标是制订特定的教育项目或计划，然后根据活动情况调整或修改教育项目或计划。评价的形式，也称为"形成性评价"或"即时评价"，即对教育的评价是动态的。在幼儿园教育中，形成性评价是必要的，使幼儿园工作人员能够了解各个方面的发展，并及时对发展规划和计划做出调整或改变。在教学过程中，对学生的学习过程和成果进行评价，以促进教学质量的提高。形成性评价的主要目的在于优化和拓展学生的学习体验，提升学生的学习成效，并向教师提供有益的反馈，比如单元测验、随堂测验。

二、按评价范围划分[1]

（一）整体评价

整体评价也称为宏观评价，是指根据该地区的综合性或全球性的问题对学前教育进行自我评价，例如对学前教育系统的评价、对中国当前学前教育质量和对西部地区学前儿童物质发展的评价等。

（二）局部评价

局部评价是指对于学前教育的某一方面或学前教育机构内部工作的评价。它是一种基于教育理论、采用科学方法实施的系统的动态评价方式，具有全面性、发展性等特点。对于幼儿园的管理制度、办学条件、教师和护理工作等方面的评价，我们需要进行全面而深入的审视。

（三）微观评价

微观评价，也称为简单评价，是对学前教育中特定对象的某一方面的评价，例如对儿童身体发育的评价、对幼师的评价以及对幼儿园语言课程的评价。事实上，整体、局部和微观的划分只是一个粗略的概念，而不是绝对的概念。

---

[1] 胡云聪，申建强，李容香，等. 学前教育评价［M］. 北京：人民邮电出版社，2015：21.

三、按评价方法划分

（一）定量评价

定量评价是一种结合了数学方法的评价方式，从定量的角度对教育过程和结果进行研究和评价。掌握数学公式、数字的学习技巧，同时展现数学的外在表现形式，可以作为一种工具来帮助我们分析和比较儿童的认知水平，以量化他们的认知能力。

（二）定性评价

相对于定量评价而言，定性评价是一种非数学方法的评价方式，其重点在于从定性角度对学前教育的过程和结果进行评价。在幼儿园管理中，运用定性分析方法进行园务工作分析，可以使管理者更清楚地认识到自己所处位置的优劣以及存在的问题，从而制定相应对策，提高管理水平。层次法和评论法是两种常用的定性评价方法，它们在实践中被广泛应用。[1] 对于评价对象的分类，层次方法采用了一种将幼儿园按照年级和类别进行划分的方式；评论法是评价者根据自己的经验，结合一定的标准，把评价对象分为优秀、良好、合格三种类型。评语的准则在于以简洁明了的措辞描述评价对象的基本情况或变化，例如教师对儿童智力发展的评价，以及幼儿园园长对幼师工作表现的评价等。[2]

这两种评价方式各有其长处和短处。尽管定量评价具有相对客观、准确的特点，但在面对那些难以量化的评价对象时，其表现似乎有所欠缺；尽管定性评价具有全面性和周全性，但难以避免主观因素对其产生的干扰。为了确保学前教育评价活动的客观性、合理性和准确性，常常需要将这两种评价方式相互融合，以获得更加全面、精准的评价结果。[3]

---

[1] 胡云聪，申健强，李容香. 学前教育评价［M］. 北京：人民邮电出版社，2015.

[2] 申健强，吴志勤. 人生百年，立于幼学——学前教育理论与实践新探［M］. 长春：吉林大学出版社，2015.

[3] 鄢超云. 学前教育评价［M］. 北京：高等教育出版社，2010.

四、按评价逻辑划分

（一）分析评价

简言之，分析是对事物进行区分和探究的过程。为了获得最终的评价结果，教育评价活动可能需要对评价内容进行分解，并对分解后的部分进行细致的评价。在分析与评价中，我们通常会用到一些工具，比如观察法、比较法和实验设计法等，对事物进行深入分析和全面的评价。例如，在对儿童绘画进行评价时，可以采用构图、线条和颜色等多个维度进行综合评价；在对儿童身体发育进行评价时，可以从身高、体重、血红蛋白、牙齿等多个方面进行综合分析。❶

（二）综合评价

综合评价与分析评价相冲突，是对评价对象的直接评价。如对儿童的绘画进行评价时，如果根据整体意义进行评价，而不分为构图、线条、颜色等，这就是一种综合评价。在使用综合评价时，需要注意以下两点：第一，评价者应当具备丰富的实践经验；第二，对评价对象应当能够以直观的方式获取相关信息。

许多评价必须首先分析其可操作性，最终得出的评价结果将更加客观和合理。这两种评价方法在以往许多教育评价的具体案例中得到了很好的结合。

五、按评价主体划分

（一）自我评价

自我评价是对个人行为和状态进行的一种评价。自我评价可以分为客观评价和主观评价两种。自我评价的独特之处在于，评价的主体与被评价的对象完全一致。自我评价可以促进个体不断地完善自己，使之成为一个具有良好素质的人。在学前教育的实践中，教师和教研组常常采用自我反思、工作总结等多种形式来进行自我评价。❷

---

❶ 申健强，吴志勤. 人生百年，立于幼学——学前教育理论与实践新探［M］. 长春：吉林大学出版社，2015：6.

❷ 陈帼眉. 学前儿童发展与教育评价手册［M］. 北京：北京师范大学出版社，1994：9.

自我评价的长处在于其易于实施，可在每个学期、每月、每周或每日进行，评价所带来的压力较小。该方法的缺陷在于缺乏横向比较，导致其客观性相对不足。同行评价虽然更具专业性和规范性，但缺乏足够的灵活性。总体而言，为了有效提升学前教育的品质，我们需要将自我评价和同行评价相互融合，形成一种相辅相成的关系。❶

（二）他人评价

他人评价是指除评价对象以外的人或组织对评价对象的评价，包括其他人对其他事物的评价、其他人对你的评价。与自我评价相比，他人评价涉及的对象完全不同。在学前教育中，评价几乎都是由他人完成的，如幼儿园由上级领导评价，教师由家长评价等。教师经常通过观察儿童的行为来评价儿童的学习动机和参与度。教育研究发现，这些类型的观察和评价对教员来说通常是非常有用和实用的。常用的方法是通过一些调查问卷来评价学习者的自我报告，因为它们直接评价了儿童的看法或信念，可以产生可靠的分数，容易打分，可以在不同的环境下进行标准化，而且它们可以在网上进行，利用信息化工具进行数据分析。学前教育评价工作，相对于其他教育阶段，面对的对象具有特殊性，教育活动的开展形式必须符合儿童身心发展特点。

六、按评价基准划分

（一）相对评价

相对评价是一种从评价对象中精选出一个或多个基准的评价方法。优势是能客观地了解评价对象和他人在某方面所达到的水平，并有针对性地加以调整和改进。相对评价是一种高效而被广泛使用的评价方式，能够凸显个体在群体中的地位，通过对一定范围内的个体进行比较，实现对个体的全面评价。在学前教育中，相对评价被不同程度地用于建立模范幼儿园，选择优秀的学前教育教师和选择高质量的教育活动。

（二）绝对评价

绝对评价是一种以特定目标为基准的评价方式。这种方法通常用于

---

❶ 鄢超云. 学前教育评价［M］. 北京：高等教育出版社，2010：22.

对不同人群或组织所做的研究结果的综合评价。在进行评价时，需要对评价对象和目标进行比较，以判断评价对象是否达到了预期的标准。相对评价和绝对评价的概念不同。绝对评价的基准在集合之外，相对评价的基准则位于评价对象的内部。相对评价和绝对评价各有优劣。在学前教育领域，对幼儿园进行等级分类，对幼儿的身体发育状况或班级教育环境的创建情况进行评价，由于存在客观的标准，故这些评价都属于绝对评价。❶

（三）自身差异评价

自身差异评价是将现在与过去或过去的特定方面进行比较，以确定一个主体的发展和变化。自身差异评价侧重于比较儿童的纵向发展。自身差异评价的应用例子包括评价一名新入学的儿童对学校的适应，评价一位新老师的发展，评价一名儿童的身体、认知发展等。

在学前教育中，既要使用相对评价，又要使用绝对评价，以便评价对象知道自己是否达到标准，并能与他人进行比较；还要使用自身差异评价，以便评价对象能看到自己的进步并保持动力。

新一代信息技术，如人工智能和大数据，为教育评价的转型发展提供了重要的机遇，因此推动新一代信息技术与教育评价的融合创新，是深化新时代教育评价改革的迫切需求。为了实现新时代教育评价的转型发展，必须借助先进技术的支持，例如人工智能、大数据和脑科学等，这些技术可以提供多模态、精细化的伴随式数据采集，从而将对儿童知识和能力的评价转变为过程性、动态性、高阶性和综合性的评价。大数据有助于实现多元信息交互分析，形成个性化学习支持服务系统，推动基于情境的智慧教学设计，优化课堂教学质量监控机制，提高教学质量管理效能。教育评价的数字化、智能化、专业化水平的提升，归功于智能技术在数据采集、数据挖掘等方面的优势，能够推动循证决策的数智化、数据采集的过程化、数据分析的多模化以及评价反馈的即时化。

---

❶ 胡云聪，申健强，李容香. 学前教育评价［M］. 北京：人民邮电出版社，2015：6.

第二章　信息技术与学前教育评价概述

第一节　信息技术与学前教育概述

一、信息技术的内涵与功能

（一）信息技术的内涵

随着技术的不断进步，人类获取、处理、传递和利用信息的方式发生了翻天覆地的变化。在当代，信息技术的内涵被赋予新的时代特征，主要是指以微电子为基础的计算机基础和远程通信技术相结合来获取、处理、储存和传送图像的、声音的、文本的和数字的信息（俞芳，2015）。信息技术利用计算机、网络、通信、数据库等技术手段，以信息加工和信息处理为核心内容，通过信息化集成和信息化创新，为人类创造和传递智能、知识、文化和价值。由于信息能够被数字化处理，因此信息使用的频率得到极大提高。信息技术对人类的生产和生活带来了变革性的影响，铸就了信息时代的技术基础。现代信息技术已经存在于人们生活的方方面面，成为人们的生活环境和文化特征。

信息技术主要包括以下四个方面：①计算机技术——计算机硬件与计算机软件是信息技术的核心组成部分，均为信息的输入、处理、输出和保存提供支持；②网络技术——网络或互联网是信息交流和获取的主要工具，其通过多种协议、网关、路由器、交换机等技术手段，连接了不同硬件设备与软件系统，实现了多方面的信息交流与共享；③通信技术——通过传输介质，如光纤、卫星、无线电波等，实现人们之间远距离的信息交换与共享；④数据库技术——通过关系数据库、分布式数据库等技术手段，实现信息的组织、管理和统计分析。

（二）信息技术的功能

信息技术的出现改变了人类生活与学习的方式，人类学习的过程涉及感知、接收、处理和传递信息，一定程度上各种技术工具成为人体器官的"投影"，也是人体器官的"进化"和"延长"。❶ 信息技术具有感测功能、信息处理功能、传递功能和施用功能。❷ 信息技术不仅能够捕捉到人类的视听信息，还能获取超越人类感觉阈限的信息，这是信息技术的感测功能。计算机的信息处理速度快，可多任务同时进行，还能够对信息进行存储、压缩与加密等，这是信息处理功能。信息技术能够实现信息的跨时空传递，尤其是 5G 等技术的推广和实施，网络通信技术的升级，智能手机以及各种智能设备或机器人的出现，实现了信息的高质量传递与交互，这是信息技术的传递功能。通过信息技术的施用，人类生产效率大大提高，生活便利性极大增强，自动化地处理与管理信息，这是信息的施用功能。

信息技术的功能与感测技术、计算机技术、通信技术和控制技术息息相关。感测技术扩展了人类感觉器官收集信息的功能，而计算机技术增强了人类处理信息与决策的能力，提升了信息储存能力。通信技术提升了人类神经系统信息传递的功能，控制技术增加了信息的转化与利用能力。上述四种核心技术延伸了人体信息器官的功能，提高了信息活动的速度、范围和效率，从整体上延伸了"人"的智能（伍正翔，2009）。

（三）新兴信息技术的内涵与特点

新一代信息技术是指以人工智能、云计算、大数据、区块链、物联网等为代表的新型计算机技术和新兴信息技术。新一代信息技术具有以下四个特点：①高度创新性——新兴信息技术通常是在既有技术基础上的颠覆性创新，它们的出现和发展，可大幅提高旧有技术的性能，也能打开新的应用领域；②倾向于数字化世界——与旧有信息技术不一样的是，新兴信息技术注重数字化物品与服务的创新与发展，例如人工智

---

❶ 肖峰. 信息技术的哲学特征［J］. 学术界，2012（12）：50 – 60.

❷ 伍正翔. 批判与超越——信息技术在基础教育中的价值重构［D］. 长春：东北师范大学，2009.

能、虚拟现实等；③具有复合性和交互性——新兴信息技术往往是利用多种旧有技术组合创新，也能促进各种技术之间的协同和交互，实现更加多元化的服务和产出；④变化持续性——新兴信息技术往往能够彻底改变人们的生产、生活和社会运行等方面，具有长久的影响力，其发展趋势和模式也将会在未来一段时间内引领科技发展的方向。总的来说，新兴信息技术具有高度创新性、数字化、复合性和交互性，以及变化持续性四个显著特点，为未来科学技术的发展和社会变革起到至关重要的作用。

二、信息技术对教育的影响

（一）教育信息化的发展进程

改革开放 40 多年来，我国教育信息化由 1.0 时代向 2.0 时代转变。随着互联网技术与大数据应用的普及，信息技术正在成为推动国家治理现代化和社会进步的重要力量。近年来，中国强调建设智慧教育体系，并出台相关政策大力推进智慧教育示范区建设。❶ 2018 年 1 月 31 日，教育部在《教育部 2018 年工作要点》中首次提出推进智慧教育创新示范。2018 年 4 月 13 日，教育部发布了《教育信息化 2.0 行动计划》。❷

中国的教育信息化为全球约五分之一的人口提供了一个现代化的教育生态系统，为他们的学习和成长提供了有力支持。作为国家战略之一的教育信息化已经成为我国高等教育改革和创新的新引擎，为促进全球教育的均衡发展，推动人类终身学习，提高教育质量做出了重要贡献。近年来，中国的教育信息化战略和政策的决策水平有了明显的提高。新时代赋予了教育信息化新的历史使命。教育信息化 2.0 未来的发展，将面对承担整合教育边界，激发教育系统改革，推动知识创造和提高教育质量等方面的挑战。❸

---

❶ ZHUANG R X, LIU D J, SAMPSON D, et al. Smart Education in China and Central & Eastern European Countries ［M］. Singapore：Springer Nature Singapore，2023；15－19.

❷ 王运武，李炎鑫，李丹. 智慧教育示范区建设的现状、内容与对策［J］. 现代教育技术，2019，29（11）：26－32.

❸ 赵建华，朱广艳. 技术支持的教与学——多伦多大学安大略教育研究所 Jim Slotta 教授访谈［J］. 中国电化教育. 2009（6）：1－6.

中国政府长期以来一直优先发展各级教育，继续增加对教育的投资，建立一个高质量的教育系统，使所有中国人都能享受更好和更公平的教育，为全面建成小康社会、建设社会主义现代化强国提供强有力的人才和智力支持。我们生活的世界正在迅速变化，教育也不例外。中国在教育领域部署信息通信技术，重新审视智能教育的现状，并重新制定了相关的教育政策以及更新教育基础设施，同时智能教育涵盖教育的各个阶段，其中包括学前教育。学前教育在不断完善教育体制、落实教育理念、打破时间和空间限制的过程中，获得了新的机遇，从而实现了长期稳定发展，提高了质量，促进了儿童的全面发展。不同类型的技术被重新发明，在世界的大部分地区，数字转型已经加速，可以支持人们远程工作和学习的数字技术已被广泛使用，这也是为提高大多数公民和特定专业人员（学校教师等）的数字能力而采取的国家举措。数字化转型已经对整个社会产生了深远的影响，彻底改变了人们对社会的观念和对社会活动的认知方式。特别对教育领域及其所涉及的关键行为者（即儿童、教师、家长和行政人员）影响更为深远，并且国家提倡注重公平、包容和高质量的教育，同时新时期中国教育改革与发展的重要战略选择是以教育信息化支持和引领教育现代化。

（二）教育信息化是教育变革的重要目标和途径

随着物联网、大数据、云计算等新兴信息技术的不断发展与升级，信息技术与教育的关系需要重新思考与厘清。21世纪，面对新的社会需求以及人才培养理念与框架，教育领域的创新和变革离不开信息技术的使用。作为工具的信息技术本身并无优劣之分，关键在于人类如何理解现代信息技术、如何解构现代信息技术与教育的关系，重点在于现代信息技术应用的方式、方法与程度。

关于信息技术与教育的关系，各国政府都十分重视且作出政策导向，发挥现代信息技术在教育教学变革中的作用。在我国，教育信息化是教育现代化的重要目标之一。2019年2月中共中央、国务院印发的《中国教育现代化2035》提出，推进教育现代化的总体目标是：到2020年，全面实现"十三五"发展目标，教育总体实力和国际影响力显著增强，劳动年龄人口平均受教育年限明显增加，教育现代化取得重要进展，为全面建成小康社会作出重要贡献。在此基础上，再经过15年努力，到 2035 年，总体实现教育现代化，迈入教育强国行列，推动我国成为学习大国、人力资源强国和人才强国。大力推进教育信息化，着力构建基于信息技术的新型教育教学模式、教育服务供给方式以及教育治理新模式。促进信息技术与教育教学深度融合，支持学校充分利用信息技术开展人才培养模式和教学方法改革，逐步实现信息化教与学应用师生全覆盖。创新信息时代教育治理新模式，开展大数据支撑下的教育治理能力优化行动，推动以互联网等信息化手段服务教育教学全过程。加快推进智慧教育创新发展，设立"智慧教育示范区"，开展国家虚拟仿真实验教学项目等建设，实施人工智能助推教师队伍建设行动。构建"互联网＋教育"支撑服务平台，深入推进"三通两平台"建设。

教育信息化突破了传统教育教学方式的限制，具备了精准的定位、个性化的服务、高效的互动、多样化体验等特点。此外，数字化教师与学生之间的交流互动、自主探究和自我学习等活动，也符合现代教育发展新趋势。教育信息化能够助力提高教育质量，利用信息化技术提升教育质量，提升教育教学管理的效率和水平，从而改善学生的学习效果和学业发展，助力教师成长，提高学校的综合实力。教育信息化有助于打破教育资源的时空障碍，教育信息化借助网络，打破了时空限制，使各种教育资源、教育活动和教育角色呈现出多样的状态，从而为学生提供更加多元化的学习资源和服务。教育信息化推进教育现代化，教育信息化是教育现代化的重要组成部分，是现代化社会中实现教育现代化的重要途径。它强化了现代教育中的信息和技术导向，对于构建全球化、知识化、技术化的教育发展层面提出了新的课题和要求。

（三）信息技术对教育的具体影响

信息技术在教育领域的应用促进了教学方式和学习方式的变革。从传统的静态的班级课堂教学到广播电视教学、计算机辅助教学、网络教学、智慧课堂教学等，信息技术的不断更新带来教学与学习方式的变化。尤其是智能手机、平板电脑、教育类可穿戴设备以及智能机器人等普及与应用极大地扩展了儿童的学习空间与途径，也促使教学样态发生变化，传统的以"教"为主的教学组织形式向以"学"为主的形式转变，更加强调学生学习的主动性、能动性和建构性，更加以问题解决为导向。在线学习、泛在学习、移动学习成为传统学习方式的重要补充，学生在数字化的学习环境中进行发现学习、合作学习。

随着智能手机、平板电脑等设备的广泛应用以及网络的稳定、高速、便捷，越来越多的数字化教育资源或者学习资源出现在各种平台上，满足了学习者的不同学习需求，开放教育资源的爆发式增长为非正式学习提供广阔的机会。大规模在线开放课程（Massive Open Online Courses，MOOCs）促进了优质教育资源的共享。传统的课堂教学方式也在发生变化，翻转课堂的实践也在重塑教师和学生的角色。信息时代的教育更加体现个性化、人本化的理念，同时也给教师和学生提供了新的机遇和挑战。

新一代信息技术为教育教学提供了更为广阔的空间。首先，新一代信息技术为教学提供了更加便利和高效的工具。教师或学生可以利用云端教学平台建立虚拟教室，通过网络远程进行在线教学与学习，可以充分利用互联网资源，节省时空成本。其次，新一代信息技术也为教育提供了更加个性化和精准的教学方式。通过大数据分析学生在学习中的行为习惯和学习情况，教师可以对学生进行更精准的诊断和分析，同时也能制定个性化的教学计划和教学方案。最后，新一代信息技术也可以使课堂更加丰富有趣。例如通过虚拟现实技术，学生可以在虚拟场景中进行模拟实验和实物观察，加深对课程知识的理解；通过人工智能技术的辅助授课，课堂可以更加生动有趣。

信息技术的发展，尤其是新兴信息技术的出现为教育教学管理以及教育评价提供了新的机遇。课堂教学管理系统、教务管理系统、图书馆门禁管理系统、电子排课系统等，一定程度上提高了教育教学管理效率。信息技术的应用也为教育教学评价提供了更多可能：一方面，可以实现大样本数据的高效率采集、录入与分析，为教育质量监测提供技术支持；另一方面，教育教学评价数据的合理使用，便于学生、教师、家长和相关管理者做出相应的分析和调整，共同致力于学生的全面发展和核心素养提升。在具体的教学环节，信息技术的应用能够助力教师对教学的监督、评价与适时反馈，师生可以通过多种教育教学网络平台或可穿戴设备了解教学要求、学习进展以及存在的困难和问题，有利于教师和学生以及其他利益相关者做出调整和完善。

作为信息通信技术在教育领域的一种新形式，智慧教育已成为未来教育的必然趋势。政策制定者和实践者高度关注数字教育的转型，相继出台了智慧教育的相关政策，并大力推进 5G、AI 区块链、大数据等新一代信息技术在教育领域的应用。2020 年，我国各地的大学和中小学启动了历史上最大的在线教育项目，在教育部的号召下，覆盖 3 亿人。在这一背景下，在线学习研究也得到了蓬勃发展。在线教育的兴起彻底颠覆了学习、教学和管理的模式，这种大规模的在线教育为教育史上带来了前所未有的探索和实践。在线课程是在线教育的核心部分之一，它不仅能够提供高质量的内容和服务，而且能通过网络进行互动交流，从而实现个性化教学。随着科技的不断创新和智能设备的广泛应用，技术已经成为我们日常生活中不可或缺的重要组成部分。在未来几年，所有的学校将拥有相关机器设备，这些机器可以自动地收集学生的成绩或行为记录，并且能够根据这些信息来分析学生的学习情况。随着科技的飞速发展，任何事物都将实现互联和仪器化，这是一个巨大的进步。通过使用各种智能设备，我们能够更容易地了解到我们所需要什么内容。教育技术将能够为学习者带来更多的帮助。通过不同的学习任务和其他细节，我们可以深入了解人们的学习方式和认知模式。

2021 年 9 月，工信部和教育部联手启动了一项名为"5G＋智慧教育"的应用试点申报工作，旨在推广智能教育技术，提高教育水平。该项目主要围绕五个方面展开：5G＋互动教学、5G＋智能考试、5G＋综合评价、5G＋智慧校园、5G＋区域教育管理。近几年来，我国先后推出了智慧教育示范区、互联网＋教育示范区、"双千兆"网络协同发展行动计划、5G 应用"启航"、新型教育基础设施建设、人工智能助力教师队伍建设等。[1] 教师队伍建设得到了人工智能的有力支持，同时教育信息化的整体规划也得到了进一步加强。在新时代，要充分发挥教育技术对教师教学行为和课程开发等方面的引领作用。推进教育信息化的协同推进工作，离不开教育信息化技术与应用的支撑，也需要更多的科技力量参与其中，推动教育行业智能化、数字化转型升级，它将为我国教育事业的蓬勃发展奠定坚实的基础，同时也为"十四五"教育信息化

---

[1] 叶宇. 5G 时代下高职院校"指数型"智慧教学模式创新构建［J］. 中国职业技术教育，2022（20）：45－51.

的创新发展奠定了坚实的基石。

三、信息技术在学前教育中的应用

随着教育信息化3.0时代的到来，学校管理和教育教学发生了巨大变化。大数据、云计算和物联网等新一代信息技术助力学校打造智能、高效的课堂，基于动态学习数据分析和"云端"的应用，促进了教学评价反馈即时化、交流互动立体化、资源推送智能化，有效促进了智慧教育的开展。信息技术在教育领域的应用愈发广泛而深入，新兴信息技术与教师的"教"和学生的"学"融合得更加紧密。教育信息化3.0时代，学校和幼儿园所能够使用的媒介越来越智能化，设备与设备之间、儿童与设备之间、班级与设备之间都能够密切连接和交互。教育云平台和云资源也更加丰富，更加开放。信息技术与教育教学的有机融合需要教学模式的创新，需要课堂活动以及教育管理水平的提升，需要建构良好的教育信息化生活环境，提升教育治理水平。

（一）信息技术对学前教育的影响和挑战

早期教育对个人一生的发展有重要影响，然而早期教育对象以及教育内容和形式的特殊性，决定了信息技术与早期教育融合的形式与中小学不同。信息技术对儿童发展的影响仍然存在争议，信息技术对儿童的影响受媒介特点、媒介内容、儿童特点、成人观念与指导行为等多种因素影响。然而，在当下社会生活中，信息技术不可避免地出现在儿童的生活中，我们需要积极而审慎地思考信息技术在早期教育中的应用，尤其是对儿童学习与发展的影响。2021年9月国务院印发的《中国儿童发展纲要（2021—2030）》在儿童数字化媒介参与使用条例中强调，应保障儿童参与媒介的权利，提升其媒介素养，丰富其数字生活经验。随着信息技术的不断发展，其在早期教育中的应用越来越广泛，既有以计算机、电子白板等为代表的传统媒介，又有以电子手环等可穿戴设备、智能机器人等交互式设备为代表的新兴信息技术。总体来说，信息技术已经成为现代教育非常重要的一部分，为早期教育带来了更多的创新和变革。

信息技术对儿童发展的影响表现在许多方面。首先，信息技术可以提高儿童学习兴趣和参与度。通过适当地应用数字媒体，可以为儿童提供更加生动直观的学习资源，这有利于提高儿童对于学习内容的兴趣度。其次，信息技术可以丰富儿童的学习内容。儿童时期的学习需要尽可能种类丰富的学习游戏和资源，例如各种有趣的动画、音乐、儿童剧目等。好的信息技术产品能够让儿童在这些游戏和资源中获得更多、更丰富的知识和体验。再次，信息技术对于儿童语言和思维能力的启发作用也值得关注。例如，在互动游戏中，儿童能够根据自己的选择获得不同结果，这有助于培养儿童的逻辑思维和自主判断能力。但是，信息技术对于儿童学习的负面影响也不可忽视。信息技术的过度使用可能会对儿童产生认知障碍、心理依赖等不良后果，同时可能会减少儿童与人的社交互动，影响其社交能力的培养。因此，在信息技术的使用上，要注意精准、适度、健康和正确，要注重信息技术与实体资源的结合，让儿童在多种、多样的学习场景和学习方式中获得更全面、更丰富的成长经验。

尽管智能设备的广泛普及和最新技术的不断进步，推动了技术、教育研究和研究方法的快速发展，但一般的教育文化特别是日常的课堂实践，未能跟上时代的步伐，也未采用源自智能教育的研究成果。在新时代，要充分发挥教育技术对教师教学行为和课程开发等方面的引领作用。因此，儿童的智力潜能未被充分挖掘，未能得到充分的开发，从而限制了其未来的发展。这意味着要改变我们对智能技术应用的传统看法，而不是简单地认为它能够改善儿童的学习效果。在现实生活中，数字工具在教育中的潜力备受关注，教育和教育的数字化转型需要更多的关注，而技术支持的教育存在着研究和实践之间的巨大差距，因此智能技术可以帮助教师通过持续的诊断性评价来调整教学，从而提高准确率。为了提高准确性，我们需要进行诊断评价，并对学习目标进行评价，以确保其与儿童的个性化需求相适应。只是这些技术的实现需要将多个学科和领域的研究成果进行整合，以适应人类思维的多样性，包括我们的学习方式等。

为了最大程度地提高基于计算机的学习环境的有效性，我们需要深入研究证据，以确定哪些教学特征是最具有效性的教学设计原则。教师应该在使用现有设备时考虑到不同类型儿童对他们所能获得信息的需求程度以及他们是否能够利用该设施进行自主探索等因素。因此，对于儿童而言，智能设备所蕴含的潜能仍未得到充分的挖掘和利用，从而无法为其带来真正的福祉。教师应该将自己从传统的经验中解放出来，并利用先进的技术手段进行探索与实践。许多关于学习材料的代表性和可及性问题已被技术所解决，包括使用数字工具，开发数字化课程资源以及利用多媒体辅助教学等。

需要注意的是，新一代信息技术为教育带来了诸多机遇和挑战，它将会催生出更个性化、高效率和科技化的教育模式，让教育更加适应未来数字化社会的发展趋势，但同时存在诸多挑战。

（二）物联网技术在学前教育中的应用

2012 年新媒体联盟发布的地平线报告首次提到了物联网技术在学校教育中的应用，将物联网技术视为智能化的一次新变革，通过互联性的特征，物理实体和数字化信息之间的边界会被模糊。物联网技术与教学和学习的关联在于，其能够将小的电子设备与任意物体相连，在不被人察觉的情况下用这些"智能化"的物体来追踪、管理和记录数据。❶ 2012 年新媒体联盟发布的地平线报告认为，物联网技术的教育应用集中在学校管理方面，物联网技术能够被用来管理、追踪和盘点学校的设施设备，并且用来认证教师和学生的身份信息，管理教室等场所的出入等。随后，新媒体联盟在 2015 年的报告中进一步拓展了物联网技术的教育应用，将其视为一种高等教育的教育技术。利用物联网技术能够增强学习过程的互动性，为学生带来更丰富的学习体验。❷ 随着人们对物联网技术了解的深入，其在教育中的应用也具有更大的潜力。借助物联网技术，学生、教师以及学校能够实现数据的共享，教师能够增加学习过程的多样性，并且能够让学生利用周围的环境数据进行进一步的探索。物联网技术也带来了学习方式的改变，能够支持学生的自主建构以及翻转课堂等形式的出现。当前物联网技术在教育中的应用主要集中在中小学以及高等教育之中，但是在幼儿园场景中也有应用的潜力和价值。应用的形式包括对学校的管理、改善学习过程以及丰富与技术相关

---

❶ BECKER S A, CUMMINS M, DAVIS A. NMC Horizon Report: 2012 Higher Education Edition [R]. The New Media Consortium, 2012.

❷ BECKER S A, CUMMINS M, DAVIS A. NMC Horizon Report: 2015 Higher Education Edition [R]. The New Media Consortium, 2015.

的学习内容等方面。以下给出相应的应用实例。

1. 物联网技术与学校管理

学校管理大致包括对学校内人与物的管理。其中学生是学校中最主要的群体，利用无线射频识别（Radio Frequency Identification，RFID）技术能够实现对学生校内活动路径的分析与追踪，也能够对学生进行考勤管理，获取学生的实时动态数据，通过物联网技术所搭建出来的管理平台能够提升对学生管理的水平和效率。[1] 在当前的学校管理中也已经运用了一些基础的物联网技术，如在学生的校园卡中置入了 RFID 芯片，能够储存学生的基本信息，能够对学生出入楼宇和教室的情况进行记录，从而掌握学生的去向。在高校之中，由于校园范围广阔，存在诸多的监控死角和潜在的危险区域，通过在这些区域中架设 RFID 阅读器，就能够通过读取学生校园卡中的 RFID 芯片来确定学生的位置，进行及时预警，确保学生的安全。[2] 在幼儿园中，也能够应用物联网技术进行管理。由于儿童年龄小，安全意识较弱，自我保护能力不足，因此需要幼儿园对儿童进行更加细致的监管。基于 RFID 技术的儿童、家长和教职工的身份识别卡能够记录儿童的考勤情况，并确定接送人员的身份信息。在幼儿园范围内覆盖的 RFID 读写系统，也能够确保儿童在园所内的安全，追踪儿童的活动情况。[3] 除考勤和安全方面的管理外，物联网技术也能够对人员健康进行管理。物联网技术能够直接对人体健康进行数据收集和监测，借助便携、小巧的可穿戴设备，能够实现实时的、动态的健康监测，通过采集运动中人体各项生理指标，如体温、血压、心率、血糖等，能够及时掌握学生的身体动态。也能够实现学生运动强度和运动量的远程监测，结合身体素质与运动情况能够为学生提供

---

[1] JIANG Z. Analysis of Student Activities Trajectory and Design of Attendance Management Based on Internet of Things [C]//2016 International Conference on Audio, Language and Image Processing (ICALIP). IEEE, 2016: 600 –603.

[2] 支祖利. 物联网技术在学生日常管理中的应用 [J]. 阜阳职业技术学院学报, 2016 (2): 31 –32.

[3] 李鸿，王林珠，谭怀忠. 物联网技术在幼儿园幼儿管理中的应用研究 [J]. 中国教育技术装备, 2013 (9): 7 –9.

量身定做的运动建议。❶ 物联网也可以通过外部环境的监测来保障校园内人的健康。通过无线通信技术、传感器技术、图像采集技术等能够搭建起空气质量监测平台，对粉尘、烟雾、有害气体等危害人体健康的物质实现监控。❷ 运用 ZigBee 通信协议建立起的幼儿园软环境控制系统，能够监测和调节室内环境的温度、湿度、明亮度等，使其符合儿童身心健康发展的需要。❸ 除对人员管理外，学校管理也涉及对资产、设备和财务的管理。利用 RFID 技术和通信协议能够形成高校实验室设备智能化管理方案，能够对实验设备的出入库进行智能化的登记，方便使用者进行查询和归还，并且能够高效地对各项设备进行分类清点。❹ 高校图书馆中也可使用 RFID 技术提高图书管理效率和利用率，将物联网技术用于图书馆可以简化借阅、归还手续，方便图书管理和查找并进行准确盘点，也能够有助于学生的图书查阅和文献查找。❺ 物联网技术的运用能够便利学校对人与物的管理，而且能够提升管理的效率。

2. 物联网技术与教和学

除了在管理中的应用，物联网技术在教学中的价值也得到了重视。物联网能够为学习过程的多样性、生动性和互动性提供支持，有利于学习者通过丰富多样的形式学习知识、锻炼技能。物联网技术能够将万物相连，有利于泛在学习的实现，能够将不同的场域都转变为学习的情境。尤其是在历史、生物和地质学领域中，要求在户外进行学习，但是以往的户外教学存在诸多问题，如难以有效地呈现信息。在 RFID、互联网等技术的支持下构建起的自然科学学习实验在台湾地区开展，研究发现基于技术的学习能够提升学生的学习动机和学习效果，而且学生对

❶ 武东海，明应安，孙国栋. 基于物联网技术的大学生体质健康监测管理研究 ［J］. 体育研究与教育，2019，34（3）：22 - 24.

❷ 陈兆强. 基于物联网的校园环境监测系统研究 ［D］. 长春：吉林大学，2018.

❸ 赵义，曹映红，张莉萍. 基于 ZigBee 技术的幼儿园环境控制系统的设计与实现 ［J］. 黄冈师范学院学报，2017，37（3）：58 - 60.

❹ 陈天福，潘玲蓉，宋铁成，等. 基于物联网的实验设备管理系统的研制 ［J］. 电气电子教学学报，2012，34（5）：41 - 44.

❺ 肖文雅，王永波. 物联网在高校图书馆管理中的应用 ［J］. 信息技术，2014（3）：85 - 87.

这一学习方式都给出了积极的反馈。❶ 物联网技术能够支持虚拟仿真实验室的建立，部分学校采用"虚实结合"的教学方式建构起基于物联网的方阵教学，学生可以在虚拟环境中进行操作，是对高校培养方式和教学模式的一种创新的探索。❷ 在教学过程中使用基于物联网技术的机器人辅助学生学习能够有助于学生间的合作学习。机器人身上装有传感器和执行器能够感知他们所处的物理环境。机器人能够通过其动作和行为使知识可视化，起到教育的作用，也可以通过即时反馈增强学生的参与感。❸ 在工程学的课程中引入物联网技术，引导学生熟悉电脑系统中的常用硬件，通过使用 NFC 标签或二维码标定计算机的零件，学生可以与不同的物品进行交互，研究表明运用物联网技术能够支持教师的教学过程，也能够提升学生的学业表现。使用物联网技术能够支持有意义的学习，并且能够将特定的知识与真实的场景结合起来。❹ 研究者开发了一种基于物联网技术的互动模型用来进行英语教学，这种模型能够通过声音和视觉传感器来纠正学生的发音以及发音时的嘴型。❺ 此外，借助 RFID 技术能够支持学生的词汇学习，通过在日常事物中装置 RFID 标签，学生可以通过个人电子设备来识别这一标签，识别后会为学生提供有关语言学习的正确信息，平均年龄为 16 岁的学生参与了这一实验，并且表现出对这种学习方式的兴趣。❻ 物联网也能够监测学生学习时的生理数据、获取学生对教学的反馈，从而提升教学质量。利用物联网技

---

❶ TAN T H, LIU T Y, CHANG C C. Development and Evaluation of an RFID-based Ubiquitous Learning Environment for Outdoor Learning ［J］. Interactive Learning Environments，2007，15（3）：253 – 269.

❷ 王竞，吴响，黄怡鹤，胡俊峰. 医学院校物联网工程专业虚拟仿真实验教学体系建设与实践 ［J］. 高教学刊，2017（21）：35 – 37.

❸ PLAUSKA I, DAMASEVICIUS R. Educational Robots for Internet-of-things Supported Collaborative Learning ［C］// International Conference on Information & Software Technologies. Springer，Cham，2014.

❹ GÓMEZ J, HUETE J F, HOYOS O, et al. Interaction System Based on Internet of Things as Support for Education ［J］. Procedia Computer Science，2013，21：132 – 139.

❺ WANG Y. English Interactive Teaching Model Which Based upon Internet of Things ［C］// 2010 International Conference on Computer Application and System Modeling（ICCASM 2010）. IEEE，2010，13：V13 – 587 – V13 – 590.

❻ OGATA H, AKAMATSU R, MITSUHARA H, et al. TANGO：Supporting Vocabulary Learning with RFID Tags ［C］//Proc. Int. Workshop Series on RFID，2004.

术获取学生在课堂中的注意情况，并用 LED 灯光向教师反馈学生对教学的满意度，有助于教师及时改进教学、更换教学的策略。❶ 对学生的生理信息进行实时采集能够测试学生在课堂中的参与度，通过这种技术，能够向教师反馈学生在课堂中的学习情况和表现，教师可以利用以上信息与学生进行沟通，并及时调整学生的状态。❷ 借助物联网技术也可以对教室内部的物理环境进行测量，探究不同的因素对学生的注意力是否有影响，从而为学生营造最适宜的学习环境。❸

在幼儿园，物联网技术也可以用来支持儿童的学习。在芬兰幼儿园进行的研究发现，使用进场识别技术能够提升儿童的阅读能力，通过融入物联网技术的游戏形式，儿童在后测时能够比前测时平均多识别 1 ~ 4 个字母，而且在游戏中，儿童能够将自发游戏转变为合作游戏，促进儿童社会交往技能的发展。❹ 尤其对于儿童而言，使用 RFID 或近场识别技术等物联网手段能够有助于形成可触摸的交互方式，对物理环境的探索与操作能够促进儿童的学习。近场识别技术的标签不需要供电，有利于持续地使用。❺ RFID 技术和近场识别技术能够连接虚拟世界与现实世界，能够用来改进传统的教学游戏，让已有的学习活动能够更适合于成长于信息时代的学习者。在学习过程上，物联网技术在教育中应用的优势主要体现在：一是能够调动学生学习的积极性，让学生乐于参与其中；二是能够连接虚拟与现实的环境，在某些学科中能够以更加生动的

---

❶ GLIGORIĆN, DIMČIĆT, KRČO S, et al. Internet of Things Enabled LED Lamp Controlled by Satisfaction of Students in a Classroom [J]. A publication of IPSI Bgd Internet Research Society New York, 2014.

❷ KIM P W. Real-time Bio-signal-processing of Students Based on an Intelligent Algorithm for Internet of Things to Assess Engagement Levels in a Classroom [J]. Future Generation Computer Systems, 2018, 86: 716 – 722.

❸ UZELAC A, GLIGORIC N, KRCO S. A Comprehensive Study of Parameters in Physical Environment that Impact Students' Focus During Lecture Using Internet of Things [J]. Computers in Human Behavior, 2015, 53: 427 – 434.

❹ RIJEKA J, CORTÉS M, HYTÖNEN M, et al. Touching Nametags with NFC Phones: A Playful Approach to Learning to Read [M]. Transactions on Edutainment X. Springer, Berlin, Heidelberg, 2013.

❺ SÁNCHEZ I, CORTÉS M, RIEKKI J, et al. NFC-based Interactive Learning Environments for Children [C]//Proceedings of the 10th International Conference on Interaction Design and Children. 2011: 205 – 208.

虚拟环境来帮助学生完成学习；三是对学生学习效果的及时了解，能够通过各类传感器获取的生理信息来判断学生在课堂上的专注情况，从而帮助教师对教学进行调整，提高教学的质量；四是对于儿童来说，物联网技术能够将技术融入实际的物品之中，能够让儿童进行探索和操作，符合儿童的学习特点。

物联网技术作为一种新兴的技术手段，在生活的各个方面都有广阔的发展前景。因此，对于教育领域而言，物联网技术本身就是教育内容的一个重要组成部分。将物联网技术的理念、原理和实现方式等纳入课程体系中，也反映了时代的需求。2010 年，无锡市批准了感知教育应用示范工程，并开展了"感知生长、仰望星空"的实践项目，让物联网技术教育普及到中小学。编制的《物联网教育》普及教育读本发放给小学和初中学生，并改进成适合教学的中小学教材，帮助中小学生了解物联网技术的基础知识。❶ 物联网技术的发展也进一步拓展了 STEM 教育的内容，结合 STEM 的教学理念，能够帮助学生了解生活中的物联网，利用实验和实践来帮助学生认识物联网体验其应用，拓宽学生的视野。学校以物联网技术为核心构建校本课程，以创客教育为手段，通过课程来培养和激发学生的创造力，培养学生的学习能力，促进学生的全面发展。物联网传感电子交互体验式训练课程能够让学生自主组合不同功能模块，让学生能够更加容易理解电子控制系统背后的原理，支持学生在实践中探索和创新。❷ 信息时代的到来，对未来的人才提出了新的要求，为了更好地适应信息时代的节奏，信息技术的教育也逐渐向低龄段下沉。越来越多的中小学中开始出现与物联网技术相关的课程教学，为学生科普物理网相关知识，激发学生的学习兴趣。

总体来看，物联网技术在教育中的应用得到了广泛的关注，在多个领域、不同学龄段都出现了物联网运用在教育中的探索。技术的运用在多个方面能够有益于教育效率的提高，能够丰富学习形式和学习内容的多样性，为学生营造更加生动的学习空间。纵观目前的研究仍有以下几

---

❶ 史弘文. 物联网普及教育走进中小学的策略和实践［J］. 中国信息技术教育，2013（10）：26－28.

❷ 沈萍强. 物联网校本课程设计与实施［J］. 中小学数字化教学，2018，10（7）：65－67.

个问题。首先，物联网技术在教育中的应用仍然集中在管理方面，与教学的结合探索不够深入。已有研究对技术如何应用在考勤以及设备管理上已经有了深入的探讨，而且也已有较为成形的技术运用于教学实践之中。然而对物联网如何支持教师的教学以及学生的学习方面则并未有全面的研究。已有研究仍然停留在学习系统的设计层面，研究者提出了很多的构想，但是这些学习系统并未付诸大规模的实证研究，其有效性和应用性仍然有待考量。从理论到实际应用之间仍然有较大的差距。其次，物联网技术与教育的探索集中在中小学和高等教育学段之中，对学前教育中技术的应用关注较少。物联网技术的嵌入性特征适宜于儿童的学习特点，将技术融入儿童的操作材料中，能够支持儿童的动手操作，也适应儿童具象思维的特点。但是目前在这一方面的研究仍然较少。最后，目前在技术支持学习的领域中，以丰富学习方式为主要的研究方向，但是缺少对教育评价方面的相关研究。物联网能够让物体充满"生气"，也能够借助传感设备获取学习者的各项指标数据，借助这些行为数据能够对学习者的学习过程、学习特点和能力水平进行更加全面的评价。但是当前仍然存在对利用物联网获取的数据解读不够充分的现象，仅仅从专注情况、课堂参与等方面来应用数据。未来应当结合学习心理学、教育学等相关领域的内容拓展已有数据的解读形式，在教育评价等方面加强对数据和技术的应用。

第二节　学前教育评价方法和技术新动向

一、从经典测量到认知诊断这一新一代测量理论转向

随着认知心理学和数理统计学的不断发展以及计算机技术的不断进步，认知科学、计算机科学及数理统计学等学科渗入心理与教育测量学领域，教育测量与评估领域正在发生深刻变化。传统的心理与教育测验只给出一个笼统测验分数，然而当今人们更希望通过心理与教育测验提供更为详细的诊断信息从而更深入地了解学生的认知结构，这就是认知诊断。认知诊断研究有助于人们更好地了解人类内部心理活动规律及其机制，实现对个体认知强项和弱项的诊断。

（一）认知诊断的提出与意义

随着认知心理学和数理统计学的不断发展以及计算机技术的不断进步，认知科学、计算机科学及数理统计学等学科渗入心理与教育测量学领域，教育测量与评估领域正在发生深刻变化。心理和教育测量学经历了一个多世纪的发展，到现在为止，测验领域的发展可以划分为两个阶段：标准测验领域阶段和新一代测验理论阶段。标准测验理论以经典测验理论、概化理论和项目反应理论为代表，它将所测量的心理品质视为一种心理学意义并不明晰的"统计结构"，依赖被试对题目的反应估计其能力大小，是一种强调对被试宏观能力水平进行评估的研究范式。传统的心理与教育测验只给出一个笼统测验分数，然而当今人们更希望通过心理与教育测验提供更为详细的诊断信息从而更深入地了解学生的认知结构，这就是认知诊断。能同时考察被试宏观能力和微观认知属性的认知诊断是新一代测验理论的核心。

认知诊断评估（Cognitive Diagnostic Assessment，CDA）是20世纪后半叶兴起的测验形式。它以认知心理学为理论基础，结合现代测量学，探索人类在特定领域的潜在的认知结构和过程，试图分析和解释人类的个体差异现象。❶ 认知诊断评估有广义和狭义之分。广义的认知诊断评估是指建立观察分数和被试内部认知特征之间关系，可以应用于心理学理论建构和教育教学领域两方面。Leighton 和 Gierl（2007）在其编著的专著中指出，认知诊断评估是用于测量个体特定的知识结构和加工技能。❷ Yang 和 Embretson（2007）认为心理或教育中的认知诊断测验至少应测量三方面的认知特性：一是特定认知领域较重要的技能或知识，这些技能或知识又是更高层能力构建的基础；二是知识结构，知识结构不仅表明知识、技能的数量或多少，还表明人们是如何对这些知识、技能进行组织；三是认知过程。❸ 上述均为对广义认知诊断评估的

❶ 汪文义，宋丽红. 教育认知诊断评估理论与技术研究［M］. 北京：北京师范大学出版社，2015.

❷ LEIGHTON J P, GIERL M J. Defining and Evaluating Models of Cognition Used in Educational Measurement to Make Inferences about Examinees' Thinking Processes［J］. Educational Measurement：Issues and Practice，2007，26（2）：3-16.

❸ EMBRETSON S E, YANG X. Construct Validity and Cognitive Diagnostic Assessment［M］. Georgia Institute of Technology，2007.

解释。狭义的认知诊断评估指在教育教学领域中，根据被试是否掌握了测验所测量的技能或特质来对被试进行分类。●

认知诊断是 21 世纪新的测量范式，倡导认知诊断的研究和应用。心理测量学的这种趋势是由理论和实践的需要所驱动的。在理论方面，认知诊断和与它相关联的心理测量模型能为认知理论的验证提供一种方法。在实践方面，认知诊断能够为学生、父母、教师和决策者提供更多的诊断信息，以帮助实施成功的指导性干预。国外对于认知诊断开展了大量的理论研究●和应用研究●。

（二）认知诊断的过程与方法

DiBello 等研究者在统计手册中提出了更详细的认知诊断步骤，主要有以下六步：①确定认知诊断的目标；②诊断目标的潜在技能模型或认知模型的描述（诊断目标的潜在属性模型或认知加工过程的描述）；③开发并分析评估任务（如测验项目）；④将认知模型与统计计量模型相结合的具体说明（将认知加工过程或属性、技能和策略等与具体的心理计量模型相联系）；⑤模型参数估计统计方法的选择和结果的评价（选择合适的统计方法，对心理计量模型的参数进行估计）；⑥向被试、教师和其他人等报告诊断结果系统的开发（开发向被试、老师和家长等报告评估结果的系统）。●

概而言之，认知诊断主要涉及两个部分，第一部分是认知模型的确立。根据诊断目的，运用认知心理学的方法，对所需测量的潜在特质所涉及的认知策略、加工过程和认知成分等做认知分析和数据统计分析验证，获得实施认知诊断的实质性的认知模型，这是认知诊断的基础和起点；第二部分是将认知模型与认知诊断模型相结合，对个体进行诊断评估。具体而言，是根据实质性认知模型来选择、编制项目和测验，借助

● 戴海琦，谢美华，丁树良. 我国大陆认知诊断研究的文献计量分析［J］. 南京师范大学学报（社会科学版），2013（6）：88－97.

● DIBELLO L V，STOUT W. Guest Editors' Introduction and Overview：IRT-based Cognitive Diagnostic Models and Related Methods［J］. Journal of Educational Measurement，2007：285－291.

● TATSUOKA C. Diagnostic Models as Partially Ordered Sets［J］. Measurement：Interdisciplinary Research and Perspectives，2009. 7（1）：49－53.

● DIBELLO L V，STOUT W. Guest Editors' Introduction and Overview：IRT-based Cognitive Diagnostic Models and Related Methods［J］. Journal of Educational Measurement，2007：285－291.

合适的认知诊断模型（测量模型），揭示个体认知变量特征。

1. 认知模型的确立

研究者们一致认为认知诊断测验的开发和编制需要使用已有的合理的认知模型或者根据认知心理学的研究范式构建测验任务的认知模型。[1] 认知模型的确立可以通过文献法、口语报告法、眼动研究等方法构建和验证，采用专家评判、统计方法辅助验证。认知模型可以通过属性层次关系图来表达，认知模型建立的过程主要就是认知属性的提出及认知属性间关系初步确立的过程。认知属性用来描述个体完成任务所需的知识、技能和策略等，是对个体内部心理加工过程的描述。认知属性不是独立操作，而是从属于一个互相关联的网络，认知属性间可能存在一定的逻辑顺序、心理顺序或阶层关系。[2] Leighton 等研究者指出属性层次关系有四种基本类型，分别为收敛型、线性型、分支型和无结构型，四种基本类型可以组合构成更复杂的网络型。[3] 属性间的层次关系可以通过认知心理学的研究方法确定，如口语报告法、专家意见、实验调查和任务－认知分析法等。[4]

属性层次关系图展现了认知模型中各属性间的关系。在测验任务开发中，除了关注测验任务所需技能之间的相互关系以及多项技能之间的相互作用。在测验任务分析过程中，还要进行 Q 矩阵的建立，Q 矩阵既体现了测验蓝图和测验的认知属性，也是大多数认知诊断模型的基础。Q 矩阵是刻画认知属性与任务关系（测验项目）的矩阵——行表示测验项目，列表示认知属性，1 和 0 分别表示某一任务是否需要某一特定的属性。我们可以把所提出的 Q 矩阵看成一个基于理论和其他实质性考虑，连接属性和任务的假设矩阵，随后的统计分析可以修正这个假设

❶ EMBRETSON S E，YANG X. Construct Validity and Cognitive Diagnostic Assessment ［M］. Georgia Institute of Technology，2007.

❷ 蔡艳，群体水平的英语阅读问题解决能力评估及认知诊断 ［D］. 南昌：江西师范大学，2010.

❸ LEIGHTON J P，GIERL M J，HUNKA S M. The Attribute Hierarchy Method for Cognitive Assessment：A Variation on Tatsuoka's Rule-space Approach ［J］. Journal of Educational Measurement，2004，41（3）：205 – 237.

❹ 涂冬波，项目自动生成的小学儿童数学问题解决认知诊断 CAT 编制 ［D］. 南昌：江西师范大学，2009.

的矩阵以提高统计效果。结合认知模型进行测验任务开发，既保证了测验结构效度，也将测验目标有效融入测验内容中，但要对个体进行认知诊断评价，还需要借助认知诊断模型进行量化分析。

2. 认知诊断模型

认知诊断模型（Cognitive Diagnostic Mode，CDM）是以项目反应理论为基础，借鉴认知心理学对人类认知加工过程的内在机制的研究成果及研究范式，开发出的具有认知诊断功能的心理计量学模型。认知诊断模型是充分融入了认知变量的认知诊断统计模型，是认知诊断评估的核心技术环节，认知诊断模型的好坏直接决定着认知诊断评估的准确性及有效性。[1]

认知诊断模型是当前国内外心理测量学的研究热点，经过多年的研究，测验的诊断模型已经发展出很多种，迄今为止国外大约开发了100多种认知诊断模型。[2] 根据认知诊断模型中对所考察属性的假设，可以将属性分成连续型变量和离散型变量两种表示方式。因此，认知诊断模型也可分为两类，潜在特质模型和潜在分类模型。[3]

潜在特质模型，是以线性逻辑斯蒂克特质模型为基础，这一类认知诊断模型分析被试所具备的潜在特质的方式是研究被试在测试上取得的分数，例如线性逻辑斯蒂克特质模型、拓广多成分潜在特质模型、多成分潜在特质模型、多维项目反应理论补偿性模型、多维项目反应理论非补偿性模型等。潜在特质模型的目的在于剖析个体观测分数下的潜在特质，一般想法是被试在项目要求的技能上熟练程度越高，那么被试正确回答该项目的概率就越高，着重寻求量上的差异。

潜在分类模型，是以规则空间模型为基础，其目的在于分析被试的得分模式，找到被试在不同潜在特质上质的差异，并按照此类差异对被试进行归类，以揭示被试的内部认知结构，例如规则空间模型（RSM）、DINA 模型、贝叶斯网络等。潜在分类模型的诊断目的是根据

---

❶ 高旭亮，涂冬波．参数化认知诊断模型：心理计量特征、比较及其转换［J］．江西师范大学学报（哲学社会科学版），2017，50（1）：88－104.

❷ 刘彦楼，辛涛，李令青，等．改进的认知诊断模型项目功能差异检验方法——基于观察信息矩阵的 Wald 统计量［J］．心理学报，2016，48（5）：588－598.

❸ 左萌．潜在特质模型与潜在分类模型的诊断结果对比研究［D］．南昌：江西师范大学，2016.

个体在潜在特质上的差异将个体归类到不同的属性掌握模式中，大部分诊断模型都属于潜在分类模型。

在实际应用过程中，认知诊断模型的选取应充分考虑测验要考察的能力维度或属性个数、被试属性变量类型（连续或离散）、被试的认知策略、项目反应机制、Q矩阵的完备性、模型的复杂程度、参数的识别、模型—资料的拟合以及实际需求等多方面问题。❶

（三）认知诊断基础与应用研究

教育认知诊断是涉及心理学、教育学、统计学、计算机科学等多学科的交叉学科研究，需要各领域工作者协同合作，推进认知诊断的基础与应用研究。认知诊断的基础研究主要关注认知模型和认知诊断模型中基本方法和原理。认知模型的建立依赖于认知心理学工作者和心理测量研究者共同合作，研究认知属性间的属性层级关系模型以及Q矩阵的属性指定以及估计方法等问题。❷ 认知诊断模型的基础研究涉及认知诊断模型开发、模型选择、参数估计、模型和数据拟合以及认知诊断模型之间的比较等问题。❸

认知诊断的基础研究为认知诊断在教育领域的实际应用奠定了基础。对于认知属性以及认知诊断模型了解得越深刻，越有利于提高其在实际应用过程中的准确性。随着认知诊断基础研究的推进，在教育领域涌现了越来越多的认知诊断应用研究。目前教育认知诊断主要关注的是学生在数学和语言两大领域的认知诊断评估。语言领域的认知诊断研究，主要关于第一或第二语言阅读理解能力的认知诊断。数学领域的认知诊断研究主要包括数与运算和图形与空间两个主要方面。❹

综上，目前的认知诊断研究主要集中在小学和中学阶段，认知诊断

---

❶ 宋丽红. 测验Q矩阵中属性指定、选择和验证方法［J］. 江西师范大学学报（哲学社会科学版），2017，50（1）：80－87.

❷ 汪大勋，高旭亮，韩雨婷，等. 一种简单有效的Q矩阵估计方法开发：基于非参数化方法视角［J］. 心理科学，2018，41（1）：180－188.

❸ 涂冬波，张心，蔡艳，等. 认知诊断模型－资料拟合检验统计量及其性能［J］. 心理科学，2014（1）：205－211.

❹ GIERL M J, ALVES C, MAJEAU R T. Using the Attribute Hierarchy Method to Make Diagnostic Inferences About Examinees' Knowledge and Skills in Mathematics：An Operational Implementation of Cognitive Diagnostic Assessment ［J］. International Journal of Testing, 2010, 10（4）：318－341.

研究可以采用的认知诊断模型多种多样，主要根据测验任务的认知属性以及模型数据拟合等情况进行选择。在已有的教育认知诊断研究中，认知属性的颗粒度大小不一，有的研究认知属性粒度较大，如臧芳将数学各领域的知识与能力作为单个认知属性；有的研究认知属性粒度较小，❶ 如涂冬波将小学三年级、四年级儿童的数学问题解决的认识属性分为 7 个方面，而非数学领域的具体知识。即使是同一个研究问题，认知属性可能也有差异，这与具体的测验任务有很大关系❷。

二、从传统的静态测验评估向基于游戏的评估融合

（一）游戏价值观的嬗变

游戏被定义为一种愉快的、积极的、自我激励的发展现象。对于游戏的研究已经有很长的历史，从柏拉图到康德，从福禄贝尔到皮亚杰，历史学家、生物学家、心理学家和教育家都研究这种无处不在的行为，以了解我们如何以及为什么游戏。柏拉图描述了游戏和教育之间的紧密联系，他认为童年时期的游戏塑造了未来的成年人。亚里士多德认为游戏是学习的反面，学习是努力，而游戏是娱乐。古罗马人认识到游戏对社会的重要性，到了中世纪和现代早期，游戏被认为是浪费时间，甚至被认为是邪恶和有害自然的表现，由此游戏的概念失去了越来越多的积极意义，工作的概念得到了越来越多的积极意义。在相当长一段时间，游戏被定为非法，因为它阻止了人们的工作。后来，康德宣布游戏是一项令人愉快的活动，工作和游戏都有明确的界限。继亚里士多德的论证之后，康德将游戏归结为放松，并将其与工作分离开来。康德明确指出，游戏并没有对正规教育产生积极影响。福禄贝尔（幼儿园创始人）认为游戏对教育很有价值，并开发了针对儿童的游戏。福禄贝尔教育理论的重点是游戏。进入 20 世纪，关于游戏的科学争论开始出现。弗洛伊德用游戏来克服心理问题，皮亚杰认为游戏和模仿是儿童智力发展过程中的两个重要功能：游戏是一种同化策略，模仿是一种调节策略。他

---

❶ 臧芳，基于认知诊断理论的小学生数学能力评价研究［D］. 上海：华东师范大学，2012.

❷ 鲍孟颖，运用 DINA 模型对 5 年级学生数学应用题问题解决进行认知诊断［D］. 上海：华东师范大学，2014.

还展示了游戏的变化是如何与认知发展联系在一起的。感知动作阶段与实践操作相联系，前运算阶段与符号游戏相联系，具体运算阶段与规则游戏和建构游戏相联系。进入 21 世纪，越来越多的学科和领域关注游戏，以游戏为中心的社会科学出版物在过去的二十多年中大幅度增加。

目前游戏对儿童发展的价值已经形成共识。对儿童来说，游戏有着更为重要的意义。儿童通过在典型环境和日常生活中玩耍时的重复行为学习。游戏是儿童学习的一部分，儿童在游戏的过程中模仿成人的行为，练习自己的动作技能，处理一些情感事件，学习他们所生活世界的许多内容。游戏对儿童的社会性发展和行为适应能力发展非常重要。在游戏的过程中，儿童学习遵守社会规则，乐于与他人合作，参与适宜的社会性行为，这些行为对于儿童的学校适应非常重要。

（二）基于游戏的评估背景和类型

与传统的偏向知识传递和技能习得的学习观不同，现代教育和学习理论更加强调对复杂概念和结构的理解，知识技能迁移到新情境的能力和批判性思维能力的提升。[1] 解决问题、沟通与协作能力是学生在知识经济和全球化社会中走向成功的重要素养，是 21 世纪对人才培养的要求，而这些能力或素养的培养更加需要有意义的学习。在真实环境中对学习的研究和评估为理解当代儿童的学习提供了独特的视角和必要的条件。[2] 而游戏本身的自主和真实环境为真实环境的学习和评价提供了可能和条件，尤其是对学前儿童而言，基于游戏的评估具有更大的需求和潜力。

随着人们对传统的标准化测验的不满以及信息技术在教育领域的不断渗透，基于游戏的学习与评估得到越来越多的关注。基于游戏的评估方法在 20 世纪 70 年代首次提出，随后也产生了一些游戏化评估的模型，但直到 90 年代初期才被广泛使用。需要注意的是以游戏为基础的评估不同于对游戏的评估，对游戏的评估解释了儿童参与的游戏类型与游戏水平和特点。

---

❶ BRANSFORD J D, BROWN A L, Cocking R R. How People Learn ［M］. Washington DC：National Academy Press, 2000.

❷ SAWYER R K. Introduction：The New Science of Learning ［M］//Cambridge Handbook of the Learning Sciences. New York：Cambridge University Press, 2006.

目前基于游戏的评估有三种类型。第一种是基于对传统的结构和非结构游戏所进行的评估，游戏设计和游戏过程极少介入现代的信息技术。第二种是基于数字游戏的评估，儿童通过操作电脑和手机的屏幕进行游戏，在游戏中进行评估。基于传统的游戏评估主要是针对儿童早期，关注儿童的认知、动作和情感与社会性的发展水平。基于数字游戏的评估，针对的年龄群体更加广泛，能够评估的内容更加丰富。有研究者指出3~10岁的儿童代表了虚拟世界和在线教育游戏中的最大人口（Kzero，2011），数字游戏是年幼儿童在家中和早年生活中至关重要的一个方面，这给儿童教育带来了挑战和机遇。虽然对数字媒介在儿童早期适用的起始年龄和使用时间及频率还存在争议，但不可否认的现实就是随着平板电脑和智能手机的普及，儿童接触电子游戏的数量越来越大，尽管许多家长和实践者仍然认为数字游戏对儿童的益处不如传统游戏，❶但越来越多的儿童教育研究者倡导将数字技术和文化纳入儿童教育，但其中还有很多问题需要解决，基于数字游戏的评估是其中的重要问题。❷第三种基于游戏的评估是结合了传统的游戏方式与新兴的信息技术，即融合物联网技术的基于游戏的评估，随着物联网技术在教育领域的不断应用，新近出现的一种基于游戏的评估方式，可以说它保留了前两种评估方式的优势，既能够保证儿童真实操作与游戏，符合儿童的认知发展特点，又能够提供更为详细、高效的数据信息，实现了数据的自动化采集和传输。

基于游戏的评估既可以用于形成性评价，也可以用于总结性评价。评估可用于形成性或总结性目的。当用于总结目的时，评估提供了诸如评分或过关等信息。当用于形成目的时，评估直接向学生提供信息，告知他们学习和表现的具体情况，并提供改进方向。形成性评价也可以被看作是儿童的学习活动，儿童在其中执行行动并收到有关其行动状况的反馈。❸评估是形成性的还是总结性的，与评价的目的有关。形成性评

---

❶ FROST J L. A History of Children's Play and Play Environments：Toward a Contemporary Child-saving Movement［M］. Routledge，2010.

❷ MARSH J. Young Children's Play in Online Virtual Worlds［J］. Journal of Early Childhood Research，2010，8（1）：23-39.

❸ SHUTE V J. Focus on Formative Feedback［J］. Review of Educational Research，2008，78（1）：153-189.

价旨在告知学生其学习过程的详细信息以及如何改进学习。相较而言，基于数字游戏的评估和物联网技术下基于游戏的评估更多用于形成性评价，因为反馈是两种游戏设计的核心要素之一，也是游戏能够顺利进行的有效机制。与游戏的心理和教育评估密切相关的是，在玩游戏时需要充分和即时反馈，向学习者提供的任何类型的信息都是反馈。反馈在需要个体高度自我调节的基于游戏的学习环境中发挥着特别重要的作用，它促进了个体心理模型和图式的发展，从而提高了儿童的专业知识和水平。❶

基于游戏的评估能够在生态化的环境中考察儿童的技能表现。游戏化评估结果能够生动形象地描述儿童的相关优势和薄弱项❷，基于游戏的评估的吸引力在于它良好的生态效度、灵活性，能调动儿童的积极性，尤其与传统的标准化测评工具相比。基于游戏的评估能够产生关于儿童在重要领域发展水平的准确信息，并直接引导干预发展和进步监测。

综上所述，基于游戏的评估具有以下特征：第一，基于游戏的评估是在自然的环境和背景下进行的，更加具有真实性和情境性，而传统的标准化测验需要对主试提供的刺激作出具体的反应；第二，基于游戏的评估通常量化儿童在自然情境中是否表现出特定的知识、技能以及频率，而不是仅仅评估儿童是否能达到某项技能；第三，这些评估是由儿童驱动的，而不是由主试驱动的，能够让教育者深入了解孩子探索和学习的能力；第四，基于游戏的评估可以记录发育迟缓儿童常见的问题，如对玩具的注意力减少，使用较少的玩具，积极游戏技巧的多样性不足，在游戏过程中更加被动等。

（三）基于游戏的评估的模式和框架

基于游戏的评估存在不同的实施方式，或者称为基于游戏的评估的模式。有研究者将基于游戏的评估模式分为三类，分别为游戏得分、外

---

❶ IFENTHALER D. Bridging the Gap between Expert-novice Differences：The Model-based Feedback Approach ［J］. Journal of Research on Technology in Education，2010，43（2）：103 - 117.

❷ LINDER T W. Transdisciplinary Play-based Assessment：A Functional Approach to Working with Young Children，Rev ［M］. Towson：Paul H Brookes Publishing，1993.

部评估和嵌入式评估。游戏得分聚焦于儿童在游戏过程中游戏目标达成、克服障碍的水平或者完成游戏任务所花费的时间。[1] 外部评估本身不是游戏的一部分，而是在游戏过程中插入相关测评，例如简单的访谈、知识地图和因果关系图测查[2]、选择题或者开放问答题[3]。嵌入式评估也被称作内部评估，评估是游戏本身的一部分，不会干扰游戏进程，通过对个体在游戏过程的行为和态度的记录进行评估。在数字游戏中，可以根据儿童的点击情况和日志文件获取丰富的数据。在借助物联网的游戏化评估中，也可以自动采集儿童的操作行为的数据，如具体的操作类型、操作次数等。

和传统的标准化测验相比，以游戏为基础的评估是评估儿童学习与发展水平的一种有效方法。相较于传统的标准化测验，基于游戏的评估确实有很多优势，也存在一系列尚待研究和解决的问题，其中的一个突出问题是基于游戏的评估的信度和效度的问题。由于基于游戏的评估赋予儿童更多的自主空间和真实情境，游戏设计既要考虑游戏设计的原则，也要遵循教育与心理评估和测量的规范。因此，基于游戏的评估在游戏规则和游戏程序的设计、评估目标和评估内容的确定以及评估对象的特点方面需要综合协调与衡量，这就造成当前基于游戏的评估缺少充分的信度和效度证据。加之借助信息技术的基于游戏的评估还处于初步的探究性阶段，尚未形成成熟的规范和体系。基于游戏的评估有可能成为评估儿童认知、情感、社会性以及问题解决能力、批判性思维能力等高阶思维能力有效的工具，所以需要更多和更高质量的研究。基于传统游戏评估研究的元分析，发现基于游戏的评估也有可能成为评估运动技能的可靠和有效工具。基于游戏的评估工具的信度与传统的标准化测验

---

[1] CHUNG G K W K, BAKER E L. An Exploratory Study to Examine the Feasibility of Measuring Problem-solving Processes Using a Click-through Interface [J]. The Journal of Technology, Learning and Assessment, 2003, 2 (2).

[2] O'NEIL H F, CHUANG S, CHUNG G K W K. Issues in the Computer-based Assessment of Collaborative Problem Solving [J]. Assessment in Education: Principles, Policy & Practice, 2003, 10 (3): 361 –373.

[3] SCHRADER P G, MCCREERY M. The Acquisition of Skill and Expertise in Massively Multiplayer Online Games [J]. Educational Technology Research and Development, 2008, 56 (5 – 6): 557 –574.

相似。基于游戏的评估重测信度略低，因为在基于游戏的评估过程中儿童对玩具的反应行为是自由的，没有特定的指向。这项基于游戏的评估的有效性结果表明，作为一个群体，基于游戏的评估测量了一个与传统的标准化测验相似但不完全相同的结构。由于不同的有效性和较差的方法学质量，个别测试需要更多的研究来证明高质量研究的可靠性和有效性。

在临床和研究实践中，每一种基于游戏的评估都应考虑心理测量属性。研究开始关注基于游戏的评估和其他标准化测验的关系。在基于游戏的评估研究中操作程序和编码方案变化多样，难以通过对它们的比较而评价基于游戏的评估的有效性，对基于游戏的评估的心理测量属性所知甚少。为了对基于游戏的评估的效用进行实证研究，必须对基于游戏的评估的过程进行标准化，便于各种特征能够被操作化以了解它们对儿童及其游戏的影响。已有研究探索基于游戏的儿童早期评价系（Play in Early Childhood Evaluation System，PIECES）实施程序和编码的标准化问题。具体来说，研究者试图开发一个一致性的程序观察儿童在游戏过程中的表现，并用以研究为基础的方法来编码游戏行为。这样就可以评估程序和编码方案以确定基于游戏的评估工具的心理测量特性。上述编码针对的是对游戏过程的观察，通过研究人员的现场观察或者视频观察，在未来的研究中，借助信息技术有可能实现对儿童游戏行为的自动化识别、编码和评价。对游戏实施程序和游戏行为编码的标准化确实是提高基于游戏的评估的信度和效度的方法。

另外一种提高评估质量和实用性的方法是使用以证据为中心的设计（Evidence – Centered Design，ECD），它为有效评估的设计提供信息，并能在一系列知识和技能的考察中实时估计学生的能力水平。[1] ECD 是一个概念框架，可用于开发评估模型，进而支持有效评估的设计。以证据为中心的设计包括三个子模型：能力模型、证据模型和任务模型。能力模型由与学生相关的变量（如知识、技能和其他属性）组成。证据模型表示可观察的外在行为如何以及在何种程度上可以用作证据，以形

---

[1]　MISLEVY R J, HAERTEL G, RICONSCENTE M, et al. Evidence-centered Assessment Design [C]//Assessing Model-based Reasoning Using Evidence-centered Design. Springer, Cham, 2017: 19 – 24.

成关于个体能力模型变量所处水平或状态的推断。任务模型是指激发证据的任务，用于收集证据数据的条件和活动。ECD 评估框架非常适合用于基于游戏的评估，儿童在游戏中学习，学习具有情境性，儿童个体可以与游戏材料产生互动，同时我们对知识和技能，即学习的结果的解释，不能脱离具体的情境和评价规范，而 ECD 评估框架将要评估的内容与学习者在游戏中的表现有机联系起来，在不干扰学习者正在想什么和做什么的情况下将评估目标和内容与个体学习者的游戏行为连接起来。❶ ECD 评估框架中评估的核心是证据论证，它对评估内容作出明确要求，帮助厘清儿童在游戏中的预期学习目标、过程和结果。

ECD 评估框架用于基于游戏的评估具有重要价值和潜力，还被作为认知诊断测验编制的相关理论和方法，用来指导认知诊断测验项目开发。需要注意的是 ECD 中的能力模型、证据模型和任务模型之间的关系需要界定清晰，这在具体的设计实践中也是挑战。ECD 作为基于游戏的评估的概念框架，对于提高基于游戏的评估的质量至关重要，但同时存在诸多挑战。

（四）基于游戏的评估的实证研究

1. 传统的基于游戏的评估研究

传统的基于游戏的评估相对于其他技术化的基于游戏的评估来说，出现时间最早，评价工具种类多且相对成熟。目前传统的基于游戏的儿童发展评估工具主要有基于游戏的儿童早期评价系、《以游戏为基础的跨学科儿童评价》第二版（Transdisciplinary Play-based Assessment，2nd edition，TPBA- 2）、《评价、评估和设计系统》第二版（Assessment，Evaluation，and Programming System，2nd edition，AEPS）和个体生长发育指标（Individual Growth and Development Indicators，IGDI）。这些基于游戏的评估能够对儿童的感知动作发展、认知发展、社会情感发展、语言发展等进行评价，而且已经有较为广泛的实证研究基础，有些评估工具已经发展出第二版。传统的基于游戏的评估主要通过观察法，在设定的较为自然的游戏情境中，由儿童自主操作和选择，其中有儿童与材料

---

❶ SHUTE V J. Stealth Assessment in Computer-based Games to Support Learning ［J］. Computer Games and Instruction，2011，55（2）：503 – 524.

之间的互动，也可能有父母或研究人员与儿童的互动，主试人员通过观察所得结果对儿童进行评价。

目前传统的基于游戏的评估研究的样本数比较少，因为基于游戏的评估的实施流程较多、评价内容领域广泛。以 TPBA-2 为例，评估分为多个阶段，整个游戏评估大概耗时 1.0~1.5 小时，评估由父母以及对儿童认知、感知动作、情绪情感及社会性等发展方面熟悉的研究者共同参与评估，因此传统的基于游戏的评估耗费的人力、物力和财力也是比较大的。基于游戏的评估的信效度问题也越来越被重视，这也是传统的基于游戏的评估在实践应用层面面临的挑战。整体而言，传统的基于游戏的评估虽然得到越来越多的关注，但在实践应用中面临诸多挑战。

2. 基于数字游戏的评估研究

基于数字游戏的评估包含多种评估方式。虽然数字化游戏在日常生活中广泛存在，但基于数字游戏的评估的实证研究数量还比较少，而研究评估的内容领域比较丰富。有研究关注基于数字游戏的数学评估，Math Blaster 是一个带有嵌入式问题的经典游戏，在这个游戏中，学生回答数学问题以销毁空间垃圾，赚取积分并进入新的水平，用以评估学生的数学能力。有研究者尝试在游戏中嵌入学生参与度和情感评估的方法，描述了一种在参与游戏时嵌入对学生情绪动态评估的方法，从评估中收集的信息可以用来调整学生的情绪支持水平。

目前在基于数字游戏的评估中，隐性评估方式受到关注，它将评估内容隐藏化，有更好的表面效度，参与者只是参与游戏过程，并不会轻易察觉游戏内在所考察的内容。隐性评估能够评估一系列内容，从一般性能力或学习品质（如解决问题的能力、创造力和持久性）到特定内容领域的学习（如水质、物理概念），都是可以通过游戏设计能够评估的内容。作为隐性评估的一个简单例子，Shute 等使用了一款名为Oblivion的商业电子游戏，演示了如何在游戏环境中进行评估，以及如何动态采集学生数据并将其用作诊断和提供形成性反馈信息的基础。研究首先建立了创造性问题解决能力模型，将其分为创造性和问题解决两部分。通过建立评价指标，将儿童在游戏中的行为表现与问题解决能力有效衔接。

目前基于游戏的评估主要是传统的基于游戏的评估和基于数字游

的评估，物联网技术支持下的基于游戏的评估还很少，相较于基于数字游戏的评估，物联网技术下基于游戏的评估更适合学前儿童，能够将前面两种基于游戏的评估的优势聚焦，一方面学前儿童能够真实操作和接触材料，另一方面能够自动化地记录和传输数据，提高评估效率，同时能够获取更多过程性的数据，为个体和群里层面了解儿童的学习与发展情况，为教师的教学和课程设计提供有价值的信息。

扩展阅读 数字游戏设计与教学的融合

支持数字的科学游戏，将数字游戏融入教学当中。在教学过程中融入数字游戏，确保学生能够在游戏中学习是至关重要的，因此以下几个因素会直接影响游戏的质量，即游戏的设置和选取是否能够吸引学生，是否能够解决长期存在的教育挑战或科学的误解，还应考虑游戏是否容易扩展，是否能够适应在各种不同的课堂环境中使用，这些课堂环境可能在技术获取的形式、课程的具体要求、学生的成绩水平及教师对技术相关的专业知识以及专业适应程度上存在差异。为了能够适应以上提出的具体要求，在数字游戏的创建上要让游戏材料能够做到吸引学生、简单、灵活，并且对某一具体问题具有针对性。因此，在进行数字游戏设计上，其主要宗旨便是易于使用，能够为学生把较难体现的抽象的概念及现象以一种有趣、形象的视觉化的方式展现出来。同时，还可以使教师能够较为方便简洁地绘制出准确的模拟图作为教学材料，进而能够让教师在游戏的视觉效果和科学概念之间进行明确的类比。设计人员希望所设计的数字游戏的游戏体验是足够吸引人的，以转变由错误概念的引导下造成的教学误解以及改变较为抽象的教学内容的教学难度。同时还希望所创建的游戏材料在没有相关人员的支持下，教师也同样能够较高质量地使用这些游戏材料。

最初的设想是为任天堂 DS 制作游戏，这是因为在当时任天堂 DS 在中学生中有着较为庞大的安装基础。而数字游戏这一项目始于中学生还未普遍拥有智能手机之前。因此，任天堂 DS 为数字游戏提供了一个既熟悉又便捷的平台，能够让学生在家里进行游戏。这是因为在设计时就不想设计那些需要大量的教学时间或是开发人员参与的游戏。相反，设计人员本着让学生把游戏作为家庭作业来玩，并且利用宝贵的教学时间让教师能够在游戏以及教学目标的科学概念之间建立起联系，而建立联系的媒介便是我们所设计的教学材料。同时，设计人员还决定在数字游戏中设计一些类似对一些较难理解的抽象的科学概念或现象的视觉效果。为什么要将抽象的科学概念视觉化，这是因为已有大量的研究表明在熟悉的概念和新的概念之间进行类比是一种十分有效的学习方法，因为通过与熟悉概念之间的类比可以建立学生对这些新概念牢固且持久的理解。因此，我们对数字游戏设计的挑战便是创造出基于游戏的视觉化效果，同时设计还要与学生的年龄以及课程的具体内容相适应，并将其整合到游戏中去，使数字游戏更加受欢迎。这与模拟的不同之处在于可视化的效果不是单纯概念的图解。与之相反，这些数字游戏使用的是学生日常生活中所熟悉的游戏机制，进而给玩家带来更加直观的游戏体验。如通过浇灌后的光合作用能够使植物生长，这一较为抽象的概念可以通过可视化的数字游戏呈现出来。例如，用阳光"射击"形成分子，然后把分子的组成部分拼在一起形成葡萄糖，进而加快植物的生长速度。以这种较为抽象的概念作为目标概念的类似设计来源。

在设计过程中，设计人员一开始便考虑到教师这一重要的角色，教师需要得到材料的支持，为了能够更好地指导学生的数字游戏的游戏体验融入到常规的教育教学过程中去，同时还希望在使用数字游戏以及材料的过程中能够有效地促进专业的发展。因此，在进行数字游戏设计的同时，设计人员还开发了一套相关材料，使教师能够将学生的游戏得到的体验和常规的课堂教学联系起来。而教师这一重要角色是将学生的游戏体验以及设计人员旨在帮助学生实现的概念性学习联系起来的关键。同时，数字游戏开始设计的首要任务便是建立一个具有必要的专业知识的团队，以开发四款不同的游戏，每个游戏都具有一定的能够显现真实世界的视觉效果，即每个游戏都有视觉上实现的世界和居住在其中的人物，但也要具有教育意义。首先，设计团队有一位具有发展心理学专长的教学设计师，可以创造出与教学目标相一致的学习经验。同时，游戏开发的伙伴不仅有为迪士尼和卡通网络制作游戏的实践以及商业经验，他们在艺术方面的指导、角色或图形的设计以及设计机制和计分系统的设置上都有专长，可以大大提高游戏的趣味性和激发学生的兴趣。其次，设计团队还包括具有科学专业知识的科学教育专家，以确保游戏的科学合理性，同时还能提供给教师所教内容的专业知识。教师通常会教哪些内容，游戏材料的设计便会组织哪些内容。在进行设计的过程中还有生产经理来协调开发过程中的各个环节，包括研究人员对纸质模型、数字游戏和教学材料的更迭以及对学生和教师进行的各类测试等。四款游戏的设计和开发的过程都遵循类似的模式，使每一个不同的游戏过程都变得更加有效和整合。设计的具体流程的首要任务便是整个设计团队与顾问委员会的会面，其中包括游戏设计师以及科学、发展心理学和教育媒体方面的专家。同时，对于游戏的选择也是基于一定标准的。第一，它必须是研究以往研究文献中发现的持续存在的错误的观念。第二，错误观念必须与典型的常规教学的科学标准中涉及的主题有关。第三，团队需要能够想象出一种方法，能够将处于错误观念的核心的抽象概念转化为具有娱乐性的视觉效果和游戏机制。第四，还应必须形成一个足够吸引人的叙事内容，使设计的视觉效果以及游戏机制能够融入其中。

三、从传统观察评价走向智能技术赋能的评价

近年来，在教育信息化的背景下，随着人工智能和大数据等新兴信息技术在教育领域应用的不断深化，学前教育评价领域也出现了智能技术赋能的评价研究与实践。在幼儿园教育实践中，传统的观察评价仍然是主流，通过观察评价监测和评估儿童的学习进程，教师通过观察儿童在不同情境下的表现，记录他们关注的事情、提出的问题及解决的方法，来了解儿童的学习进程。针对儿童的学习兴趣、学习成就以及与其他儿童的互动情况进行评价，从而为个性化的儿童园教育方案和教学方法提供指导。通过观察和记录儿童在幼儿园日常生活中的行为和言语表达，可以了解儿童的个性特点、生活习惯、情感状态以及家庭背景等，从而为针对性的儿童教育方案和个性化的教育服务提供支持。儿童在幼儿园中的行为和社会情感表现是评估的一个重要方面。通过教师的观察和记录，可以评估儿童在游戏、社交等方面的表现，从而帮助家长和教师了解儿童的行为特点和社交情况，为儿童的情感发展和社会能力提升提供指导。传统观察评价可以通过观察儿童的身体状况、体能表现以及饮食和睡眠等情况，来评估儿童的身体健康发展状况。对儿童日常营养

摄入、午睡情况的监测可以帮助家长和教师及时发现并处理身体异常情况。

总的来说，传统观察评价是幼儿园中一种比较常见的评价方法，其具体应用情况因幼儿园的教育目标、课程设置和教学方法而异。传统观察评价通过教师对儿童的日常活动进行观察、记录和分析，对儿童进行个性化的评价。然而，这种评价方法存在局限性，数据采集、分析、判断和反馈过程过于单调乏味，容易出现失误，而且很难保证评价的客观性和准确性。此外，由于缺乏及时反馈以及受个体发展差异的影响，评价结果易出现误差，影响后续的教育决策和儿童的学习效果。

随着新兴信息技术在教育领域应用的深化，学前教育评价领域也出现了智能技术赋能的评价构想与实践探索。智能技术赋能的学前教育评价指利用人工智能、大数据、增强现实等技术，将实时收集到的儿童信息转化为数据，并通过数据挖掘、分析和处理来完成评价内容的高效处理，判断儿童的表现和发展水平。这种评价方法相比传统方法，具有以下三个优势：①动态的数据采集——通过智能传感器、摄像头、智能手环等设备实时采集儿童的行为、情绪、交互、学习等数据，科学、数据化地记录儿童的成长轨迹；②精准的数据分析——通过数据挖掘和深度学习技术，将海量数据转化为信息，进行智能分析，得出儿童的表现、能力和特点，明确其发展的优势和不足；③及时的反馈和支持——通过数据的科学分析和模型预测，提供个性化的、即时的、有针对性的反馈和支持，为教育者和家长提供更有效的儿童教育决策和儿童发展的支持。

智能技术赋能的学前教育评价，是教育信息化和智慧教育发展的重要方向之一。未来，这种评价方法将在以下三个场景得到广泛的应用：①学习过程中的个性化评价和支持，帮助儿童充分发挥其潜力、发展自身特长，增强儿童的学习兴趣和学习效果；②教育决策中的科学支持，为教育者提供知识和信息，帮助其制订合理的儿童教育计划，并对其效果进行评价和调整；③家校互动和沟通中的信息共享，让家长更及时地了解儿童在教育机构和家庭中的表现状况，更好地协同儿童教育。综上所述，智能技术赋能的学前教育评价将会为儿童教育带来更大的变革和创新，推进教育现代化。

第三节　信息技术在学前教育评价中的应用

本节将从学前教育评价的角度出发，详细探讨信息技术在学前教育评价中的应用，首先探讨信息技术背景下学前教育评价的一些思路和理念，思考信息技术支持下学前教育评价的意义。在此基础上，具体阐述信息技术在学前教育评价中的应用，包括信息技术在儿童学习与发展评价中的应用，信息技术在教师专业发展评价中的应用，信息技术在幼儿园教育质量评价中的应用，信息技术在幼儿园课程评价中的应用。

一、信息技术与学前教育评价

中国已经建成了世界上最大的教育体系，对国家人力资源开发具有重要意义。在教育的各个阶段中，基础教育无疑占有相当重要的地位。学前阶段是儿童为学习和人的发展奠定基础的重要时期，在这个阶段的教育内容、教育方法甚至教育环境都对儿童的发展有着重要的影响，因此我们需要重视提高学前教育的质量。利用最新一代信息技术，为儿童、教师以及家长提供个性化的支持和精准的服务，收集并利用参与群体的状态数据、教学过程数据和教学结果数据，以推动儿童的学习与发展。将信息技术与学前教育评价相互融合，为儿童和幼儿教师提供一个科学的评价环境，从而提升其学习体验和教育质量。❶

（一）信息技术支持下学前教育评价的思路

在信息技术的视角下，我们需要对教学方法进行改进和创新，因此我们需要建立一个以增强现实技术为基础的教学质量评价机制，从而促进儿童教育事业健康发展。考虑到儿童的学习心理和认知规律等多方面因素，该机制应当综合考虑教学环境、教学条件和教学内容的特点，并及时反馈儿童的掌握程度和情况。在这个过程中，可以将不同层次、不同类型的教育信息转化为相应的数字动画或实物模型进行展示，以达到更好地实现"以评促教"的目的。对于教师的整体教学水平，我们需

---

❶ DANIELA L. Smart Learning with Educational Robotics [M]. New York：Springer, 2019：43 - 62.

要进行全面的分析和评价，以便做出明智的决策。在此基础上，可以进一步提出优化教学策略、提高教育质量的措施和方法，以达到促进幼儿教师专业发展和提升教学质量的目的。评价幼儿教育教学质量的标准包括但不限于教学内容的设计、教学方法的选择、教学手段的运用以及教学效果的评价。学前教育评价从儿童和教师两个不同的方面进行评价。从信息技术角度来说，评价包括儿童教育内容，儿童感受到的趣味性、科学性和创新性等，还包括是否有助于幼儿教师进行教育活动和提高教学效率的教学能力。

新的数字计划强调了数字国家治理的首要主题，以及关于人类－机器系统和数据机器人网络的广泛战略。教育方面的发展明显较慢，但要注意的是，在技术和基于技术的教育的可能性虽然是变革的催化剂，但它本身并不能解决教育问题，也不应该决定改革的方向。信息技术手段提供了理论和经验上的证据，以支持基于证据的、数据驱动的个性化教育可以在几个方面促进儿童的学习进步，使教育智能化。总而言之，基于技术的评价可以实现个性化教育，甚至可以预测什么类型的任务和活动对不同儿童最有利。实施基于技术的评价，是对理论和研究结果的整合。教育本身就是一个复杂的问题，需要一些相互依赖的因素有效同步。

信息技术结合传统的教学方法，如何最大限度地提高学习效率，支持差异化教学，提高儿童的参与度，增强他们的坚持性和抗挫折能力，保持他们的学习兴趣，在现代教育中，对教学活动进行有效的监测，可以提高教学质量和效率。智能教育所面临的挑战在于将所有与学习息息相关的理论相互融合，并确立以证据和理论为基础的准则。目前相关研究人员正在研究一些有关教育系统设计以及如何利用各种不同的技术工具进行教学。为了帮助人们更好地适应新的学习技术，需要提高他们的技术适应能力。教育技术的不断进步和发展，不仅带来了理论、方法和实践方面的深入探索和挑战，同时也为我们带来了更为广阔的发展空间。需要对教育技术进行更深入的研究，并将其与其他学科相联系。

当今社会，信息技术的不断发展和应用，改变了人们接受、获取和处理信息的方式。教育界也不例外，信息技术的应用给教育领域带来了巨大的改变，有效地推进了学前教育的评价工作。在智能教育和个性化学习的范畴内，有一种观点认为，在学校准备领域，需要进行一次全新的理论框架和范式的转型。将信息技术与学前教育评价相融合，以实现对其进行全面评价。它能够为学前儿童提供更多有关他们智力发展以及对其影响因素的信息。为了进行智能评价，这些项目需要接受经过专业培训的教师的指导，并投入大量的人力和时间。在此情形下，智能评价乃是运用数据分析，以技术为基础的评价，它可以帮助幼儿园更好地了解学生的学习成果以及他们是否能达到预期目标。一项显著特征在于，它为学前教育从业者提供了一个多次评价儿童的机会，以便更好地服务于他们。

（二）结合信息技术开展的学前教育评价的意义

为了更好地发挥新技术的效率，需要在结果评价、过程评价、附加值评价和综合评价的基础上，选择合适的评价指标，在注重技术工具合理性的同时，兼顾评价的方向性、激励性和推广价值，提高评价价值的合理性。在新一代信息技术的支持下，建立科学、合理、实用的教育评价指标体系，同时协调政府、学校、教师、儿童和家长等评价主体的利益，以及各评价主体在教育评价中的作用和责任。探索方法，确保每个评价单位按照其角色和责任深入参与。❶

教育评价作为学校和社会教育学的一个基本要素和工具，教育评价实现了多种功能，包括识别、诊断、筛选、预测和指导。教育评价是一个价值评价的过程，在既定的教育价值和教育目标的基础上，通过可能的科学手段系统地收集、分析和解释有关教育现象的信息，为教育优化和教育决策提供持续的依据。

将信息技术与学前教育评价机制相融合，是一项长期规划，其核心在于从宏观和微观角度出发，制定数字资源发展的长期、中期和短期战略计划，以建立有利于儿童教育事业的共建共享体系。从微观角度制定数字资源发展的长、中、短期战略规划，建立惠及不同年龄段儿童以及教师的教育资源共建共享体系，以及数字信息资源政策和建设框架。对儿童教育教学资源统一进行整合，实现信息采集、加工、存储、传输和

---

❶ 闫志明，朱友良，刘方媛. 新一代信息技术支撑的教育评价：价值诉求、现实问题与建设进路 [J]. 现代教育技术，2022，32 (11)：34－41.

使用的全面规划。建立数字化教学资源整合建设模式，资源的核心是能否有效地整合现有的社会网络技术，发挥教师参与的积极性，实现各个地区优质信息资源的建设。其中参考图书馆资源辅助教学模式，利用大数据整合优质儿童教育教学公开课，并收录其教学评价与反思内容，在一定时期内根据实际情况动态可行地根据国家政策变化以及教育资源更新程度的变化进行调整。

多年来，中国学前教育评价传统模式已远不适用于今天，现在提倡数字化教学资源的整合，它是指从用户参与资源的创建开始，这就需要打破原有的资源建设模式，合作参与到资源的整合建设。如现在建设关于儿童教育的网站，就是当前在学前教育研究者们协作的环境下，对现有资源进行评价、审查，统一开展数字化教学资源建设。2020 年 10 月，中共中央、国务院印发《深化新时代教育评价改革总体方案》，明确提出充分利用信息技术，提高教育评价的科学性、专业性、客观性，利用人工智能、大数据等现代信息技术，创新评价工具。❶ 在 21 世纪，教育中的信息技术应用不仅在家庭和学校中越来越普遍，而且在学前教育和儿童早期教育环境中也越来越普遍，其中《儿童教育》杂志中一篇关于儿童早期教育的全球视角的文章指出，在美国、英国、澳大利亚、印度、新加坡，以及中国香港，信息技术已经完全融入儿童的学习环境中。❷

计算机在儿童教育中的快速发展，促进了信息技术在儿童教育中的普及，同时也促进了世界上许多国家儿童教育软件市场的发展，学校和家庭中的儿童教育软件种类越来越多。在中国，将信息技术引入儿童教育是从 20 世纪 90 年代开始的。随着科学技术和教育软件在儿童教育中的普及，以及人们对信息技术在儿童发展中的价值认识的提高，儿童教育中的教育软件研究引起了越来越多的关注，国家有意识地开始在战略高度上推动信息技术在儿童教育中的应用。❸ 2010 年 7 月，中共中央、

❶ 新华社. 中共中央　国务院印发《深化新时代教育评价改革总体方案》［OL］. http://www. gov. cn/zhengce/2020 – 10/13/content_5551032. htm.

❷ 李琳. 学前教育评价的历史发展轨迹及其未来发展趋势［J］. 幼儿教育（教育科学），2012，（10）：42 –47.

❸ 冯晓霞. 计算机与幼儿教育［M］. 北京：人民教育出版社，2010：218.

国务院发布的《国家中长期教育改革和发展规划纲要（2010—2020年)》的第三章关于学前教育的发展中提到重视 0 至 3 岁婴幼儿教育。❶学前教育在这项规划中被赋予了前所未有的重要地位，成为不可或缺的一部分。

信息技术的发展，如人工智能和大数据，正在对教育评价的各个方面产生重大影响。利用新技术和工具解决儿童评价中复杂的现实问题，促进教育评价的转型，是新一代信息技术提升教育评价的关键挑战。在新一代信息技术的支持下，教育评价的数据收集将变得更加立体，可以收集的数据将更加丰富，并有可能复制教育的真实情况。

二、信息技术在儿童学习与发展评价中的应用

儿童是学前教育的重要群体，他们的学习与发展情况是幼教工作者需要了解和掌握的，并能够准确评价，是优化幼儿园教育质量和提高幼儿园教育效果的重要保障。在信息技术的帮助下，教育工作者可以很好地收集和分析儿童的学习和发展数据，以确保有针对性地开展教育活动。

采用学习档案系统记录儿童学习情况，学习档案是记录儿童学习情况的一种有效方式。在学前教育中，采用学习档案系统记录儿童学习的情况，利用电子表单、平板电脑等设备记录儿童的学习行为、学习兴趣、学习成绩等数据，并对这些数据进行分析统计，进一步评价和了解儿童的学习状况，有利于教育工作者制定更加有针对性的教育策略。

应用智能评测工具与技术评价儿童发展，智能评测工具是评估儿童发展的一种技术手段，基于自动化技术、图像处理技术等，可以帮助教育工作者对儿童的身体、认知、情感和社交等方面进行全方位的评估，提高评估的准确性和客观性。例如，对于孤独症儿童的评估可以通过使用智能评测工具记录孩子各方面行为指标，并利用算法进行数据分析，得到评估结果，有利于幼儿园教育工作者了解和评估孤独症儿童的发展情况。

---

❶ 国家中长期教育改革和发展规划纲要（2010—2020 年）［EB/OL］. http://www. gov. cn/jrzg/2010 - 07 - 29/content_1667143. htm.

使用教学数据分析工具评估幼儿园教育质量，教学数据分析工具是利用数据分析技术和模型进行数据挖掘和信息处理，从各个角度对幼儿园教育质量进行全方位评估、发现问题和改进措施。例如，方案制定者和教育工作者可以通过幼儿园教育学习数据和课程建议生成工具，从不同方面评估幼儿园教育质量，包括家园合作、师幼互动能力、课程设置和资源等，并为调整和改进教育环境提供参考。

随着时代的不断发展，信息技术已经深入我们的生活中，信息技术的不断普及和发展，已经成为儿童教育中一个重要的工具。在儿童学习与发展评价中，信息技术的应用越来越重要。

信息技术在教学中的应用，可以帮助儿童更好地发挥主动性和创造性。例如，利用电子白板上的互动游戏，可以激发儿童学习兴趣和动力，进而增强他们的自信心和积极性；不仅能提高学习效率，还可以提升学习质量和效果；通过实时监控个体学习进程，可以更好地帮助儿童掌握所学知识和技能。同时，信息技术的应用，可以更好地评价儿童的学习情况，从而引导儿童更好的发展。

虚拟现实和增强现实技术在儿童的学习与游戏中也有应用。通过VR技术，儿童可以真实地感受不同的学习场景，AR技术则可以类似于游戏的形式实现学习活动，这样可以加强儿童的学习动机，有助于改善儿童的学习状态。智能课堂可以帮助儿童更好地理解和学习课程，教师可以通过多媒体资源，增加课程的趣味性和互动性，同时，这些交互的功能也可以促进教师和儿童之间的互动。

（一）信息技术在儿童学习中的应用

1. 云教育

随着互联网的发展，云教育已经成为儿童教育中的一个重要趋势。云教育是指通过互联网技术，让学生在家或在学校的任意地点学习，通过电子板书、网络视频课等教学资源完成学习任务。云教育的应用，可以让儿童随时随地进行学习，不受时间和空间的限制。

2. 电子白板

电子白板是指将传统的黑板替换为交互式电子屏幕，通过触摸和手写等方式与儿童进行互动。电子白板的应用，可以让儿童更好地理解教学内容，同时也可以增强儿童的学习兴趣和积极性，让儿童在轻松愉悦的氛围中学习。

3. 3D 打印

3D 打印是一门新兴的技术，可以将数字化的设计文件转化成真实的物体。通过 3D 打印技术，儿童可以更好地理解抽象的概念，也可以培养儿童的创造性和实践能力。

4. 移动学习

移动学习是指通过移动设备学习，包括手机、平板电脑等。移动学习可以让儿童随时随地进行学习，学习内容也更加便捷和实用，既可以通过软件进行学习，也可以通过社交网络来进行交流和共享。

（二）信息技术在儿童发展评价中的应用

1. 数字化评价

数字化评价是指将儿童学习情况转化成数字化的数据进行评价。通过数字化评价的应用，可以更全面、及时地了解儿童的学习情况，帮助家长和教师更好地管理儿童的学习。

2. 多媒体评价

多媒体评价是指通过多媒体工具，记录儿童的发展情况。通过多媒体的记录，可以更好地了解儿童的个性、特长和潜能，从而更好地引导儿童发展。

3. 在线测评

在线测评是指通过互联网技术进行在线测评，既可以客观地评价儿童的学习情况，也可以为教师和家长提供更好的反馈，引导儿童更好地学习和发展。

（三）信息技术在儿童学习与发展评价中的挑战和趋势

1. 数字安全和隐私保护问题

在信息技术的应用过程中，需要注意数字安全和隐私保护问题。儿童的隐私需要得到完全的保障，数字数据也需要得到加密和保护，以避免不必要的信息泄露。

2. 教师的培训与普及

信息技术的应用需要教师具备相应的知识和技能。因此，需要加强对教师的相关培训和普及，提高其信息技术应用能力。

3. 信息技术的深度融合

信息技术需要与教育深度融合，需要充分发挥信息技术在儿童教育中的优势，从而更好地促进儿童学习和发展。

信息技术在儿童学习与发展评价中的应用已经成为儿童教育中的一个重要组成部分。通过信息技术的应用，可以更好地提高教学和学习效率，增强儿童的学习兴趣和自信心，提升教学质量和效果，同时也需要注意数字安全和隐私保护问题，加强对教师的培训和普及，实现信息技术的深度融合，从而更好地促进儿童的发展成长。

三、信息技术在教师专业发展评价中的应用

随着信息技术的不断发展和普及，信息技术已经成为儿童教育中一个不可或缺的组成部分。对于幼儿教师来说，了解和掌握信息技术的应用，已经成为其专业发展评价中的重要内容。在当今快速变化的教育环境中，儿童教育面临着日益严峻的挑战。信息技术的应用，可以提高幼儿教师的教育效率和质量，帮助幼儿教师更好地应对教育变革的挑战，实现个人专业发展和职业晋升。

幼儿教师是儿童教育质量的决定性因素之一，幼儿教师的能力和素质会直接影响儿童的学习和发展。信息技术在专业发展评价上发挥了积极的作用，信息技术助力幼儿园教师制定专业成长规划，在幼儿园教师职业生涯中，他们需要不断地优化自己的教育方式和教育策略，所以建立科学完善的保教评估体系是必要的。信息技术可以有效辅助保教评估体系的建立，可以对教师的教育行为、学科知识、教育方法和教学效果等方面进行评估，更好地监督评价教师的教育水平和教育质量。

为了便于对教师工作表现和职业生涯进行评估，可以在幼儿园内部建立个人档案，记录教师在工作中的表现和成就、个人发展计划和实现情况，帮助幼儿园制定更精确和有效的绩效考评和晋升方案。

（一）信息技术在幼儿教师专业培训中的应用

在线课程是指通过互联网在网上进行的教育课程。通过在线课程，幼儿教师可以随时随地进行培训，根据自己的需要选取适合的课程，提高自己的专业技能和知识水平。远程培训是指通过视频会议等方式，进行实时在线培训。远程培训可以帮助幼儿教师更好地了解新的教育理念

和教学方法，提高自己的教学能力和素质。在线交流可以帮助幼儿教师与其他同行进行交流，分享自己的教学经验和教学成果，了解其他幼儿教师在信息技术应用中的优秀做法，提高自己的教学能力和素质。

数字化评价是指将教师在教学过程中的表现转化成数字化的数据进行评价。通过数字化评价，可以更全面、及时地了解幼儿教师的工作表现，帮助教师更好地发现自身的不足和提升空间。通过多媒体的记录，可以更好地了解幼儿教师的教学风格与效果，从而更好地引导教师自我反思，提高教学水平。

在线测试是指通过互联网技术进行在线测试。通过在线测试，可以客观地评价幼儿教师的专业技能和知识水平，帮助教师更好地了解自己的不足和提升空间，实现个人职业发展。

（二）信息技术在幼儿教师专业发展评价中的挑战与发展趋势

在信息技术应用中，需要关注数字化安全与隐私保护问题，所传递的信息要加密，用户数据也需要得到保护，以避免不必要的信息泄露。幼儿教师的科学技术素养十分重要，幼儿教师需要完成信息技术能力转化，尤其需要掌握教育教学信息技术的知识与技能，熟悉各种信息技术的应用，以便更好地提高专业技能。信息技术的融合是逐步的深度融合，需要合理地安排教师的专业发展路径，让其能够逐步掌握更多的信息技术应用方式，助力幼儿教育的深入发展。

综上所述，信息技术的应用已经成为幼儿教师专业发展中一个不可或缺的部分。通过加强幼儿教师对信息技术的应用，可以帮助幼儿教师更好地应对教育变革的挑战，实现个人专业发展和职业晋升。同时，关注数字化安全与隐私保护、合理安排教师的专业发展路径以及信息技术的深度融合等问题，进一步提升幼儿教师的专业水平与素质。

四、信息技术在幼儿园教育质量评价中的应用

幼儿园教育质量评价是幼儿园教育管理工作中的一个重要方面，而信息技术在幼儿园教育质量评价中的应用越来越广泛。将幼儿园教育全过程数字化是进行教育质量评价的前提条件。信息技术可以应用在保教

内容、课程设置和教学方法等方面，对学习情况、家长反馈等数据进行收集和分析，以精确地评估幼儿园的教育质量。同时，利用数据挖掘和机器学习技术，可以为幼儿园提供更加科学、可靠和具有参考价值的评估结果。幼儿园教育质量评价与监测采用传统和新型评估方法相结合，相较于传统的问卷调查和面试等主观评价方法，信息技术更多地采用统计学分析和大数据处理手段，可以更加客观地评估幼儿园的教育质量。网上调查和互动式问卷等新型评估方法也充分体现了信息化评估的趋势。

幼儿园教育质量评价结果的呈现方式十分重要，需要便于幼儿园管理者、幼儿教师和家长等利益相关者了解结果，利用可视化工具呈现评估结果十分有益。对于复杂的数字信息和数据，教师和家长可能需要较长时间才能理解和分析。借助信息技术，可以采用直观的、可视化的方式进行数据展示和数据分析，为教育工作者提供便捷和准确的数据分析工具，并对数据分析结果进行可视化呈现。

在幼儿园教育质量监测方面，采取制定标准、增强评估力度、稳步提高评估效果等措施，解决信息技术评估中存在的一些伦理和技术问题，能进一步促进信息技术在幼儿园教育质量评价中的应用。

在信息技术与幼儿园教育质量评价之间的关系中，评价是动态、交互透明的过程，应不断创新、适应时代、探寻科技发展方向，以最大程度提高教育质量，将这样的应用与决策相结合，建立更好的幼儿园教育质量管理及监测体系。只有这样，幼儿园教育才能在信息时代迎来更加广阔的发展前景。

随着信息技术的飞速发展，各个领域都将其应用于自己的实践中。幼儿园教育也不例外，采用新兴技术对幼儿园的教育质量进行评价，可以使教育更加精准，为幼儿园教育的发展提供支持。

五、信息技术在幼儿园课程评价中的应用

随着社会信息化的发展，信息技术在幼儿园教育中扮演着越来越重要的角色，信息技术的运用对高质量的课程评价有着很大的帮助。幼儿园的教育体系涵盖了多个学科领域，而科学、合理、有效的幼儿课程对幼儿成长和发展至关重要。借助信息技术，能够更好地提高幼儿课程评

价的精度和效果。数据管理和分析软件的应用可帮助幼儿园收集和存储幼儿园的教育数据，并强化数据分析能力。对于幼儿园而言，可以通过这些数据分析幼儿园的教育进度和孩子们的学习情况，以辅助幼儿园开展课程优化。

教育视频教学不仅可以展示更为全面和丰富的教育资料，还允许教育工作者以在线直播、在线讨论和异地教育等方式与孩子们进行互动和沟通，营造出更加轻松愉快和富有成效的学习环境。数字化教材可以更好地满足幼儿学习新课程的需求，教育工作者可以根据每个幼儿的学习水平、兴趣和能力选择合适的数字化教材，有利于幼儿更快地理解和掌握新知识。教育游戏和虚拟实验是应用信息技术教育的一种重要方式，能够帮助教育工作者设计更具趣味性和交互性的幼儿教育游戏和虚拟实验，在游戏中融合知识，使幼儿在玩耍中学习。

幼儿园课程评价是指对已经实施的幼儿教育课程进行综合性的、系统的反思和分析，以便为幼儿园课程的改进和提高，有步骤、有计划地进行信息搜集、分析、解释、判断、评估。幼儿园课程评价主要包括四个方面：目标评价、教学评价、资源评价和效果评价。

（一）信息技术在幼儿园课程评价中的应用

1. 目标评价

信息技术在幼儿园课程目标评价中的应用主要体现为：通过视频拍摄记录儿童活动、观察儿童的行为表现，儿童使用平板或计算机进行游戏的情况，来帮助教师更好地把握儿童的学习、生活、思维等方面的发展，并从中总结出适合儿童的课程目标和实施方法。

2. 教学评价

教学评价是幼儿园课程评价中最为重要的环节，也是信息技术在幼儿园课程评价中的重点应用。信息技术可以通过幼儿园教育软件、网络教学平台等形式进行教学评价，包括对儿童学习情况的监控、对儿童学习成果的评估等。此外，通过集成多媒体教学和网上学习，教师不仅能够进行多样化教学，也能够更好地了解儿童对教学内容的掌握情况，从而更好地调整教育方向，提高儿童的学习成效。

3. 资源评价

信息技术在幼儿园课程资源评价中的应用主要包括两个方面：一是

通过网络平台、多媒体课件等形式收集、整理、推广优质的教育资源，为幼儿园的教学提供更优质的资源保障；二是对幼儿园的资源使用情况进行监控和评估，能够及时发现并解决资源浪费和资源利用不足的问题。

4. 效果评价

通过系统化、规范化的幼儿园课程评价，可以及时获取幼儿园教育的效果数据，为幼儿园的教学改进和提高提供依据，并对儿童教育的长远发展规划提供参考。信息技术应用在幼儿园效果评价中主要表现在使用数据分析工具对各种数据进行分析和归纳，从而能够发现问题、找出根源，并及时采取措施改进、提高。例如，通过使用各类评价考核软件，能够更好地监控儿童的入园情况、学习情况、成长情况等，并及时回馈，从而为幼儿园课程评价带来更大的实用价值。

（二）信息技术在幼儿园课程评价中的挑战和趋势

虽然信息技术在幼儿园课程评价中的应用有很多优势，但存在一些问题。首先，幼儿园教育本身就需要极高的关注度和专注度，教师的工作量也很大，因此使用信息技术评价幼儿园课程需要投入更多的人力物力，对教师也提出了更高的要求。其次，使用信息技术评价幼儿园课程需要各种先进的计算机、平板等设备，但是幼儿园普遍面临资金短缺、装备不足等问题，因此使用信息技术评价常常面临困难。最后，由于幼儿园涉及儿童的保护和隐私问题，所以使用信息技术评价时要考虑数据安全和隐私问题，需要制定和遵循科学的数据保护标准，防止数据遭到泄露或滥用。

信息技术在幼儿园课程评价中的应用，为幼儿园的教育改革和发展提供了很大的推动作用，也存在一些问题。未来需要在学术研究和幼儿园教育实践中进一步加强对信息技术的应用和研究，不断探索和尝试，为高质量的教育课程评价提供更加完善的支持。

六、基于新兴信息技术的学前教育评价研究

目前教育信息化正处在迅速变革阶段，从"互联网＋教育"到"智能＋教育"，物联网、泛在教育、人工智能和大数据等新兴信息技术在教育中的应用得到越来越多的关注。新兴信息技术与学前教育研究

及学前教育实践的融合，是学前教育信息化的重要路径，也是学前教育现代化的重要指标，更是学前教育质量评价与监测及质量提升的重要技术支持。近几年，学前教育学术研究领域出现了新兴技术支持下的学前教育评价研究，主要应用于学前儿童的学习与发展评价及支持方面。研究所涉及的新兴信息技术主要包括 RFID 无线射频识别技术、OID 光学图像识别技术、电子手环等，实现了从视频、屏幕到真实世界互动与交流的转换，为学前儿童学习与发展评价及支持提供了新的技术路径和范式。

（一）物联网技术支持下儿童类比推理评价与学习支持研究

类比推理是一种重要的合情推理形式，是认识关系并将其从一个已知的情境迁移至相似情境的认知过程，是人类认知的重要组成部分[1]，在学科学习中，往往作为重要的数学素养与重要内容。在学习环境中，反馈通常被定义为提供给学习者的关于表现或理解的信息。反馈被认为是促进学生学习的最有力方式。已有元分析证实了反馈对儿童学习和解决问题的优势[2]。反馈常常对儿童的数理推理产生重要影响，起到激发认知变化的作用[3]。类比推理在教学与学习领域的广泛应用，对学生学习至关重要。探究何种反馈能够促进儿童在具体学习情境中的类比推理能力十分重要。

研究发现，反馈能够有效促进学前儿童类比推理学习与发展。反馈组和反馈解释组儿童的后测分数显著高于练习组和控制组[4]。自动化反馈有效支持了学前儿童类比推理学习。反馈起到积极作用，减少了儿童

❶ STERNBERG R J, GARDNER M K. Unities in Inductive Reasoning [J]. Journal of Experimental Psychology：General, 1983, 112 (1)：80 – 116.

❷ HATTIE J, TIMPERLEY H. The Power of Feedback [J]. Review of Educational Research, 2007, 77 (1)：81 – 112.

❸ NARCISS S, HUTH K. Fostering Achievement and Motivation with Bug-related Tutoring Feedback in a Computer-based Training for Written Subtraction [J]. Learning and Instruction, 2006, 16 (4)：310 – 322.

❹ 郭力平, 吕雪, 罗艳艳, 等. 物联网技术应用于学前儿童类比推理评价与学习支持的研究——基于认知诊断方法 [J]. 电化教育研究, 2020, 41 (9)：8.

在任务上表现的不确定性❶，不确定性可能会分散个体执行任务的注意力❷，而减少不确定性可能会使个体产生更高的行为动机，采取更有效的任务策略。反馈还可以有效地降低学习者的认知负荷，尤其是对新手或学习困难学生❸。物联网技术支撑的自动化反馈对学前儿童类比推理能力的发展具有积极作用，儿童可以在操作材料的过程中获得自动的反馈，即时支持儿童的学习与问题解决。基于认知诊断评估，学前儿童在反馈干预前后的认知属性掌握模式也发生明显变化，具体了解学前儿童群体和个体类比推理认知属性掌握情况，从更为具体的认知层面了解反馈对学前儿童类比推理能力发展的影响以及可能的认知机制。研究也说明，基于物联网和互联网技术的联合应用，为学前儿童设计可操作化的评价或学习工具具有可行性和有效性。

（二）RFID 技术支持下的儿童数概念学习与评价研究

数概念是儿童数学学习的重要基础，在幼儿园的教育实践中，区域游戏活动、集体教学活动和一日生活等环节，都可以作为活动形式组织渗透数概念相关内容的机会。传统的专门的数学学习材料主要投放在益智区，儿童数概念学习的反馈主要依靠教师的观察与支持，材料本身缺少及时的反馈。研究者借助 RFID 无线射频识别技术设计了一款具有可玩性和教育性的小火车玩教具，儿童在游戏过程中可以自主选择不同类型的游戏卡片，完成不同难度的按数取物任务挑战。小火车玩具每一节车厢都可以作为一个任务，每一个车厢的游戏挑战均由儿童自主选择，同时可以根据任务对错的反馈进行调整。当儿童给小火车每节车厢装上正确数量的水果，小火车就可以开动起来。智能技术赋能的小火车将儿童数概念的学习与评价融为一个整体，儿童可以在游戏中学习，获得反馈，进而开始进一步的挑战与学习，学习进程因为自动化反馈的出现得

❶ ASHFORD S J，BLATT R，et al. Reflections on the Looking Glass：A Review of Research on Feedback-seeking Behavior in Organizations［J］. Journal of Management，2003，29（6）：773 – 799.

❷ KANFER R，ACKERMAN P L. Motivation and Cognitive Abilities：An Integrative/aptitude-treatment Interaction Approach to Skill Acquisition［J］. Journal of Applied Psychology，1989，74（4）：657.

❸ PAAS F，RENKL A，et al. Cognitive Load Theory and Instructional Design：Recent Developments［J］. Educational psychologist，2003，38（1）：1 – 4.

以推进。同时，儿童游戏过程的数据和结果也可以自动化记录和上传到线上，可以根据儿童游戏的过程和结果数据对儿童的数概念学习、学习品质等进行动态评估。❶

研究者还根据物联网技术提取数据构建了儿童按数取物能力决策树预测模型。该模型提取了"小火车任务得分""检测总次数""游戏总时长"三个关键指标；该模型产生16条判定规则，将儿童按数取物能力划分为六个水平；该模型预测准确率为71.21%，经检验，该模型有效，具有良好的解释能力，并对其进行了模型应用。由此证明了物联网技术的引入能够使得儿童按数取物能力的评价更具客观性、全面性和高效性，能够作为教师了解和评价儿童的有效工具。物联网技术允许对儿童的行为数据进行客观的收集、记录、挖掘和分析处理，一定程度上避免了教师对儿童评价时的一些偏见。基于物联网技术支持的儿童学习与发展评价，能够获取更为全面的数据，除了结果性数据，还能获得任务选择、游戏时间、学习风格等多项过程性数据。由此可见，信息技术赋能的评价能够使评价更为高效；传统的观察记录容易遗漏重要的信息，往往难以顾及整体，而信息技术能够支持获取更多类型、更多数量的行为数据，相较于人工记录也更加翔实，从而实现对儿童数学发展的优质高效评价。

（三）基于可穿戴设备的儿童社会性发展研究

可穿戴设备是物联网技术的综合应用，可穿戴设备因其便携性、实时性、高效性等特点展现出巨大的应用空间。运动手环、智能手表等可穿戴设备在生活中越来越普遍，在安全、运动、健康等领域得到了更加成熟而深度的运用。新媒体联盟和美国高等教育信息化协会2015年发布的地平线报告指出，"可穿戴技术"将在未来2~3年中被高等教育广泛应用❷。新兴信息技术可以与教育领域的诉求深度融合，在提升教育效率和教育质量、推进教育公平，以及为个体的学习和发展，提供适

---

❶ 李姗姗．3~4岁儿童按数取物游戏的物联网技术应用及数据挖掘［D］．上海：华东师范大学，2020．

❷ L.约翰逊，S.亚当斯贝克尔，V.埃斯特拉达，等．新媒体联盟地平线报告（2015基础教育版）［J］．北京广播电视大学学报，2015（1）：1-18．

宜的、有针对性的、个性化的支持手段上表现出特有优势。❶ 何婷（2019）将基于物联网技术的可穿戴设备引入同伴关系类型的评价中，利用具备室内定位功能的手环收集儿童区域游戏的空间和时间数据，从而探究基于手环数据的不同同伴关系类型儿童的区域游戏活动轨迹特点，尝试提取鉴别不同同伴关系类型儿童的关键指标，并构建特别受欢迎、被拒绝和被忽视三种特殊同伴关系儿童的预测流程，以期为教师在自然游戏活动中鉴别同伴关系不良儿童提供参考。研究发现三种同伴关系类型儿童的活动轨迹差异明显，受欢迎儿童能够较快开始稳定的区域游戏，且在游戏过程中更加稳定，有相对固定的同伴；被拒绝儿童呈现出不稳定的活动状态；被忽视的儿童有相对稳定的活动状态，但缺乏固定的同伴，喜欢能够独自游戏的区域。手环获取的行为轨迹数据能够反映不同同伴关系类型儿童的交往特点。

随着信息通信技术的进步以及社会的整体发展，教育领域出现了新趋势。信息技术应用到教育评价中，既是一种挑战，也是改善和推进教育进程的工具，同时是新的教育模式的基础之一。新一代信息技术，如人工智能和大数据，为教育评价的转型发展提供了重要的机遇，因此推动新一代信息技术与教育评价的融合创新，是深化新时代教育评价改革的迫切需求。

为了实现新时代教育评价的转型发展，必须借助先进技术的支持，例如人工智能、大数据和脑科学等，这些技术可以提供多模态、精细化的伴随式数据采集，从而将对儿童知识和能力的评价转变为过程性、动态性、高阶性和综合性的评价。大数据有助于实现多元信息交互分析，形成个性化学习支持服务系统，推动基于情境的智慧教学设计，优化课堂教学质量监控机制，提高教学质量管理效能。教育评价的数字化、智能化、专业化水平可以得到提升，这要归功于智能技术在数据采集、数据挖掘等方面所带来的优势，利用信息技术开展学前教育评价可以使评价反馈更加即时化。一些研究对新技术在教育评价中的作用给予了肯定，但同时表达了相应的忧虑，因为新技术可能导致教育评价者不自觉地偏向工具理性主导的技术方向，从而削弱教育评价的功能，失去教育

---

❶ 何婷. 基于可穿戴设备的幼儿行为评价研究［D］. 上海：华东师范大学，2019.

评价的价值，导致人性的工具化、碎片化和主体性缺位，大数据在赋能教育评价转型的过程中面临伦理问题和隐私保护风险。❶

针对每个儿童的定制化和个性化学习是一个趋势，也被越来越多的人认可。也就是说，个性化的学习被认为是有效学习和正确发展的最佳方法之一，并在一个自由的环境中，以开放和好奇的心态来提高。利用信息技术，能够补充学前教育评价工作的不足，并使教育活动开展更加高效。

---

❶ 闫志明，朱友良，刘方媛. 新一代信息技术支撑的教育评价：价值诉求、现实问题与建设进路 [J]. 现代教育技术，2022，32（11）：34 – 41.

第三章 学前教育评价的一般过程

学前教育评价的一般过程是整个学前教育评价工作的基础和中心环节，可以说没有评价的一般过程，就没有学前教育评价的结果与反馈，也就无法构成学前教育评价。就其重要性可以看出，学前教育评价工作过程是在教育评价的基础上，对学前阶段的儿童、教师及教育教学活动进行的评价。学前教育评价的准备与实施，即系统全面、复杂多元的评价过程，对评价结果及后续的分析起着重要的作用。在教育现代化的要求和发展中，信息技术在学前教育评价过程中凸显重要的地位和作用，为学前教育评价的各环节的工作提供了更多的便利。本章试图从学前教育评价的准备与实施、结果与分析、解释与运用三个方面对学前教育评价展开阐述。

第一节 学前教育评价的准备与实施

一、学前教育评价的准备

学前教育评价的准备工作是指为了更好地实施评价过程而提前做出关于评价所需的人力、物力、财力、时间、空间等多方面的预设工作。学前教育评价的准备过程决定着是否能够有效进行学前教育评价，学前教育评价的信息技术准备工作的有序开展，能有效保障学前教育评价的精准性。准备过程是学前教育评价的前提条件，学前教育评价准备的是否充分，决定了后续的评价过程能否有效进行和评价结果是否真实可靠。因此，准备工作可以分为评价人员的准备、评价工具的准备、评价方案的准备三个方面。

（一）评价人员的准备

评价人员是学前教育评价的核心力量，人员的专业化水平对学前教育评价专业化发展有着重要意义和价值。专业化人员的配备、思想的调动、职责的划分对学前教育评价的展开起到了调控作用，能保证评价过程的有序进行。评价人员不仅包含评价者，也包含被评价者，所以要对评价人员提出一定要求。

1. 对评价人员的组织结构及职责分配

（1）评价人员的组织结构

评价者和被评价者共同构成了评价人员，不同的教育评价对象和评价内容，评价组织的形式和机构也不同，一般由领导小组和工作小组组成。[1] 每个领导小组和工作小组根据不同的职能划分为相关评价委员会，领导小组构成核心评价委员会，是学前教育评价实施的"中枢"，带领各个评价小组根据不同的职责要求完成相应工作。各级评价人员根据评价的目的、对象、内容、工具等要素分工，其目的是保证评价结果的真实性和准确性。所以，对于学前教育评价人员来说，一般情况是团体性工作，如根据职能分为由儿童教育专家、专项科研学者组成评价工具制定小组，由学前教育管理者、一线工作者组成评价实施小组；也可根据组织形式的不同划分为管理部门评价委员会、科研评价委员会、实施评价委员会等。

（2）评价人员的职责分配

不同的评价主体，其职责范围也不同，主要可以分为领导小组、工作小组、被评价人三部分。每个负责主体必须要有自身明确的职能和责任划分，在一定的专业经验基础上进行培训与交流。首先，各个主体要有整体意识，比如都要了解任务的整体目标和各阶层、各部分的目标要求，有清晰的工作流程与步骤，使得在评价过程中各部分人员可以自觉地逐渐地保持一致步调。其次，也是最主要的，各小组间要明确自己的工作职责要求。

领导小组主要是把控整个学前教育评价实施进程的节奏和方向，组织和领导评价团队的实施。具体可以分为：明确学前教育评价的目标、

---

[1] 胡云聪，申建强，李容香，等. 学前教育评价［M］. 北京：人民邮电出版社，2015：21.

对象、内容—制定学前教育评价实施的整体计划和各项任务—组织、动员学前教育评价人员—实施学前教育评价方案—督查各小组的进度工作，把控评价工作的方向—解决评价中的实际问题并能作出相应的解释说明—整合、分析各小组的评价实施结果，提出实际性建议和对策—落实评价修改建议。

工作小组作为实施人员，首先就要求他们具备学前教育评价的专业知识和能力，在有着积极主动的工作态度和团队意识的基础上，充分理解和明确领导小组下达的任务，有序开展学前教育评价工作。另外，还要认真考虑学前教育评价与现代科学的相关性，将智能技术和学前教育评价相结合。所以，对小组的评价工作开展要求可以分为：收集相关资料和数据—整理、分析数据，确保评价信息的数量和质量—多次分析后得出真实准确的评价结论—对评价结论检验—总结评价工作并将工作内容以书面形式上报至领导小组。其中，对实施人员的选择和要求要更高，他们要具备充沛的专业知识和判断能力，同时还要具备对知识分析归纳的技术能力。在实施小组的选择上要更加慎重，选择具有综合能力的专业人员担任，避免出现在培训中的资源浪费和在实施阶段中因评价人员自身能力不足而无法统计实施评价结果的问题发生。只有保证这一环节的稳定实施和推进，才会实现整个学前教育评价的有效进行。

对被评价人员的要求是为了确保学前教育评价的准确性，展现最真实的教育过程，积极配合评价人员开展学前教育评价工作，提高评价效率。被评价人员是学前教育评价工作的主体，要求提前做好人员的心理调控和分配工作，也要及时动员被评价者，加强评价者与被评价者的联系与沟通，打好预防针，帮助评价对象提前进行充足良好的心理建设。在学前教育评价主体中，除了教师、管理者等成年人，还涉及儿童。由于儿童发展具有一定的特殊性，所以要确保评价的内容、方式等符合学前儿童的身心发展规律，不得违背教育原则和要求。另外，家长作为儿童的第一责任人，评价者要在数据收集前征求家长的同意和父母的许可，并向其保证儿童信息数据的安全性和保密性原则，避免造成不必要风险。

2. 对评价人员思想的培训与动员

学前教育评价的实施是需要评价者或评价团体在正确的学前教育评

价目标要求的基础上，形成正确的评价思想路线，与被评价者相互配合、共同参与，从而完成学前教育评价的过程。这对评价人员的教育评价思想和教育评价行为有着明确且较高的要求。正所谓"人心齐，泰山移"，评价人员的思想一致、行动方向统一、目标相同是实施学前教育评价的前提条件，所以需要做好评价人员的培训和动员工作。

对学前教育评价人员进行培训，能提高教育评价过程中的效率，确保评价实施的节奏和方向。培训的目的在于帮助评价人员树立对学前教育评价的正确思想，明确评价目的，了解当前学前教育评价的真实现状、政策规则、未来走向以及理论方法等。真正做到动员他们积极投身于学前教育评价工作中，能够运用客观的、真实的、具体的原则方法完成评价工作。对于评价人员来说，有效培训可以促进学前教育评价人员的内在动力，提高他们对学前教育评价工作实施的积极性和严谨性。理论培训和实践培训的相互搭配，引导他们运用更合理的方式把控自己的学前教育评价的思想和行为，学习利用学前教育评价的科学技术引导评价实践工作的开展，要求更新评价人员的专业知识与技能，在培训中获得符合时代要求、符合教育现代化需要的各项技能，目的在于通过评价人员的专业性带动学前教育评价实施的专业化发展，从而提高学前教育的质量，完善学前教育的模式和功能，使学前教育围绕着以儿童为本这一基本原则，制定出更符合当代儿童的发展现状、发展需要和发展规律的教育政策和制度。

总而言之，对学前教育评价人员的培训就要实现对其思想的动员，即树立科学的行动观念、采取积极负责的实施态度，以保证客观真实的评价结果。

（二）评价工具的准备

学前教育评价工具是指评价者对评价对象进行评测过程中采用的方法和手段，是评价人员开展评价工作的有力武器。没有评价工具，评价人员就无从下手进行学前教育评价。所以说，评价工具的准备是评价工作开展的重要前提之一。评价工具与评价对象具有一定的联系性，对一个评价对象可以使用多个评价工具进行评价；同样，不同的评价工具可适用于不同的评价对象和场景。评价工具也要符合教育发展的要求，根据现代教育的科技化和信息化程度、线上线下多重教育模式的开展等技术性发展的需要，调整评价工具的选择和优化评价工具的内容。根据被评价人员的基本情况选取适用的评价工具，具体可以分为学前教育评价测查工具和其他工具。

1. 学前教育评价测查工具

学前教育评价测查工具是为了更加科学清晰地完成学前教育评价而使用的各种形态的工具，是需要在进行评价前必须做好的准备工作之一。常见的教育评价工具可以分为成人评价工具和儿童评价工具两类。

成人评价的评价主体是除儿童以外的学前教育工作者，主要包括学前教育部门的管理人员、幼儿园管理者、一线幼儿园教师、其他幼儿园工作者及家长等。评价工具多以书面形式为主。成人评价工具一般为论文撰写、专业知识测试、工作能力考核三种方式，利用评价标准和相关评价工具对其进行相应的打分与测评。

儿童评价的评价主体是学龄前儿童，受学龄前儿童的年龄特点限制，评价主要以观察、谈话、实验等非书面形式为主。根据儿童行为观察评价量表、儿童游戏活动观察表、儿童智力发展水平评价量表等不同维度的评价工具，对儿童的身体、心理、认知、语言、思维、社会性等多方面进行测量，给予相应的评价。

2. 其他工具

在学前教育评价的实施中，评价人员需要利用一些评价工具进行学前教育评价。但是，除了上述重要的学前教育评价工具，还需要准备各类材料用具、计量工具和办公用品等：既包括评价审批表、评价人员汇总表、数据统计表、专家审议表等电子版和纸质版的材料，也包括电脑、计算器、录像机、录音笔、打印机和其他辅助性工具，还包括儿童活动所用的音频、玩具、乐器等测评所需的可操作性的用具。对于以上这些工具，不可忽视其重要性，充足的辅助工具可以帮助评价人员更便利地搜集数据和信息，在实施前要先学会操作，熟悉使用方法和流程，以避免在临场时出现各种问题，也有利于有序地完成学前教育评价工作。

（三）评价方案的准备

学前教育评价方案是对学前教育评价过程的整体设想与流程规划，为评价工作的实施提供了指导作用，具有一定的预设性和前瞻性。评价方案准备的优劣决定了评价方向、评价实施、评价结果实践运用情况的好与不好。学前教育评价方案是整个评价过程的实质性和关键性工作，为学前教育评价指明方向和目标。学前教育评价方案和计划制定是否合理和全面，是决定学前教育评价能否有序开展的重要标准。因此，评价方案需要反复斟酌、构思，通过不断的审议和评测，对每一个步骤都做出细致周全的思考后再做实施。

评价方案作为学前教育评价工作的关键性环节，具有指导性意义，具体的评价方案要具有学前教育评价的目标体系与标准、问题假设、时间安排、对象选择、组织安排、评价方法和资金来源等因素。具体要求包括以下七个方面。

1. 学前教育评价的目标体系与标准

编订科学、合理、客观的学前教育评价目标和标准，是建立在正确的教育儿童观与价值观的基础上，根据现有的相关文献资料和理论依据，再针对学前教育的特点和问题，完成此项具有复杂性、严谨性和系统性的评价方案目标和标准，所以不难看出评价方案的目标和标准的重要性。如果缺乏可靠的评价目标，评价标准也会受到影响，最后就容易造成评价工作难以开展或出现错误结论。

学前教育评价目标是实现学前教育评价人员工作的出发点和落脚点，也是评价工作的首要核心任务，因此学前评价的任何工作都要围绕着评价目标展开。评价目标要符合学前教育的实际情况，并配有评价标准，从而能更好地实践。评价标准是为了更好地服务于评价目标的一项准则，评价人员在明确标准和目标的基础上展开工作，没有一定的客观科学的评价标准，就无法作出判断，也就无所谓评价。因此，评价标准是评价工作的依据，需要经过长时间的论证和修订，确保评价标准的质量水平。评价标准是层层划分的，由宏观到微观制定各级指标，将其分解成具体可操作的形式与标准。

学前教育目标体系和标准是引领和评价学前教育事业不断发展和完善的基础性要求。目前 CIPP 评价模型是受到来自各国教育学者普遍认可的学前教育评价模型，中国学前教育评价目标体系和标准也对其进行参考，构建适合中国学前教育的指标体系框架。CIPP 评价模型的构建改进了传统评估中只以学前教育目标为导向的局限性，形成了对背景评价（Context evaluation）、输入评价（Input evaluation）、过程评价（Process evaluation）以及成果评价（Product evaluation）四方面的综合评估。因此，我国教育评价的目标体系和标准的制定要跳脱出传统学前教育评价中以目标为导向，转向以多样化指标为引导的发展方向，并加入信息化元素的评价思路，形成科技型、系统性的评价目标体系，将学前教育目标体系和标准作为智能驱动下的学前教育评价的标准和要求，其目的是确保学前教育质量评价的动态实施过程的进行。

2. 学前教育评价的问题假设

学前教育评价的问题与假设是在评价目标的基础上提出的，是由专家小组成员针对实际的学前教育现状而提出的。然而，不同方式、不同类型的评价所呈现的评价问题也不同，具体可以分为目标取向评价、过程取向评价和结果取向评价三种形式的评价假设。每种形式的假设是要根据具体的评价需求而进行预设，并且每种假设的具体内容要具备一定的现实逻辑和推理性质的需要。

其中，目标取向评价是从目标出发，根据目标的要求收集各类资料，利用现代科学技术工具和方法，结合以往研究结论，对评价做出适时的判断和恰当的假设，目标取向评价一般会以目标为基准和导向，查看实施计划安排是否与目标相一致，是否有可能达到目标要求；过程取向评价是注重评价的过程，即全面了解评价的运行状况而取优补缺，是一种形成性评价，这种评价形式更注重学习成果的价值和质量水平，主张凡是具有教育的价值和意义的结果都值得受到评价的支持和肯定，所以在评价上既支持量化的测量，也主张质性研究，是将评价贯穿于整个教学和实施过程的始终，过程取向评价更具灵活性和民主性，注重评价人员与被评价主体间的整合关系，是主客体协商完成评估工作的具体表现形式，有助于评价的理解和优化，但是该评价形式耗时长、效率低、存在的过程多变性大；结果取向评价是在前期准备和过程完成后，根据目标要求对结果进行计划和设计的方式，主要是评价者根据法律要求和社会伦理而创设的最符合要求的一种评价，带有较强的主观色彩。该方法是评价人员对现代学前教育有着丰富的经验和较大的知识储备的基础上，做出一定关于评价需要的决断，再为此决断寻找支撑其成立的数据和理论。综上发现，每种取向的评价都有其独特的价值，所以在评价过程中不能只关注到某一种评价假设，要根据具体的评价要求有选择地使用单个评价假设或组合使用多个评价假设。

3. 学前教育评价的时间安排

学前教育评价的时间安排对整个学前教育评价进度把控有着决定作用，每个环节有着明确的时间期限，才能组织好评价人员工作，确保工作效率和进程。各个环节紧密联系、环环相扣，需要严谨的计划和安排。同时，明确实施期限和报告撰写完成期限，避免工作拖延。如果其中一个时间安排或时间节点没有明确或者没有进行好，极大可能会影响后续工作的进行，比如说在教育过程中对某个评价对象没有测查清楚，就会影响评价中的关联对象，从而阻碍评价结果和结果分析。如果评价者对教师进行的评价不完整或者不真实，直接会影响对儿童、幼儿园活动的评价等，最后会影响对教师的评价结果以及其他评价结果的分析等，从而形成"蝴蝶效应"，影响整个学前教育评价工作的开展意义，以至于影响未来学前教育工作的开展方向和实施过程。

4. 学前教育评价的对象选择

学前教育评价对象是评价的客体，也是"评价什么""评价哪些内容"，即被评价者。评价对象的选择对于学前教育评价结果起着决定作用，只有选择好的评价对象，确定好评价对象的范围和要求，才能更好地进行学前教育评价工作。一般情况下，学前教育评价的选择对象是教师、儿童、幼儿园管理者、教育部门工作人员等。其中要注意的是对儿童的评价，儿童的身体和心理都处于发育阶段，其身体各部分器官还没有完全成熟，神经系统、感知系统、运动器官等都处于发育的初步阶段，情感波动大，认知能力不足，自我行为表现和控制能力薄弱，社会性表现不突出，儿童的整体表现相较于成人而言具有一定的特殊性，对环境的适应性较慢，所以需要在评价中考虑到儿童自身的实际情况，选择适合的评价者进行评价，多半为教师代替专业评价者进行评价工作。另外，要考虑评价过程中教育的公平性和过程的合理性，不可为得到评价结果而使儿童没有接受到同等的教育机会。

5. 学前教育评价者的组织安排

评价方案的推进是需要评价者按照工作流程和安排实施的，包括在学前教育评价中的评价个人或评价团体，也就是"谁来评价"。该部分确认后，才能根据不同的任务，给合适的评价人员分派适配的工作。一般评价人员要根据其职位和专业等进行分组，最大程度地发挥评价人员的专业性知识与能力，一般可以分为实施小组和报告撰写小组。实施小组是具备成熟的观察实践能力和书面整理工作的人员，要求在实施过程中能将学前教育相关理论知识与实际观察的儿童活动、教师教学、后勤保障、管理者决策等方面相结合，捕捉有效观察信息后，能进行资料搜集和书面整理的工作；报告撰写小组的接受单位和个人需要具备基本的撰写能力和分析能力，能根据评价实施人员的调查反馈进行高效工作，要求撰写小组的知识面涉及广泛，除传统的评价方式外，还要掌握相应的科学技术操作方法和分析方法，采用现代化学前教育评价工具进行检测与分析，为评价工作带来便利和快捷。另外，还要配备专家审议小组纵览大局，他们作为评价工作的"掌舵人"，决定了评估工作的实施与走向，担任着其他评价人员的领头人。在评价前，他们要先对评价工作进行组织安排，预设发展方向；在评价过程中，要定期组织实施人员进行阶段汇报，把控实施进程；在评价结束后，对形成的报告进行复审和决策，保证评价结果的科学性和可实施性，以促进学前教育评价能够支撑后续的教育实践环节。学前教育评价者的组织与安排能确保评价工作的有序性，需要注重评价的进程安排。

6. 学前教育评价的方法

学前教育评价的方法可以简单理解为怎样搜集数据与信息，也可理解为评价工具的选择。在进行学前教育评价前，要预设出需要将什么方法用于测查环节，确保评价的信度和效度，以便更好地实施评价工作。另外，评价方法的选择讲求质性与量化相结合，取长补短，获得更加科学、客观的评价。学前教育评价涉及学前教育的各个领域，因此评价人员在制定各类方法和内容时，需要考虑及时更换评价方法和策略，避免出现前后评价工作开展不对应的问题。关于常用的传统的评价方法，根据其不同维度可以分为不同类型，既可以分为绝对评价法和相对评价法，又可以分为综合性评价法和分解性评价法，还可以分为量性评价和质性评价。另外，鉴于学前教育评价的信息化要体现出时代特点和科技智能性特点，所以要根据学前教育评价的相关特点，选择具有适宜性、可操作性的高度沉浸式体验的评价方法，比如利用 AR 技术、混合现实技术、云架构下的移动智能教育系统等多种方法获得儿童评价。高沉浸式评价方法要与传统评价相结合使用，形成互补型评价方法，以减少评价中的信息搜集误差。每种评价都有其优缺点，要根据评价的内容和实施过程的预设对评价方法进行有选择的使用或几种评价方法结合使用。

7. 学前教育评价的资金来源

充足的资金来源是保证工作和活动开展的必备项，没有资金的工作会受到很多限制，将无法开展。学前教育评价的资金是评价方案中必不可少的一项内容，需要评价者提前做好资金预算，保证获取的资金足够支持未来学前教育评价工作的开展，学前教育评价工作才能顺利进行。在数据化时代，信息数据采集工作得以实现，是需要大量的人力、物力、财力的支持，无论是专业人士的信息搜集系统的创建，还是评价人员的搜集过程，均需要时间、金钱和人员的支撑，尤其是计算机和科技智能设备的使用和操作。为了更好地促进学前教育评价工作的开展，评价人员在开展评价工作前，需要和政府相关部门进行沟通，获取教育部门的支持，再向相关集团、社会公益机构以及教育工作者等进行大力宣传和说明，以得到各行各业在资金和资源等方面的大力支持，同时获得各个行业的帮助与指导。

二、学前教育评价的实施

学前教育评价的实施即评价过程，是学前教育评价的程序性活动。实施工作是在一定的时间和空间上展开的，具有连续性、顺序性及动态性，以达到学前教育评价目标要求的过程。学前教育评价的实施是在以上的准备工作完成、方案制定后而进行的工作，它是整个评价的中心环节和主要内容。评价实施的操作过程是评价的主要部分，学前教育评价的工作效率取决于实施过程的进度，评价结果取决于实施过程的质量。因此，抓好实施过程，是保证整个学前教育评价质量的基础。学前教育评价的实施是在前期准备阶段的基础上，对评价方案实际操作的过程，在学前教育评价中要利用信息化手段完成实施过程，所以不可脱离评价方案进行实施，也不能循规蹈矩地遵循评价方案，要根据实际情况和评价需要进行适时调整，在评价实施中要结合相关信息化材料、工具、方法等，提高实施的准确性和数据化要求。具体实施过程可分为宣传动员、收集评价资料和信息、整理汇总信息及做出综合评价四个阶段，每个阶段都有其特定的任务和要求，一般分为五个部分：确定信息来源和收集内容—收集资料信息—归类整理资料信息—审核评议数据和信息—综合评价实施工作和结果。同时，评价者要能根据评价实施的具体过程安排，分析其影响因素，以避免因主客观因素影响到评价实施过程，致使学前教育评价结果的非客观性。

（一）进行宣传动员工作

作为学前教育评价实施的起点，宣传动员工作是完成评价工作的前提条件。好的宣传动员可以避免工作开展时的麻烦，也是鼓励评价人员认真参与评价的重要方式之一。宣传动员可以激发全体评价人员的内在积极性，帮助其充分了解学前教育评价的意义和目的，更便于开展后续的实施工作和资料整理工作。进行宣传动员工作，不仅能使评价者掌握基本的实施方法和步骤，也能增强被评价者的配合能力，减少评价实施过程的抵制情绪，更好地协助评价人员进行评价，实现评价的目标和要求。

该部分的任务主要是先通过专家小组初步审议后明确工作总任务和总目标，分析各阶段目标和要求；再根据任务要求制定出大致工作内容及时间规划，保证评价的有序开展和确保时间的有效利用；然后利用智能技术手段和专家已有专业经验，确定信息搜集的方向与内容；最后根据评价的内容选择适合参与测评的主要被评价人群，并探索相关信息的来源，为开展学前教育评价做出充足的准备工作。

（二）收集评价资料和信息

收集评价资料和信息是在整个学前教育评价实施过程中最难获得但最重要的部分。评价资料的全面性和正确性直接影响评价结果的有效性和全面性。资料和信息搜集要确保真实性，需要采用一系列科学技术方法进行收集。评价资料和信息的获得可以通过预备性评价和正式评价两个阶段完成，确保更加全面、深入地获取评价信息和资料。下面对收集评价资料和信息的预备性评价阶段和正式评价阶段进行阐述分析。

1. 预备性评价阶段

预备性评价又称试评，是需要被评者的自我评价，该阶段的作用是帮助被评价者先对评价目标和评价内容有初步了解，做好充足的心理准备，以便更好地配合评价者开展工作。

如果被评价主体是成人时，可以根据试评的内容，再结合自身工作需要和相关教学思想进行自我诊断和自我优化，不断调整自身教学形式，加强自身的职业技能和专业素养，为实现正式评价做出充足的准备。如果被评价主体是儿童时，儿童可以预先在预备性评价中获得安全感和熟悉感，确保在正式评价中能顺利开展工作。预备性评价工作也会获取部分有效信息和数据，是获取到的最真实的第一手资料，也能在一定程度上减轻评价者的后续工作量，提高评价质量，从而保证正式评价过程的有效进行。

2. 正式评价阶段

正式评价是最重要、最基础的工作，是评价者对被评价者进行评价的过程，也可称为他评。正式评价阶段是对预备性评价取长补短，是更科学客观的一种评价形式。该阶段的评价需要注意信息收集的全面性、数据统计的准确性、信息获取的有效性等。信息收集的全面性，是要从全局和整体上思考学前教育评价的全过程，从各个维度对评价对象进行测查，避免评价结果的单一性和不完全性。数据统计的准确性，是要在正式评价过程中对复杂多样的数据信息，剔除错误信息和偏差数据后，进行多次检验和校对，避免影响整体评价的走向。信息获取的有效性，则是要测量被评价者的评价结果的反映程度和真实程度，保证信息获取时不掺杂虚拟信息，是真实有效的。为保障整个正式评价环节的进行，需要每一步骤的环环相扣、不可偏废。正式评价在整个学前教育评价工作中居于核心位置，具有一定的现实意义和权威性，是通过专业人员或专家利用一定的评价手段，再利用具有科学客观的评价思想和经验展开的评价工作。

因此，正式评价的主要任务是收集资料和信息，要进行资料的整合与分析。收集资料和信息需要利用上述提及的评价工具，对特定评价对象展开评价。正式评价是整个学前教育评价过程中最基础也是最重要的工作内容，直接影响评价结果和未来在学前教育领域的运用与实践。因为收集资料具有复杂性、基础性和大众性的特点，所以需要大量的时间、人力、资金等成本的投入，以保证评价实施的有序开展。为此要保证做到：①确保资料收集的真实性；②确保信息的全面性；③保证信息的有效性；④要注重保护被评价者的信息。

（三）整理汇总信息，做出综合评价

资料信息的整理和汇总工作量庞大而复杂，零乱而不系统，所以一般是由专家对实施小组获得的信息，利用相应的数据整理和分析工具，再根据评价要求整理汇总而得。这里要求专家人员具有较强的专业知识与信息甄别能力，对获取的信息的质量有一定的审查力和判断力。在信息整理过程中，可以从归类、审核和统计三个方面进行，最后进行综合评价。

1. 整理信息应从归类、审核、统计三个方面着手

（1）归类

归类是将实施小组收集获取的大量样本信息进行分类整理，可以根据不同的维度汇总划分成不同的类别，划分要求根据需要择优选择。

根据评价对象不同，可以分为评价儿童资料、评价教师资料、评价园长及管理者资料等，评价对象的多元性要求具体分类上也要多元化。❶ 评价儿童资料是在坚持以儿童为本的原则上，选择适合儿童身心发展特征和要求的评价资料；评价教师资料是对教师职业特点、专业能力等多项内容进行评价的相关资料；评价园长及管理者资料中要涉及更多的管理和决策内容的资料，要求能体现评价对象的园本建设的管理逻辑思想与实施能力。

根据信息种类不同，归类可以分为图表类、图片类、文本类、视频类等。❷ 图表类归类是一种以最清晰明了、直观的信息图表方式，可以直观地看出所含信息的一种可视化手段；图片类是由图形、图像等构成的平面图类，具有真实化、形象性、直观性等特点；文本类归类是最常见的一种归类形式，是利用文字将某个事件从表层逻辑不断深化至深层逻辑的过程，例如观察报告中的相关评价过程需要以文本形式表达体现；视频类归类就是按照视频的类型，或者视频里的相关表征内容进行

---

❶ 李玉侠，杨香香，张焕荣. 幼儿园教育评价［M］. 北京：北京师范大学出版社，2017：37.

❷ 霍力岩，潘月娟，黄爽，等. 学前教育评价［M］.3 版. 北京：北京师范大学出版社，2015：259.

归纳。

根据原始材料的不同，可以分为数据型材料和非数据型材料，是根据一定信息化手段进行归类的。数据型材料是量性类材料，即原始材料由大量的数据构成，如数值信息、比例等，只有获取到这类原始数据才能得到有价值的数据资料。非数据型材料一般为质性类材料，主要由不包含数值类信息构成的材料，即原始材料以文字、图像、声音等为内容信息，这类型的材料具有较强理论性质，是归类中最常出现的形式之一。

（2）审核

审核就是审查核对相关信息，以满足审核标准的要求而进行的一项具体实施工作。审核是对分类好的数据信息进行逐一筛选、核实，识别风险和满足既定要求的具体办法。目的是确保评价数据信息的有用性和有效性，保留有用信息，剔除无用信息或错误信息，从而保证信息的质与量，此项工作有利于信息资料的完整性和有效性。完成审核后，需要相关人员将所有资料建档立案，存档为数据库，为之后的教育工作的分析统计提供便利。

（3）统计

统计就是专家小组对整理归类、审核检验后通过的样本结果进行推理，以样本推总体。一般过程包括：首先复核评价数据信息，筛查是否存在遗漏数据、不完全数据或不切实际的数据信息，在此过程中做好复核记录，保证将各个步骤记录在册；其次要制定具有相关性且符合现实需要的评价工具，需要与其他专业技术人员实现联动，完成相关的评价工具创建和改编；最后是对以往学前教育评价的相关内容进行修改与完善，即要求专家小组针对前期工作的现实情况，再根据学前教育的理论知识和以往学前教育评价的实施情况等进行整合完善。通过专家小组等专业性人员对数据进行统计分析，会使逻辑框架更加清晰直接，也能够实现信息的权威性和可行性。根据样本和总体的关系，统计可分为描述性统计和推断性统计。描述性统计是利用图表、数字等工具，进行描述和汇总大量数据的分布情况或变量间关系程度的统计方法，描述性统计分析是对一组数据的多层次维度进行整理和分析，并对数据的分布状态、数字特征和随机变量之间关系进行描述的统计形式；推断性统计是在描述性统计的基础上发展而来的，是利用数理统计的原理，再利用抽样的方法，以样本的统计分析数值推断总体的统计分析数值有关特征的统计形式。

2. 综合评价

综合评价是整个评价实施中的收尾工作，主要是由学前教育评价的专家小组和实施小组共同开展进行的。综合评价是使用各种评价工具和评价方法等对多个评价主体进行评价的方法。综合评价是一种在大型评价工作中起决定性作用的方式，需要结合现代教育技术评价手段，对评价对象进行分析和评定。经过层层筛选与核对，最后综合汇总成专家审议评价意见，用于把控评价的准确程度以及是否符合评价目标和要求，并将其整理成文本式结论。综合评价体现了评价的多元化、全局性和综合性的特点。现代综合评价的方法主要包括数据包络分析、主成分分析和模糊评价等。数据包络分析简称 DEA 模型，是对同一类型的各个决策单元进行相对有效性的排序和评价，在此基础上进一步分析各个决策单元的原因和改进措施，为评价对象提供重要的建议和意见。主成分分析是多元统计分析的一种类型、一个分支，是对测查数据进行降维处理后，再进行进一步系统转化而得到一定结果的分析方法。模糊评价是将评价对象按照一定的评价标准进行排序与初步评价，然后根据模糊评价集上的数值按照最大隶属度原则进行等级划分。因此，基于以上内容可以看出，综合评价具有以分值作为评价标准的特点，且各个评价部分可以同时进行，能节省时间，提高效率。

第二节　学前教育评价的结果与分析

一、学前教育评价的结果

学前教育评价结果是学前教育评价研究成果的重要体现，也是对后续展开教育实施工作的有力说明，是评价工作中的最后一个阶段，应与前期的整体研究过程保持一致性。评价结果需要面向大众进行说明，所以评价结果要具有可靠性和准确性；学前教育评价的最终目的是将理论指导实践，用于决策工作，因此评价结果要符合现代教育的客观需求，具有较强的有效性和实用性。由此可见，为了满足学前教育的现实需要，要从以下两个方面对评价结果进行检验，确保得到高质量的学前教育评价。

（一）评价结果的可靠性和准确性

可靠性的原意是指设备在规定条件下和规定时间内，完成规定功能的能力；准确性的本意是在试验或者调查中某一试验指标或者性状的观测值与其真值接近的程度。在学前教育评价中，评价结果的可靠性和准确性可以简单理解为评价结果的信度。信度一般多以测量结果的一致性和可靠性来表示该信度的高低，信度受随机误差（即在测查过程中，一系列有关因素微小的随机波动而形成的具有相互抵偿性的误差❶）的影响，随机误差越大，信度越低。常见的检验信度的方法有重测信度法、复本信度法、分半信度法，这些方法适合学前教育领域的评价测量检验。

（二）评价结果的有效性和实用性

有效性是指完成策划的活动达到策划结果的程度，评价结果的有效性强调的是能对整个学前教育评估工作产生有价值的影响，能促进学前教育的不断发展，能产生一定的效果。实用性是能够解决某个或某些问题，是具有实际使用的功能和价值，这个功能和价值是实用性的基础和前提，学前教育评价结果中的实用性是强调学前教育评价的结果要能支持未来学前教育工作，对学前儿童、教师及其他相关人员有一定帮助，也能对指导环境创设、人员配比等产生积极作用。评价结果的有效性和实用性即评价结果的效度，其性质是强调评价工具的相关性和连续性，表示一项研究的真实性和准确性程度，研究的结果必须要符合研究的目标才是有效的，效度也可以简单理解为达到目标的程度，又因为效度的相关性特点，所以其程度也是对应目标而言，需要格外注重。所以，学前教育评价结果中的效度是指在学前教育评价过程中的关于获得评价结果的测量工具或者手段能够准确测出所需事物的程度，也是实际评价结果反映被评价对象的程度。

---

❶ 姚志湘，粟晖. 多元统计描述中随机误差与变量空间角的关系［J］. 中国科学：化学，2010，40（10）：1564－1570.

（三）评价结果的可靠性与有效性的关系

评价结果的可靠性与有效性的关系，即评价结果的信度与效度的关系。评价结果的可靠性要求利用同一方法或工具针对某一对象进行反复测量后，分析出结果的一致程度，也是评价结果的稳定性，要求评价结果稳定在一定的区间范围内，而这个区间范围越小，说明稳定性和一致性越强，评价的信度越精准。有效性则是强调测验的手段和方法能准确测量出变量的程度，了解变量的属性特征的程度，具体包括结构效度、表面效度、准则效度等。

评价结果的可靠性是有效性的必要条件，有效性是可靠性的充分条件，即信度是效度的必要条件，效度必须建立在信度的基础上进行测量；效度是信度的充要条件，没有对效度的测量，即使信度再高，测量也是无意义的。可以简单理解为，信度低，效度绝对不可能高；信度高，效度未必就高。效度低，信度有可能高也有可能会低；效度高，信度必然会高。因此，信度是效度的基础，效度不能脱离信度单独存在。信度是为效度服务的，效度是信度的前提条件，有效度必定会有信度，但效度低，也有可能信度很高。在学前教育评价的任何测验过程中，只有将信度和效度做到辩证统一才能真正实现评价的科学性和有效性。

二、学前教育评价的结果分析

学前教育评价工作的展开是为了被评价者在之后的工作中实现对工作方式的完善，提高工作效率，简单来说是为了改善当前学前教育工作中的不足和缺点，能抓住主要问题和主要方面，对症下药，避免教育资源浪费和教育不公平等问题的扩大化，从而使得学前教育事业朝着素质教育方向发展。因此，要对评价结果进行综合分析，注重评价的整体与部分的关系、理论与实际的需要，与现代化学前教育情况相结合，从而提高未来学前教育工作。学前教育评价结果的质量水平决定着学前教育评价的整体水平的高低，结果是面向更广泛人群，供更多人使用和参考的，所以要求学前教育评价结果既是对过去的学前教育现状的正确解读，也是未来学前教育实施和发展需要的指南与方向。因此，评价者和评价团队要针对学前教育评价工作开展的实际调查情况进行系统性分析，将客观性结果进行有效分析。

学前教育评价结果具有多样性和丰富性的特点，一般学前教育评价结果是复合型的评价结果，因此需要将学前教育评价结果按照不同维度进行划分。根据学前教育评价结果的作用不同，可以分为问题分析和诊断分析；根据学前教育评价结果的性质，可以分为量化分析和质性分析；根据学前教育评价结果的类型不同，可以分为分数等级制评价和白描性评价。

（一）学前教育评价结果的问题分析和诊断分析

根据学前教育评价结果的作用不同，可以分为问题分析和诊断分析，一个是从问题入手，另一个是从检查入手，可以全面精准地对学前教育评价工作进行诊断。

1. 学前教育评价结果的问题分析

学前教育评价结果的问题分析是按照解决学前教育评价问题的思维逻辑，寻找问题所在，且能够确定问题原因的系统方法。问题是实际测查结果与应达到的要求之间的差距。所谓问题分析，也就是解决问题的思维程序。一般有以下四个步骤。这四个步骤相互衔接，不可分割，需要评价者落实好，牢牢把控每一步。

第一步，明确问题所在和与预期的差异

对于学前教育而言，问题一般是各类关系的问题，如儿童与教师、教师与幼儿园管理者、教师与教育政策、教育部门与教育监管等方面的问题；或是评价实施中的问题。这类问题均要提前划分清楚，做好预设工作。

第二步，细致分析问题，进行分类和选择

这个阶段是需要对学前教育评价的具体实施过程进行系统分析，根据评价标准和以往理论进行分类，再总结出具有科学性、客观性和真实性的评价结果。

第三步，根据问题与实际差异设想原因

在学前教育评价结果中可以分析出各类与实际标准和理想化目标存在的差距，这就得出了评价结果中的问题，对于得出的差距，需要评价者依据理论经验，进行反复斟酌和系统分析，找到存在差距的真正原因。

第四步，针对所寻找到的原因进行多次反复核查，确定结果

这一步即为检验，是为保证评价结果的真实性、有效性和客观性，而进行反复验证，检验寻找到的原因是否是影响评价结果的真实原因，针对性地对问题进行多次验证，得到清晰的问题脉络，从而便于得出与问题相契合的评价结论。

2. 学前教育评价结果的诊断分析

评价结果的诊断分析是为了更好地对收集的评价资料和信息进行分析，进行客观系统的分析后找到问题及其产生的原因，并寻找改善的方式，从而帮助评价者完成学前教育评价工作。评价结果的诊断分析的方法有很多，不同的评价结果对应着不同的诊断结果，这就要求评价者能敏锐地发现结果－分析之间的诊断方法。一般可以分为相对评价结果的诊断分析和绝对评价结果的诊断分析。

（1）相对评价结果的诊断分析

相对评价是指从被评价对象的集合总体中选取一个或者几个对象作为标准，将该群体中的各个被评价对象与该标准进行比较，判断该评价群体的被评价者的相对优势。相对评价结果的诊断分析的标准是相对的，因此，该评价结果仅适用于评价范围内的差异比较，从而进行分析，对于测查某个内容或者某一样本有效，但具有局限性，进行分析时需要注意。

（2）绝对评价结果的诊断分析

绝对评价结果是根据该领域的整体情况，预先制定出目标，并以此为评价基准，根据此标准对所要评价对象进行评价。这种方法具有客观性、科学性和合理性，也便于被评价者根据目标改善自己的教育发展方向；但是该方法具有绝对性，不利于因实际情况做出调整，所以评价结果的分析会具有一定的古板性。绝对评价进行前，需要对被评价者进行测验和观察，了解被评价者的基本情况和专业能力，对其进行分组，再选择适合的评价工具进行评价。

（3）绝对评价结果与相对评价结果的诊断分析关系

绝对评价和相对评价这两种评价结果都适用于学前教育评价，是对教育评价效果实施情况的检验，且都需要以一定的标准才可进行评析。但是，它们评价的标准不一样，性质也不同。因此，在进行学前教育评

价时不能只选择一种评价结果进行评价，而应该将相对性评价结果分析与绝对性评价结果分析相结合使用。两种评价结果相结合使用，评价结果才会更加符合评价目的，而对被评价者来说，也有利于他们思考自身的专业能力和教育素养等。

（二）学前教育评价结果的量化分析和质性分析

根据性质划分，可从量化和质性两方面对学前教育结果进行分析。这就需要具备丰富经验和知识的人员，根据科学的工具方法对评价结果展开细致分析。

1. 学前教育评价结果的量化分析

量化分析是利用数据和量表等统计技术，将抽象的、不具体的内容或因素具象化，以达到比较和分析的目的。将学前教育评价结果以数量化形式展现，可以更加明了客观地对评价对象和评价事件进行分析。例如对幼儿园家长的满意度情况调查问卷分析中，调查问卷的量化分析既包括满意度指标百分率变化的描述性统计分析，也包括利用较复杂的推断统计技术，用以确定不同满意度指标对家长满意度的重要性、影响家长满意度的因素和不同群体家长的满意度之间的差异性等。❶ 量化分析的方法可以提高学前评价结果的可信度和说服力。但是，数据分析对结果有着直接影响，如果数据有效则具有可靠性，数据无效则会影响后续统计数据结果，所以要慎重选择统计方式。量化分析常见的有动态分析、平衡分析、结构分析、对比分析、多因素模糊评判分析、内容分析、多变量综合分析等，每一项分析可单独使用，也可几种结合使用。

2. 学前教育评价结果的质性分析

质性分析是与量化分析相关的分析方式，主要通过访谈、叙事记录和观察调查等形式进行的一种以文字描述为主要表征形式的描述性材料分析和语言符号记录分析。学前教育评价结果的质性分析强调的是归纳总结，是将学前教育评价结果的调查观察情况进行整理、归类、描述和归纳，从而总结出有效信息和相关内容的过程。质性分析相比量化分析具有主观性、灵活性和实际性特点，是需要依赖评价者的主观判断和分析进行。评价者要根据其目标和设想，本着自己掌握的理论知识和基本

❶ 王坚红. 学前教育评价：理论·方法·实践［M］. 北京：人民教育出版社，1994：156.

技能，提出可行且可靠的分析方案，从而获得有效信息。但是，质性分析比量化分析难，对评价分析人员的专业知识和技能要求较高、工作量较大，花费的时间和资金也较多，所以要谨慎进行，以保证其资料信息的有效性。

对学前教育评价结果进行质性分析需要注意分析的逻辑性和准确性，要在一定的撰写思路和格式的基础上，进行文字描述分析，以此揭示出不同对象的评价结果的差异。质性分析有分析性归纳、现象学分析、持续性比较分析和语句分析等常见的方法，每种分析方法要根据其特有的规则和特点使用，才能具有其最大的效果。分析性归纳是将学前教育中相似或相近的结果按照一定的理论或规律进行归纳。现象学分析是强调整体与部分、主观与客观的关系的动态性描述分析，是从评价结果中筛选出有意义的现象进行整理而形成的有意义分析。持续性比较分析主要是不断地、连续地对评价结果进行深入探究，对整理好的评价结果进行进一步的分析整理，从而提炼出最符合教育评价结果的内容。语句分析则是利用已有经验和理论基础，对评价结果进行把控，选择适用的语句。

（三）学前教育评价结果的分数等级制评价和白描性评价

根据学前教育评价结果的类型不同，可以分为按照分数划分评价的方式、语言描述形式划分出的评价方式，分别是从数据的理性判断和语言的感性分析两个角度出发。

1. 学前教育评价结果的分数等级制评价

分数等级制评价就是利用分数的形式划分成不同的等级，用以对学前教育评价做出等级划分，一般是将评价结果划分为 A、B、C、D 和 F 五个等级。分数等级制的评价多用于对学生的学习成绩的阶段性评价，通过分数了解学生在某一阶段的学习状况，并帮助学生及时调整。该评价方法也适用于对教师的考核工作，比如考核教师学科教学知识，即可利用该评价手段对教师的教学工作进行评价考核。分数等级制评价在学前教育评价结果中是能考察出儿童的各项行为能力是否达标，幼儿教师的教学能力和知识储备量是否充足以及园区的管理和创设工作是否合格等，所以具有一定的指导性，能规范教学和学习，使学前教育具备一定的标准。但是，过度注重分数等级制评价，会给学前教育评价工作造成一味追求高分而失去教育最初的目的。因此，分数等级制的评价工作要适时、适度使用，不得夸大其作用和价值。

2. 学前教育评价结果的白描性评价

白描性评价又称为描述性评价，是对学前教育评价结果进行语言上的描述，要求采用客观的语言，不得过于美化或者丑化评价，在体现评价目的的基础上进行评价。描述性评价是教育评价中最主要的一种评价方式，它区别于分数等级制评价中强调分数的重要性，更多地是利用理论知识在实际教育教学中的指导性支持进行客观描述，发现其中的问题和发展需要，建立叙述性和形成性的教学评价形式。描述性评价对评价对象的攻击性较小，能有效并直观地激发评价对象的积极性和学习兴趣及需要，提高教育人员的教学效率和管理能力，从而促进儿童的学习兴趣和需要。但是，受到评价者的主观因素的影响，该评价形式只能反映出评价总体的特征，并不能客观地反映出评价对象的本质与要求。

（四）学前教育评价结果的信息技术分析方法

在信息技术飞速发展的时代，利用信息科技、人工智能对评价结果进行分析是符合时代特点和需求的。除了上述分析方式方法，还可以采用信息智能化方法进行分析，确保分析结果的客观性和准确性。适用于学前教育领域的分析方法，主要有多模态信息处理方法、梯度降级法、仿真分析法、智能统计法，其中最易使用的是多模态信息处理方法、梯度降级法。

1. 多模态信息处理方法

受社会和科技改革发展的影响，网络环境下的学前教育模式逐渐成为学前教育创新的发展方向，将信息技术与学前教育相互结合，构建具有多元一体的教育体系。针对学前教育评价的特点，形成一种多模态信息处理办法（Multimodal Information Processing Method），主要利用视频信息、图像信息、音频信息和文本信息的综合化、结构化而得出具有一定逻辑性的多分支的神经网络图，帮助解决多维度、多类型的信息融合处理问题❶。该方法便于评价者在完成关于学前教育评价结果分析过程

---

❶ FENG B L，WANG L N. Multimodal Information Processing Method of College English Course Online Education System［J］. Springer Nature Switzerland AG，2021：378.

中，遇到的数据过于杂乱、过于庞大的问题和难题，提高数据整合处理的效率。多模态信息处理方法利用清晰简要的神经脉络图，便于评价者开展后续的深层次分析整合工作。

2. 梯度降级法

梯度降级法（Variable Order Fractional Step – down Method），又叫作变阶分步法、梯度下降法，是统计学习的一种方法，是迭代算法，每一步都需要求解目标函数的梯度向量。[1] 该方法主要应用于计算机领域，常用于机器学习和人工智能中推算出最小偏差值的模型，实现系统操作简单化、数据采集庞大化的同时能尽可能获得最准确的数据信息。因此，将梯度降级法应用在学前教育评价中需要注意选择的数据信息是否能够采用该方法进行；另外，梯度降级法的专业性要求较高，需要专业的评价人员经过培训掌握关于学前教育评价的相关技术性分析后，结合实际调查结果，使用梯度降级法，完成对最小差值的计算。

3. 仿真分析法

仿真分析法是计算机领域的一项技术，是将实际供应链构建问题根据不同的仿真软件要求，先进行模型化，再按照仿真软件的要求进行仿真运行，最后对结果进行分析。其优点在于可以在短时间内输出更接近实际的数据系统，运算速度较快；缺点是精确性较低，对数据要求较高，对于复杂系统的精确度无法保证，需要人工排除干扰项的部分较多，易受逻辑判断的影响。相较梯度降级法，该方法的操作性不强。因此，在学前教育评价中，使用此方法进行评价质量和结果分析时，多用于因客观原因无法完成某个类似的环节，而采用仿真分析法模拟缺失的部分内容和需求。

4. 智能统计法

智能统计法是随着大数据技术在教育领域的不断深入运用与发展而使用的一种数据统计方法，其目的是挖掘和分析教育数据间的关联和价值。在日常的教育教学过程中，通过应用大数据技术将教学数据存储成一定的数据结构，建立相应的模型系统，便于后续对教学的数据分析和

---

[1] XU Z C, SONG C, LI L. Design of Online Teaching System for Theory of Variable Order Fractional Gradient Descent Method [J]. Springer Nature Switzerland AG, 2021：229.

总结，做出相应的评价与反思。所以智能统计法是将日常教育活动产生的数据信息，用构建的模型对这些数据进行统计分析，从而提取出有效的信息，其目的是为教育评价的科学决策提供相应的数据支撑。在学前教育领域中，智能统计法的有效实施，有利于帮助学前教育评价可以朝着信息数据化方向发展，给予评价一定的量化结论支持。

以上这些技术分析方法可以很好地帮助评价者实现量化分析，完成质性研究的相关工作，深入检验学前教育评价结果，确保评价结果的正确性和可行性，便于为被评价者后续的各方面成长提供参考和帮助。

三、撰写学前教育评价报告

任何评述类工作都需要完成评述报告或者述评分析，教育类的评价报告也需要撰写学前教育评价报告，对于学前教育评价的相关报告主要以文件和汇报的形式进行。

学前教育评价结果及分析需要通过书面形式展现给相关的评价人员、评价团体及管理部门，主要记录着研究者的工作实况及反思，可以供给多领域的学术交流与科研探究，同时撰写的报告能成为学前教育工作中的重要研究成果，留作未来学前教育发展的指导工具和材料，所以撰写学前教育评价报告是一个极为重要且不可忽视的步骤。然而，评价报告要根据已有的成熟的学前教育评价研究结果和分析，再根据教育部要求和政策，本着一定的社会规范和道德准则进行报告的撰写工作，将其作为后续工作的理论依据与支撑。学前教育评价报告是展现学前教育评价工作开展及总结的重要因素，体现着研究水平及价值的高低，也是未来学前教育实施工作中的指南，所以为了更好地提供给评价对象及相关管理和实施部门有效的评价反馈和评价信息，从而提高未来学前教育评价工作效率，引领学前教育的整体发展走向，需要评价者更加重视学前教育评价报告的撰写工作。

具体的撰写工作包括报告摘要、工作概况、评价实施的过程、评价工作总结、评价工作的效果及意义、可持续发展性评价结果分析、评价结果的策略建议七个部分。每一个部分都是重要的一个环节，不可忽视其作用和价值。

（一）报告摘要

报告摘要是对整个报告的概括性语言，是整个报告的内容提要，是以提供文献内容梗概为最终目的，为了让读者了解和知晓整个研究和汇报的主要内容，吸引读者的兴趣，并能在摘要中寻找到作者的核心思想，所以需要重视报告摘要的撰写工作。在撰写报告摘要部分时，要仔细打磨，以最精炼易懂的语言表达学前教育评价报告的核心意识和概念，一般在摘要中可以体现报告的目的、问题、方法、结果与结论。摘要作为一个报告的灵魂，是需要仔细斟酌后，精简提炼而形成的，不可过于逻辑简略，内容空洞。

（二）工作概况

工作概况是对整个工作开展的基本情况的说明，是指用简洁明了的语言表征该工作的价值和重要性。工作概况大致包含简述、决策要点、实施进度、投资及运行，也可理解为报告大纲、工作说明。工作概况的制定决定了学前教育评价工作的走向和趋势，影响着评价工作的流程是否符合当前教育现状的要求，好的工作概况能提供积极的影响和意义，能指导未来学前教育工作的有序开展，所以评价者在撰写报告时要更加注重工作大纲、工作概况的编写。

（三）评价实施的过程

评价实施过程是整个学前教育评价的核心工作，实施效果对评价结果有着巨大影响。评价实施过程的实际情况是复杂的、凌乱的、冗长的，要求评价者不可将评价实施过程完整描述汇报出来，在撰写实施过程时要有侧重、有详略，切勿将所有的实施过程都详细说明。一般的实施过程撰写是按照时间顺序或者逻辑顺序展开的。时间顺序是指按照事理发生发展过程的先后顺序展开介绍，强调将整个实施过程按照横向时间顺序划分为几组，再将每组内的实施过程纵向说明。时间顺序是最常见也是最简单的说明方式，既容易使用也容易被读者理解。逻辑顺序是按照事物或事理的内部联系及人们认识事物的过程来安排说明顺序，就是按照正常思维展开的顺序，一般是由浅入深、由具体到抽象等，事物的内部联系主要包括因果关系、主次关系、总分关系、层递关系、并列关系等，评价者需要在撰写评价实施过程前先捋清楚整个逻辑关系，从而进行梳理。

（四）评价工作总结

总结顾名思义是对整个实施过程的反思与回顾，是结束环节。评价的总结工作重点在于评价实施后的收工和检验，是对整个工作完成的收尾工作，目的是保证学前教育评价总结工作的质量。评价工作总结的撰写环节是在评价实施结束后进行的，是经过大量专家和工作人员的分析与检验后，得到的关于学前教育评价的相关结论，并在此基础上，以书面形式形成总结报告。评价工作总结具有自身的重要性和意义，是可以在总结过程中发现学前教育的相关规律和特点，从而提升学前教育的实施路径，通过总结实施过程中的现状、发现的问题、形成的反思与反馈，从而提供给学前教育有用的价值，指导实践。

（五）评价工作的效果及意义

学前教育评价的效果是否明显是需要在实际工作中进行检验的，要保证其信度和效度，这也是学前教育评价工作开展的意义所在。简单来说，评价工作的目的是在于评价的效果和意义。评价工作的效果可以从自我评价效果和他人评价效果两方面展开，自评效果可以促进评价者从自身出发，反思在评价工作中的自身问题和从自己的角度看待评价工作开展情况。他人评价则是从客观角度或者旁观者的角度去评析学前教育评价工作的开展情况。因此，撰写报告时要说明评价工作的效果和意义，一般情况下，可以将工作开展的效果、工作的意义和目的单独作为报告内容的一部分进行撰写，要求条理清晰，有理有据；也可以将其与学前教育评价目标或者评价的结论结果部分结合起来进行撰写。评价工作的效果及意义的撰写顺序、位置等需要结合评价者的相关逻辑性展开，确保评价效果的客观真实性，意义的实际性与科学性即可。

（六）可持续发展性评价结果分析

可持续发展评价要求学前教育评价是符合教育发展需要而形成的动态性评价结果。要结合国家教育政策、教育大环境大方向和教育资源，预判其教育价值，再利用各类工具对其结果进行汇总、统计和可行性分析，在报告中要充分体现评价结果的可持续发展性，可以让实施者或参考人员在评价报告中发现评价结论的可操作性和未来发展性。因此，为保证评价结果的分析具备一定的可持续发展性，评价者要给予有依据有道理的评价结果分析，需要将量性与质性相结合，采取具有支撑性的信息数据分析手段完成量化研究分析，比如前面所讲的利用 AR 建模技术的手段预测其可持续发展性、梯度降级法分析数据网络的搭建与未来走向等。在此基础上，加入学前教育评价的专家及科研小组对评价结果的可持续发展性进行的系统判断，结合当前我国经济建设的发展方向、政治及社会关系的变化、文化传统的延续与改进等外在因素，分析教育现代化的着力点和新型教育思想观念的改革创新要求，形成符合我国国情的、具有针对性的可持续发展分析结论。在本着量性和质性相结合的综合性分析结论基础上，实现对学前教育评价结果展开可持续性发展的分析与思考，从而指导未来的教育发展。

（七）评价结果的策略建议

策略建议是可以实现目标的方案集合，是根据一定的形势发展需要而制定的行动方针与方法，即计策、意见。学前教育评价结果的策略建议是针对学前教育发展需要，对教育评价的结果进行详细的分析和判断后，根据评价实施过程和评价测查现状提出具有指导性的行动意见和建议。策略建议主要是由专家人员经过多次假设、判断、讨论、检验而提出的，应该具有较高的可行性和可实施性，所以是经得起时间和实践操作检验的。学前教育评价结果的策略建议也是教育工作者和管理者最为关注的部分，是指导教育走向和实施进程的纲领性文件。这就要求评价人员在撰写策略及建议部分时，要注意语言的准确性和浅显性，保证教育工作者和管理人员能理解策略的意思，从而展开一系列的有序工作，要格外注重对学前教育策略建议的可实施性和操作性的撰写，侧重于如何实施的操作性话术，而非理论性话术的罗列。

除去以文件形式呈现的学前教育评价报告外，评价者还要将具体的报告内容以语言汇报的形式呈现，作为书面形式报告的补充和说明，保证评价工作的每一细小的部分都不被忽视。这就要求评价者针对不同的审议团体，以既专业又浅显的语言进行针对性汇报。在汇报中，评价汇报人要针对专家人员、审议小组等提出的问题进行解释说明，及时发现未能解决或者模糊不清的环节及实施问题，对他们的意见与建议做出记录，并在后续过程中有选择性地对汇报内容文稿进行修改与完善，再进行二次汇报。

第三节 学前教育评价的解释与运用

学前教育评价的解释，是以不同的方式、方法对评价结果进行表述和说明的过程。在现代评价工作中，为保证评价的解释更具专业性和科学性，评价者会采用信息化手段进行分析与整合，目的是在未来学前教育应用过程中准确地选择和利用适合的评价内容指导实践。对于学前教育评价的解释，要求以简明扼要、准确易懂的语言或者以其他类型的表达形式进行阐述说明。评价者对学前教育评价工作进行解释说明后，能在后续的实施过程中被教育者和管理人员更好地理解和选择，从而实现其在实际教育教学中使用和操作的最终目的。

一、学前教育评价的解释

（一）学前教育评价解释的意义

对学前教育评价做出解释是为了更好地评判此次工作完成的结果，分析学前教育评价结果的质量和价值。评价解释可以理解为评价者对某一对象的各项指标进行综合性分析与评估，确定其意义和价值后，评价者对该分析和评估的意义和价值进行说明与解答，所以学前教育评价的解释就是评价者针对学前教育评价的结果进行相关专业性的解释说明的过程。评价解释的意义在于帮助评价对象清楚地了解学前教育工作开展方向，有利于更直观地知晓如何解决当前学前教育工作或管理中的问题，所以学前教育评价的解释其实起到了"说明书"的作用。

①有利于评价者检验学前教育评价的准备、实施和结果分析等环节的各项工作开展情况。对学前教育评价的解释是需要多名评价者进行此项工作，根据评价目标、评价实施过程、评价结果等多个部分的不同特点、内容、成效等，经过多次商讨后，检验出学前教育评价过程中的问题，在进行完善和商讨后，确定对学前教育评价的最优解释方案。

②有利于被评价者反思自己的被评价结果是否符合教育的要求，检验自己的工作行为是否得当等。对学前教育教育教学工作进行评价的一大作用就是可以帮助被评价者审视自己的专业知识和技能，知道自己的优势和不足，继续在自己的优点基础上不断完善，也对自身的不足和缺

点做出系统的分析和思考，弥补不足，对症下药，真正地实现自我教育教学工作上的行为思想的更正和成长。

③有利于为未来学前教育工作指明方向，保证学前教育的发展趋势。学前教育评价是在一系列数据统计、实地调查、专业分析的基础上得出的评价，所以评价内容和结论应该是复杂的、多样的。而学前教育评价实际又是对学前教育价值作出判断和要求的体现，而对其做出的评价解释起到对评价结果进行说明的作用和价值，这就要求解释要详略得当，注重表达表述的浅显性。简明准确的评价解释是将复杂的、具有知识性语言以最简单、最通俗的语言描述给读者，但又要求其科学性、教育性、标准性等原则保持不变。

④有利于教育管理者了解当前教育现状，建设符合社会发展的教育蓝图和计划。学前教育评价的解释说明能将当前我国学前教育的发展情况和实际教学现状概况表述出来，是利用现代化评价手段分析后得到的结果，是具有一定科学性质的评价内容。教育管理者只有在教育评价的相关工作中认识到当前学前教育存在的现实问题，才能根据学前教育评价的要求进行一些管理上的调整，同时，管理人员可以根据一定的评价标准对教育者进行绩效考核，也便于管理者制定相关的规章制度。

⑤有利于教育工作人员对学前教育工作实施的调整，尤其是教师对学前教育教学活动的创设和完善工作的调整。学前教育评价的解释可以更实际化、生活化地帮助教师更新自身的教育教学理念，使幼儿教师在学前教育教学实际过程中，能根据儿童的实际发展情况和当前我国的教育现状做出适时且有效的改正，保证了学前教育朝着正确的方向发展。

（二）学前教育评价解释的方式

解释学前教育评价的方式方法有很多，主要是为了作为学前教育评价解释的支撑工具进行使用，其目的是帮助评价者更好地解释学前教育评价工作实施过程和评价结果的分析情况等。常见的解释方式可以分为逻辑图式法、总结式表达法、表格说明法、文本报告法等。根据不同的评价，需要选择单独使用，或者多种方式配合使用，从而给予学前教育评价解释有力的理论和工具的支持。

①逻辑图式法，即按照一定的思维逻辑，围绕着学前教育评价的目的和要求做出的逻辑思路图，目的是能够更具逻辑性和系统性地解释学

前教育评价。❶ 逻辑图式法能帮助评价者按照一定的推理思路以逻辑图层的形式呈现给读者，使得读者根据图式内容快速了解学前教育评价的开展环节、实施路径、调查内容和工具及评价分析结果等，给读者最直观、清晰、简明的评价感受。逻辑思路图主要利用树状图、思维导图、曲线图等进行表达。例如：儿童在区域活动中的表现变化情况、玩具的选择和使用情况可以采用曲线图和树状图相结合的方式呈现；针对不同年龄、性别的儿童在区域活动中表现不同、玩具的选择不同等情况，可以用树状图表达；对教师的考核内容及要求采用思维导图的形式呈现，并做出系统的实施安排。在学前教育评价中采用此类方法的优点和作用在于可以明了清晰地向读者展示某部分或者整体的内容逻辑，帮助他们更好地理解，并能在后续的实践工作中根据逻辑图式中的步骤和指南精准地改善和调整，节省时间，提高实施效率。

②总结式表达法，即用简短明确的语言概括总结大量评价内容和信息，总结式是在报告或汇报中常用的方法，主要是通过评价者将复杂冗长的评价信息资料利用最精炼、最简化的文本形式表达，要求总结的内容不可脱离实际评价内容，不可过度美化评价内容，尽可能减少评价者主观色彩的添加，做到客观简略的概括总结，一般会呈现在文本报告的前面部分。其目的在于让读者能够在较短时间内比较清晰、准确、具体地知晓学前教育评价的内容和方法，了解学前教育评价的核心实施过程和结果。例如，学前教育评价报告中的前言、摘要等，均属于总结式表达。总结要具有客观性，以事实结果为依据，并做出理性分析，评价的表述要能使读者读懂，便于读者能在整个评价的报告指南中找到相应的评价内容，以便指导后续工作。

③表格说明法，即根据评价的目标将内容以表格的形式展示说明，从而发现其中各个评价环节和部分的对应关系和变化规律。表格说明法的优点是利用简单、方便的形式，简明解释评价结果，此方法的缺点是不能深入说明各部分的内容，只能用简单的语言表述，导致表格内容不够具体深入。例如，对儿童一日生活的评价，以表格展示更加清晰，分别就入园离园、晨间活动、室内游戏、生活活动、学习活动、户外游戏

---

❶ 鄢超云. 学前教育评价［M］. 北京：高等教育出版社，2010：62－63.

六项进行表格设计，将每部分再进行细化，如餐点、饮水、如厕、盥洗、午睡等环节的评价表征。表格说明法有利有弊，一般情况下，与下述的文本报告法配合使用才能发挥其最大的使用效果。

④文本报告法，即评价者以书面的形式对学前教育评价结果做出全面、具体、客观的评价报告，评价报告的格式明确、内容严谨。报告要厘清思路、谋篇布局、突出重点。评价报告的撰写形式和规格在前面部分即已表述清楚。文本报告法要求首先要厘清思路，要有报告提纲表达其内在逻辑关系，通过报告提纲梳理清楚逻辑思路；其次，谋篇布局需要按由浅入深、从上至下等顺序进行，帮助读者不断深入了解所报告的内容；最后要明确突出重点是其中最重要的部分，能否抓住主要报告内容是其关键。学前教育评价的最终目的是促进儿童的成长、促进学前教育的发展，报告内容要本着以儿童为本的原则，这就是学前教育评价的重点内容。

学前教育评价解释的方式方法是为了促进学前教育评价的完善，以上的方式方法可以借助现代化信息手段进行表述，以帮助评价者对学前教育评价作出清晰的解释。

（三）学前教育评价解释的要求

学前教育评价解释不是唯心的或者根据评价者的经验凭空捏造，而要秉承一定的原则和要求展开。学前教育评价解释的要求是规范评价结果、展现评价过程的实际需要，是经过长期的实践检验而得到的，是经得起考验的。一般的学前教育评价解释要坚持的原则有适宜性、实事求是、理论与实际相结合、语言浅显性、连锁效应。

①适宜性原则。适宜性是指利用适用的评价工具对所得信息进行分析，并做出符合教育发展方向的适宜决断，给予合理的解释说明的原则。要求评价者选择适合的评价工具和手段，选择符合评价的标准且适合当前教育发展形势的方法对评价工作进行解释说明。只有保证学前教育评价符合教育发展的大背景，才能实现其适合我国的教育要求和发展需要。

②实事求是原则。学前教育评价是一项诊断性工作，对当前学前教育工作进行具体分析和诊断，并"对症下药"。实事求是讲求在学前教育评价的解释过程中，本着客观性原则，要求解释具有公正性，实事求

是，不添砖加瓦等。学前教育评价结果要符合实际，不可主观上夸大其评价作用和调查结果。只有坚持实事求是的原则，才能体现出学前教育评价的意义和价值，才能暴露出现实问题，从而解决问题，促进学前教育事业的发展。

③理论与实际相结合原则。解释评价结果时，要在已有理论的基础上，运用相关的知识分析学前教育评价结果的实用性和可靠性，保证对评价结果的解释更加具有科学性。理论联系实际的原则是很多工作中需要注重的一大原则，是将以往的研究形成的理论性支持与实际情况进行结合，用理论支撑实践发展，在实践中确保理论的实施。在学前教育领域也不例外，关于学前教育评价的理论性书籍、资料有很多，作为评价者，不能夸大理论知识的作用，要根据我国学前教育的发展大环境和调查的城市和所在园区的实际教育教学的情况，及时选择和调整理论与实践的关系，将二者有机结合在一起，形成有价值的评价解释，也会更具说服力和指导性。

④语言浅显性原则。学前教育评价不仅仅是给业内人士查阅，所以语言要符合大众的理解性，选取恰当的词句来解释评价的结果，尽量避免生僻、难以理解或过度专业化的术语。语言的浅显性又可以理解为通俗易懂的表达，将复杂的专业知识简单化，其实也是便于更多的人为学前教育评价提出自己的见解与建议。

⑤连锁效应原则。对学前教育评价的解释与说明，要强调以教育为出发点和落脚点，兼顾多重影响因素，例如社会影响效应、经济发展效应、环境生态效应等，解释学前教育评价涉及面的广泛性和复杂性。连锁效应是强调评价者在对学前教育评价的解释上不能仅仅局限于教育这一领域，而要考虑到各个方面。经济因素作为第一考虑因素，制约着教育事业的发展；政治制度直接影响着教育的性质宗旨；文化则对教育的发展背景和水平起到制约作用；等等。教育也会影响着其他领域的发展，需要评价者在进行评价解释时格外注重这些内容。

对学前教育评价进行解释时，要考虑多方面因素。在遵循解释时的基本原则和要求的基础上，使用适合的方式和方法，确保能对某评价部分和环节进行清晰、系统的解释说明。学前教育评价解释的环节不仅是向读者解释说明评价结果的过程，而且是检查和评判学前教育评价工作准备、实施和结果的完成效果等方面的关键步骤。

二、学前教育评价的运用

学前教育评价的最终目的是在实际学前教育教学过程中得到应用，为后续的教育实施和运用提供理论和技术的支持与指导。因此，学前教育评价的运用是在整个学前教育评价中最能体现评价工作完成的有效性和可靠性的重要环节，是检验学前教育评价工作开展情况的具体体现，不能忽视实际运用对评价工作的反馈情况。

那么，对学前教育评价如何有效运用，怎样达到运用的效果，是要评价者、评价对象及相关工作人员认真思考与选择，确保评价工作在具体实施运用过程中有一定的效果和作用。评价者和被评价者需要在实施运用前，掌握关于学前教育评价的知识，对学前教育评价具有一定的基本认识和了解后，再思考如何将评价的结果与本地区学前教育发展现状、幼儿园的实际办园理念等有机结合。再利用标准化测试工具对幼儿园的主体和环境等多项指标进行评估，从而有选择性地把评价工作在实际教育教学过程中进行运用。一般情况下，可以将评价从儿童、教师、教育资源、教育环境、教育管理等多个维度进行选择性应用。下面将从儿童、教师和教育资源三个角度进行阐述。

（一）对儿童评价的运用

儿童作为学前教育的主体、幼儿园教育教学的中心，在任何评价工作开展前都应作为第一考虑的对象。儿童是学前教育评价对象中的第一重点对象，他们的身心发展是进行学前教育评价实施过程中最为看重和关注的，所以怎样运用儿童评价开展工作是需要思考和计划的。首先要根据不同年龄阶段、不同性别、不同个性特点的儿童的成长需要，选取有针对性地适合儿童一日生活和学习的方式，不得突然对儿童学习生活环境、一日流程等方面进行更改，以免造成儿童没有适应改变而产生的抵触心理，这个步骤一般是由本班幼儿教师完成对儿童的评价结果的运用。所以，在这一步骤中，对教师完成此项工作的要求较高，对教师的教学能力要求也高。

幼儿教师作为在幼儿园环境中幼儿接触最多、儿童依赖最大的角色，应该是对儿童最了解的个体，所以对得到的儿童评价反馈结果的实施过程要建立在儿童的实际情况上。从幼儿园全体儿童的发展全局性到每个儿童不同的个性特点、性格特征出发，从语言、数学等层面再到逻辑、艺术等层面，需要利用生活活动、游戏活动、区域活动、户外活动、园区环境等多方面与儿童在园活动相关的内容实施儿童评价。在实施过程中，教师要对能力较强的孩子给予适当的肯定和表扬，对能力弱一些的孩子要给予支持和鼓励，要能看到他们的每次进步；对待每个儿童都要一视同仁、客观公正，不得带有任何功利心理。另外，对儿童评价运用的过程，不仅存在于实施阶段，还要及时记录儿童的反馈结果，例如利用成长记录袋、儿童评价手册等形式，了解儿童的评价结果是否适用于现实教育情况下的儿童需要，从而针对幼儿园内的实际情况进行及时的调整和完善。

（二）对教师评价的运用

幼儿教师作为幼儿园的又一大评价对象，教师评价在现实幼儿园教育中具有极高的价值。教师评价的运用是对教师的教育教学工作情况、教师专业素养、教师的知识能力等多个角度的评价结果反馈给每位教师，有利于教师及时对照教师工作规程完善自身的相关能力和学问，同时对照自评结果进行自我反思，从而修改和完善以往的工作模式和教学思路，以更加客观、科学且具有可持续发展的眼光看待自己。

教师作为整个教育评价中的主要实施者，他们的思想状态和行为表现对儿童和幼儿园发展，甚至对整个学前教育领域有着直接且深刻的影响。教师评价可以分为外在表现评价和内在表现评价两大方面：外在表现评价主要是由教师的教学能力、组织实施、沟通能力组成；内在表现评价可以由教师的教育观念、基本职业素养和未来工作计划构成。教师评价几乎是从以上几个方面展开的，所以教师要不断针对评价结果和评价分析完善和发展自身的知识与技能，需要由宏观到微观、从广泛到具体地进行自我分析与改进。例如，幼儿教师在学前教育评价结果的规范和分析下，在日常的区域活动中，不再为儿童提供极其丰富或者极其缺乏的游戏材料，而是选择符合儿童年龄阶段的、便于儿童使用和操作的材料，同时要思考投放时机，适时进行材料投放。通过日常活动的细节，可以考察出幼儿园教师的能力和水平，这就要求教师有敏锐的洞察力和扎实的专业技能，所以需要教师在反思中成长，在实践中反思。由此可见，教师评价在实际教育中的运用是非常重要且具有较高价值的。

（三）对教育资源评价的运用

教育资源作为开展教育工作的保证，支撑了教育活动的顺利开展和高质量地进行，所以教育资源不能被忽视，也是学前教育评价的重要评价对象。在对教育资源评价后，就是对教育资源的有效利用，教育资源是客观存在的，需要被有效利用才能发挥其最大功能。这就要求教育工作人员对教育有配置思想。例如，安吉游戏利用当地随处可见的竹子制作各种玩具，竹子是本土的教育资源，被作为幼儿园的玩具，充分体现了资源的被有效利用。对教育资源评价的运用，是在专业测评后以得到的评价结果为参考，将其作为教育资源的选择标准进行运用。

根据不同的分类标准，教育资源可以划分为很多种类型，常见的分类大致可以概括为：教育物质资源、教育人力资源、教育财力资源、教育信息资源、教育制度资源等。教育物质资源是指以实物形态展现的教育资源，既包括幼儿园内外部建筑、教室、设施设备等建设资源，也包含幼儿园的自然花草树木等自然资源。教育人力资源就包括"人"，一般是教育者与受教育者，即教师与儿童。教育财力资源一般是指经费，即在教育活动中的任何开支，它也可以转化成一定的教育资源，是发展学前教育必不可少的资料。教育信息资源是在学前教育领域内所有可传递的信息技术等，包括文化信息、智力资源、数字资源、新兴技术等，这部分均可帮助学前教育领域不断发展。教育制度资源是对教育制定规范和顺序，从而促进学前教育的发展。教育资源划分得越细致，学前教育资源的评价工作越精准，教育资源评价的运用就越具有可操作性。因此，在对教育资源评价的运用中，要注重这些方面：首先是对资源的利用与再开发，教育人员要根据教育评价的结果，选择并发挥已有资源的有效利用，再思考开发新资源，避免资源浪费；其次是在现有资源中根据本园或本班的实际情况选择资源；最后是教育工作人员思考教育资源是否能促进儿童的发展或者教师团队的教学。

第四章 学前教育评价的方法和技术

第一节 收集评价信息的方法

所谓教育评价信息的收集，指的是评价者运用较为科学的方法，全面、系统、准确地收集所需评价信息，将评价信息与评价主体制定的评价标准一起作为深层次分析与判断评价对象的主要依据。在进行学前教育评价的信息收集前，首先明确依据预评价的内容整合出所需信息以及信息来源；其次，确定信息源的数量，但信息源数量的确定并不是随意的，而是依据所要评价的实际内容进行科学合理的判断；最后选取适用的信息收集的具体方法。❶

所收集到的评价信息是否全面、深入，是否能够客观真实地反映出被评价的教育活动发展的整体情况，直接影响评价结果最终的价值判断，也影响相关教育部门日后的教育活动的组织与实施。本节将会从收集信息时应遵循的原则、具体的收集信息的方法、实施与运用不同方法的案例等几个方面，对学前教育评价信息的收集进行详细阐述。

一、学前教育评价信息收集的注意事项

1. 注重儿童权利的保护

学前儿童是享有各种合法权利的人，儿童与成人平等，享有独立的人格尊严。在进行教育评价信息收集的过程中，教师一定要以尊重和保护学前儿童的合法权利为前提。首先，要尊重与保护被评价对象的意愿，不可强迫。其次，对于收集和整理的信息不可随意泄露，应保护被评价者的隐私。当被评价对象为儿童时，对其信息的收集应征求其监护

---

❶ 吴钢. 现代教育评价基础［M］. 上海：学林出版社，1996：174.

人的同意。不可随意改动被评价者提供的信息，保证信息的真实性。

2. 遵循客观性原则

在进行学前教育信息收集时，调查者在运用各种方法进行信息收集的过程中一定要遵循客观性原则。由于学前儿童身心发展的特殊性，对其发展的评价需要借助幼儿教师、家长等相关人员的配合来完成信息的收集，或是调查者参与到学前儿童的生活中进行观察。因此，收集信息，不要过多加入自己主观性的判断与总结，要以客观和发展的眼光看待，保证收集的信息真实而有效。

3. 遵循发展的全面性与过程性原则

在进行学前教育评价的过程中，评价对象是多元的，学前儿童、幼儿教师、幼儿园课程、班级环境等都可以是评价对象。在进行评价信息收集的过程中，应以全面的、发展的眼光看问题，要遵循事物发展的过程性原则。同时，评价主体的不同，会导致制定的评价内容有所区别。例如，政府部门以及学前儿童家长作为两个不同的评价主体，对于学前儿童发展评价的具体内容会有所差别，政府部门可能更加看重学前儿童的整体发展趋势，为下一步教育计划的顺利实施与开展奠定基础，学前儿童家长作为评价主体时，可能更加看重儿童的个体发展。因此，不同评价主体要求收集的评价信息也是不同的，评价人员在进行信息收集时，要依据具体评价内容进行，以确保全方位、多角度进行信息收集。

4. 遵循分析与综合相结合的原则❶

在进行评价信息或数据的收集前，应将预评价的内容按照"先分析，后综合"的路线进行。所谓"先分析，后综合"，指的是在进行正式的评价信息的收集前，应先对评价内容进行分析，进而形成可操作的评价体系，使预评价的内容可评价化，这一步骤也同样是能否有效地进行评价信息收集的关键。然后，将评价的结果综合起来进行分析与整理，得到一个整体的具有借鉴价值的结果。因此，在进行学前教育评价信息收集的过程中，要遵循分析与综合相结合的原则。在学前教育评价过程中，为了使最终的评价结果更加具有客观性和合理性，我们常常将这两种不同的评价方式结合来使用，以确保从不同的角度、较为全面地

---

❶ 胡云聪，申建强，李容香，等. 学前教育评价［M］. 北京：人民邮电出版社，2015：39.

分析与审视学前教育的各种教育现象。

二、观察法与评价信息的收集

(一) 观察法的界定

1. 观察法概述

观察法指的是在自然状态下或者是特定的实验情境下,对所观察的对象进行有目的、有计划的记录与分析的方法。"观"与"察"是两个不同的步骤,"观"指的是进行查看,"察"是对事物的分析与思考。观察法是学前教育评价中收集资料的一种常见方法。在进行学前教育教学的过程中,幼儿教师、教育科研工作者经常运用观察法来了解儿童的身心发展的情况,获得有关儿童成长的一些客观真实的信息,作为其进行教育教学工作改进的重要依据。例如,对学前儿童感知、记忆、社会交往、个性发展等方面的评价,均适用观察法进行评价信息的收集。在观察的过程中,我们除了用眼耳观察以及记录,还可以使用摄像机和录音机等辅助工具。

2. 观察法的分类

根据不同的分类标准,观察法可以有不同的类型。根据观察者在观察中的不同角色,观察分为参与式观察和非参与式观察;根据观察内容的系统性,观察分为结构式观察和非结构式观察;根据观察过程中是否需要仪器的辅助,观察分为直接观察和间接观察;根据观察内容范围的不同,观察分为系统观察和局部个别观察。

(1) 参与式观察和非参与式观察

观察者在观察过程中的不同角色指的是自己是否参与到观察过程中去。其中,参与式观察是指观察者本人参与观察过程中,作为评价对象进行隐蔽性活动,这一观察方式的优点在于能够将观察内容预设得更加全面与深入,但由于观察者自身具有主观能动性,观察结果易带有主观色彩。非参与式观察与前者相比,由于观察者自身不参与观察过程中,以旁观者的身份进行观察记录,这一形式下观察到的结果往往会更加客观与公正,但观察内容的广度与深度有限。

(2) 结构式观察和非结构式观察

结构式观察是指观察过程是预先设计好的,有较为严谨和可量化的观察内容与项目，例如学前儿童各方面发展的观察记录表，在实施过程中要严格遵循预设好的观察项目进行记录。这种形式可观察到体量较大且具体详实的资料数据，有利于进行科学直观的量化分析和研究。非结构式观察在观察内容的制定上没有系统的计划与安排，其观察的具体项目与内容会随着现场的具体情况制定。这一形式在实施上更加便利，但其观察的结果较为零散，不适合进行定量的分析与研究。

（3）直接观察和间接观察

直接观察是指不需要录音或摄像等仪器，观察者用眼、耳对某一事件进行的观察，在观察学前儿童某个特定行为时较为常用，这一形式可以随时随地展开，较为简单便捷，但由于观察者在不借助工具的情况下可观察到的内容的广度和深度有限，不适用于观察发展性的内容。与直接观察不同，间接观察指的是借助摄像机、录像机等辅助设备进行的观察，这一形式可以将观察的内容记录得更加全面和客观，适用于观察具有发展性的内容，但需观察者对较为冗长和繁杂的观察内容进行筛选与整理。

（4）系统观察和局部个别观察

系统观察所要求的是对整个评价过程中所有的相关要素进行全面的、整体的观察与了解，需要严谨周密的计划以及较长的观察周期。在这一形式下收集到的信息更加全面翔实，但其实施过程耗时耗力。局部个别观察则是根据某一观察目的，侧重对某一方面进行观察与了解，以期对这一事物的整体有所了解，提高了观察的有效性和可控性，例如事件取样法和时间取样法。

（二）观察法的实施

观察法的实施过程包含以下四个方面，分别是观察内容的设计、观察信息的收集与记录、观察信息的整理与分析以及观察报告的撰写。❶

1. 观察内容的设计

针对观察内容的设计应制定严密的观察计划，包括观察什么内容以及运用什么方法进行观察等。首先，确定观察的对象、时间、观察的具体内容并制定观察的提纲、观察设备等。其次，要对观察人员进行培训

---

❶ 鄢超云. 学前教育评价［M］. 北京：高等教育出版社，2010：41.

与指导，经过培训让观察人员了解观察的重点，掌握观察设备的运用方法以及熟悉观察方式等。最后，在进到所观察的环境前，应提前与有关部门和单位取得联系，根据预设的观察计划与目的，与观察对象建立起适当的联系。

2. 观察信息的收集与记录

为了使观察的结果更加科学有效，需要以一定的方式将所观察到的信息和数据进行记录。观察信息的记录方式分为描述记录、取样记录和评价记录三种。

3. 观察信息的整理与分析

观察者在对所观察到的现象记录的过程中经常采用较为简洁潦草的速记方法，因此观察者在观察后要对所观察到的信息进行整理，若发现遗漏信息，可及时补充。在整理过程中也可以将观察者自身的所见所闻所感加以注释，以便日后进行分析与总结，但应注意要具有客观性、真实性，不可带有观察者本人的主观色彩。

4. 观察报告的撰写

观察活动结束后，观察者要对所有记录和观察的材料进行分析与整理，进而对观察内容进行归纳性的总结与评价，为研究报告的撰写做准备。观察者要提出自己的认识和见解，在此基础上进行归纳与概括，最后形成直观科学的研究报告。

（三）常用的观察记录法

1. 轶事记录法

轶事记录法是指以某一事件为单位进行的观察与记录。幼儿教师在教育教学过程中随时都可以对正在发生的轶事进行记录。轶事记录要尽可能详实客观地记录，能够反映当时事件发生的真实情况（要记录包括被记录人以及周围人的所有的言语和行为），记录的事件过程要完整。

在进行轶事记录的过程中，注意要使用描述性的语言，尽可能客观地描述事件的过程。少使用或不使用有主观性的判断性词汇，客观地记录学前儿童的行为即可。

2. 日记记录法

日记记录法是以写日记的方式记录学前儿童的发展与表现。这一方法对内容和形式没有过多限制。在进行记录的过程中，不仅可以记录所观察学前儿童的发展情况，还可以将观察者自己的主观感受加入其中。运用这一方法进行记录更为简便和全面。日记记录法可以了解到学前儿童各方面连续性的发展过程。与此同时，这一记录方法多是在学前儿童实际生活中进行的，较为客观真实，能揭示学前儿童各个发展阶段真实的发展与变化过程。该方法可以加入观察者自己主观性的评价与判断，其结果难以保证公正客观，另外这一方法往往是对个别对象进行的观察，缺乏代表性。因此，这一方法在学前教育评价中多作为一种参考或辅助的方法。

我国著名教育家陈鹤琴先生利用日记记录的方法记录了自己孩子的发展与变化。

陈鹤琴先生 2013 年出版的图书《家庭教育》摘录如下：

有一天，乌云聚集雷电交加的时候，我的妻子抱了一鸣（此时他有84 个星期大了）到露台上，用手指着闪电说："你看，你看，这就是闪电。"他就看闪电，也用手指着，显出很快乐的样子，毫不惧怕。到了他两岁多一点的时候，凡一打雷，我就带他出去，站在乌云之下看看天上庄严的云彩，美丽的闪电，并指着云对他说："这里像一座山，那里像一只狗，这是狗的尾巴，这是狗的耳朵。"又指着闪电对他说："这闪电像一条带，多么好看！"他也就很快乐地看闪电看云彩。

乌云雷电本是可爱的天然现象，为什么反以为可怕呢？我们做父母的再也不要用雷公要打人的迷信恫吓小孩子，使小孩子不但不能欣赏美丽的景象，而且一见就要惊慌万分不堪自持了。❶

3. 量化记录法

量化记录法方便观察者记录被观察行为或事件发生的频率，以及行为和事件发生过程中所体现出的量化特征。观察者以时间作为间隔来记录被观察的事件或行为出现的频率，也可以不以时间为标准来记录被观察行为和事件出现的频率。例如，某幼儿教师在记录本班儿童哭闹行为时，使用了以下记录表格。

---

❶ 陈鹤琴. 家庭教育［M］. 武汉：长江文艺出版社，2013：94.

姓名	
年龄	
性别	
哭闹出现的时间	
哭闹的持续时长	
哭闹的过程	
哭闹的言行	
哭闹的结果	

4. 图示记录法

图示记录法可以方便快捷地记录被观察者在一段时间内的行动轨迹。例如，为了记录某一儿童在活动的过程中去了哪些区角，分别做了什么，我们便可以运用图示记录的方法进行记录。这样的记录形式可以清晰地体现出这一儿童在某一区角上的专注程度，进而为后续的研究分析打下坚实基础。在用这一方法前，需预先绘制出室内平面图，方便观察过程中快速将儿童的活动位置进行标注。

三、访谈法与评价信息的收集

（一）访谈法的界定

1. 访谈法的概述

访谈法又称为谈话法，较为通俗的理解就是两个人或更多人在一起谈话的过程。访谈的过程与内容具有较大的灵活性，可以是访谈者与受访者之间一问一答的形式，也可以让受访者围绕某一访谈主题自由回答，还可以是访谈者提供几个可供选择的答案以便让受访者进行选择等。访谈法具有双向性的沟通特点，适用于调查对象较少的情况，对调查者的能力、素质等要求较高。

在运用访谈法时应注意，在访谈开始之前，首先，调查者应根据要调查的内容的需要拟定一些较为高效的访谈提纲，做到目的明确，不脱离主题，预设好提问的先后顺序，要具备一定的逻辑性。其次，要合理地选择访谈进行的时间，要根据访谈对象的时间合理安排，尽可能创造出一个干扰性较弱的环境。假如访谈对象是学前儿童时，要充分考虑学前儿童的身心发展的特点，访谈提纲的制定应符合学前儿童的身心发展的特点，保证其能够听懂，同时访谈者在谈话的过程中需注意语气的转换，做到语气亲切、态度和蔼。最后，在谈话过程中应充分尊重学前儿童，不要催促，也不要暗示与启发，力求客观公正。

2. 访谈法的分类

根据不同的分类标准，访谈法可以分为多种不同类型。例如根据谈话的过程与内容有无统一的结构化设计，访谈法分为结构式访谈和非结构式访谈；根据访谈过程中是否借助中介，访谈法分为直接访谈与间接访谈；根据访谈对象的范围，访谈法分为个别访谈和集体访谈。

（1）结构式访谈和非结构式访谈

这一分类也是现实生活中最为常见的访谈分类。首先，结构式访谈指的是较为正式、科学以及标准化的访谈形式，谈话者按照统一的预设好的设计要求，拟定好围绕访谈主题的提纲，确定提问的顺序，受访者按照要求进行回答。是一种较为正式的访谈形式。多用于学前儿童的发展评价中，例如在对学前儿童语言发展进行评价时，结构式的访谈则会按照一定的逻辑进行提问，从看图识物到自由对话均具备一定的逻辑性。而非结构式访谈又称为自由式访谈或是非正式访谈，访谈者提前确定好一个主题但是不会预设访谈内容，甚至可以自由提问与回答。这一访谈形式有利于充分发挥访谈者和受访者的主动性和创造性，适合受访对象为身心发展较为完善的成年人，例如幼儿教师、家长等。

（2）直接访谈和间接访谈

直接访谈指的是访谈者与受访者面对面地进行沟通与交流，是一种无须借助中介工具进行的一种直接谈话方式；间接访谈与直接访谈相反，指的是访谈者通过网络、电话等现代通信工具与受访者进行沟通和交流的一种形式。这一方法与前者相比更加方便，省时省力，但与直接访谈相比，缺少面对面情感上的沟通与交流，其访谈的结果可能会受影响。需要注意的是，间接访谈可能一定程度上减轻了被访谈者的心理压力，对于某些敏感话题的访谈，可能是更为适宜的方法。

（3）个别访谈和集体访谈

个别访谈是指访谈者与受访者之间进行单独的一对一的谈话与交

流，整个访谈过程不受第三者的干扰与影响。这一方法有利于使访谈的内容更加深入，谈话结果也更高效。集体访谈又被称为座谈或团体访谈，指的是访谈者邀请多个受访者参与，就要处理的问题通过集体座谈的形式进行数据和信息的收集。这一方法在运用的过程中，由于受访者的数量较多，在进行谈话的过程中彼此之间可以互相启发，就有关问题所收集到的信息也更加全面。但当遇到一些较为敏感性的话题时，所收集到的信息的真实性与客观性则有待考虑。

（二）访谈法的实施

访谈法的实施步骤，包括访谈前的设计与准备、访谈人员的选取与培训以及正式访谈过程的实施和记录。

1. 访谈前的设计与准备

首先，访谈前的准备应确定此次访谈的内容提纲，要以访谈的目的为中心，进而确定合适的访谈的具体内容。其次，在访谈对象的选取上要考虑是否具有代表性和典型性。再次，在确定访谈的时间与地点时要以受访者的时间为准，地点选取上要尽量避免外界因素的干扰。最后，要预备好访谈所需的各种工具（如录音机、摄像机、纸、笔等），以保证访谈记录的全面性和有效性。

2. 访谈人员的选取和培训

访谈的结果是否高效，很大一部分取决于访谈人员的基本素养和谈话技巧。因此，在选取访谈人员的过程中，不仅要关注其自身的专业素养与要求，还应考虑到性格和为人处世。在访谈人员的培训上要注重对访谈的技巧、注意事项及具体内容等方面的培养与训练。

3. 正式访谈过程的实施和记录

正式的访谈开始后，访谈人员要注意询问、倾听、追问以及如何回应受访者的访谈技巧。首先，在进行提问的过程中，要了解提问的技巧，访谈刚开始的提问要能够激发受访者的兴趣，提出的问题的难易度应由易到难。如果遇到较为敏感的问题要注意措辞。其次，访谈人员的倾听同样需要考虑，要积极主动地倾听受访者的回答，还应有感情地回应，使谈话双方建立起更加和谐亲密的联系；同时，如果受访者的回答较为模糊或偏离主题，或者需要更加深入地回答时，访谈人员要用合理措辞进行追问，从而使谈话结果更加高效，契合主题。最后，访谈人员还应注意回应的技巧，在谈话过程中给予适当的正向反馈有利于谈话的顺利进行。回应时可以用言语式和非言语式的回应，其中非言语式的回应包括微笑、点头等。

访谈记录的形式有许多种，例如用纸笔现场速记、用录音机和摄像机进行记录等。记录要选取有代表性和典型性的信息，突出重点。不要过多地添加自己的主观看法，尽可能地保持访谈过程的原貌，有利于后续的分析与整理。

四、问卷法与评价信息的收集

（一）问卷法的界定

1. 问卷法概述

问卷法是学前教育评价过程中一种常见的信息收集方法，将提前设计好的问题以书面的形式展开调查与收集●，是学前教育评价中很重要的评价工具。问卷法的优势在于可以收集到调查样本量较大的信息，具有高效、简洁、不受空间的限制等特点。收集到的大量信息便于量化性分析，使收集到的数据更加直观。同时，问卷收集的可匿名性便于对一些敏感性问题进行调查，消除被调查者的心理顾虑，调查结果也更加客观真实。在学前教育评价的过程中，由于学前儿童还未掌握识字、写字等技能，所以以问卷的形式对学前儿童展开调查并不适宜，主要通过对幼儿教师、家长以及其他教育相关人员进行信息的收集与调查，进而了解学前儿童的兴趣、态度、动机等主观性的信息。这一经济快捷的方法在日常评价过程中使用较为频繁。

2. 问卷法的类型

根据被调查者回答问卷的方式，分为封闭式问卷和开放式问卷两种形式。

（1）封闭式问卷

封闭式问卷又称结构式问卷，其形式类似于我们日常所做的客观式的试题，在问卷中呈现出可供选择的答案，问题的设置与想要调查的问题相关，能够针对调查的问题进行清晰、明确的信息收集进而进行整理

● 胡云聪，申建强，李容香，等. 学前教育评价［M］. 北京：人民邮电出版社，2015：48.

与分析，提出切实可行的实施步骤，解决所需问题。封闭式问卷中的问题多以选择式、量表式、排序式等类型呈现出来，针对设置问题的不同选择合适的形式。封闭式问卷的优势在于能够在调查对象体量较大时开展调查，更加高效、经济，被调查者在进行问卷作答时也更加简易、方便，便于后续进行信息的归纳以及量化分析。然而，这类问卷的不足之处在于，提前列出的答案不一定完全涵盖被调查者的主观看法，有一定的限制性，给定的答案限制了被调查者的真实回答，无法真正了解被调查者的真实想法。因此，在进行问题的编制时需考虑设置问题的科学性和合理性，需要花费较多的时间和精力。

（2）开放式问卷

开放式问卷又被称非结构式问卷。这类问卷与封闭式问卷相对，其形式类似我们日常所做的主观性试题。这类问卷的特点在于不提供可供选择的答案，只提供与调查结果相关的问题。被调查者就所给出的问题进行作答，写出自己的真实想法。开放式问卷中的试题形式多为填空式和自由问答式两种。开放式问卷的优点在于收集到的信息主观性更强，更加生动、全面。往往会收集到预想之外的回答，使其调查更加深入。被调查者在这类问卷形式下的回答中也更加主动灵活，有较大的自由发挥的空间。这类方法的不足之处为被调查者的主观性过强，可能会出现答非所问或主观性的回答与调查者想要收集到的信息存在差异。同时，在调查的过程中更花费时间与精力，对所收集到的信息进行的整理与归纳难度较高，在整理的过程中要进行筛选、归纳与总结也更加费时费力。调查的结果难以用可量化的形式表现出来，进而导致调查结果的呈现并不清晰。

因此，在运用问卷法进行调查的过程中，应将封闭式问卷与开放式问卷结合起来开展调查工作，以封闭式问卷的问题为主，开放式问卷的问题为辅。

（二）问卷法的实施

1. 问卷法的实施步骤

问卷法的实施步骤包括调查对象的选取、问卷的发放以及问卷的回收三个方面。

（1）调查对象的选取

在进行信息收集的过程中，调查对象体量较大时，选择用问卷法进行信息的收集。面对大规模的调查群体，全部对其开展调查具有较大难度。因此，在选取调查对象时要选择具有典型性、代表性的调查对象，除了要依据调查的目的与内容划定调查对象的范围，还应采取科学、有效的取样方法选取具有典型性和代表性的样本。抽样的方法多为分层随机抽样法和系统抽样法等。

（2）调查问卷的发放

运用问卷法进行信息收集时，最重要的工作是问卷的发放。问卷发放的主要形式包括有组织的分发作答、邮寄作答以及当面作答等。其中，有组织的分发作答是指调查人员运用一定的渠道（如幼儿园管理者、相关项目的负责人，或者用现代化的问卷发放辅助工具）有组织地将设计好的问卷分发给调查对象进行问卷调查。这种形式的问卷发放具有简易便捷、方便高效且回收率较高的特点。尤其利用问卷星等工具，可以更加方便地将收集到的信息进行处理与分析，是应用较为广泛的一种方法。邮寄作答是指通过邮寄的形式进行问卷调查，这一方法的调查范围较广，但邮寄的方式易使被调查人员忽视或遗忘，导致回收率不高。用当面作答的方式收集信息的效率是最高的，因为当面填写问卷的内容，被调查者有什么疑问可以及时处理，但不足之处在于当面作答限制了被调查者的规模，导致取样范围相对狭窄。

（3）调查问卷的回收

想要得到清晰高效的调查结果，在对问卷进行填写与分发后，对问卷的回收与整理也是至关重要的一个环节。在对发出的问卷进行回收时，要剔除掉不符合要求的问卷。较高的问卷回收率是收集信息真实有效的前提。若被调查者属于与调查相关的专业群体，那么要求问卷的回收率≥70%，若被调查者不属于专业群体的范畴，可以适当降低问卷的回收率。若问卷回收率过低，则应该重新编制问卷或进行补充调查。

2. 使用问卷法时应注意的问题

使用问卷法进行评价信息的收集时，应注意以下四个方面的问题：①问卷中各项目和问题的设计应与所调查的目的与主题相呼应，不可偏离主题；②在问卷中应避免用引导性、指向性的语言，不可带有主观看法，做到真实客观；③问卷的分析与整理要充分保护与尊重被调查者的个人隐私，不可随意泄露；④问卷编制完成后，应先进行小范围的测试，其信度效度合格后再进行范围较大的信息收集，若小范围的测试结果有所偏差，则应及时修改与完善问卷各项目与问题后再正式实施。

五、学前教育评价信息收集的其他方法

（一）测验法[1]

教育测量或测验与教育评价总是关联在一起的，教育中所涉及的测量和实际生活中的物理上的测量具有一致性。在测量过程中都运用了特定的测量工具进行测量，但物理上的测量往往是运用测量工具进行直接的测量，例如测量长度，可以用尺子等测量工具直接进行。教育中的测量与评价对象的成长与发展相关，需要通过相关的量表进行测量，是一种间接性的测量。

测验法可以分为标准测验和自编测验两种。标准测验是由相关的专业人员制定的，测验的结果有可以参照的标准，通过二者之间的对比来判断被测试人员的发展程度。在进行学前教育评价的过程中，标准性测验的运用较为频繁。这一测验方法对于测量学前儿童的发展也更加系统成熟，例如韦克斯勒的智力测查量表便适用于 4～6.5 岁的学前儿童，将要测验的学前儿童的智力分为语言和操作两个部分进行测量。

自编测验指的是幼儿教师、幼儿园园长或学前教育相关管理人员等自己编制的测验，是为了更好地了解学前儿童的发展情况，及时地对教育教学工作做出调整，进而促进学前儿童和教师的共同进步。例如，幼儿园自己组织的儿童体能测试、注意力测试等都属于自编测验的范畴。

（二）档案袋评价法

在学前教育评价中，通过档案袋进行评价资料的收集是一种重要的方式。这与学前教育面对的教育对象自身的特殊性有关。通过档案袋进行资料以及信息的收集，可以容易得到学前儿童发展各个阶段以及各个方面的资料，能够清晰直观地看到学前儿童的成长进步的过程。近年

---

[1] 杨世诚. 学前教育科研方法 [M]. 北京：科学出版社，2007：33.

来，不仅学前儿童档案袋是有利于评价学前儿童发展的重要渠道，在对幼儿教师进行评价的过程中，有关幼儿教师发展的教师档案袋也同样越来越受到关注，逐渐成为一种收集评价教师信息的一个重要渠道。通过档案袋收集到的信息是生动鲜活的，能够较为真实地展现出学前儿童发展的整体过程，但需要经过选择分析与整理，否则收集到的信息会过于繁杂。

第二节　学前教育评价信息的处理方法与技术

一、常见的学前教育评价信息处理的方法

（一）质性研究法[1]

1. 质性研究法的内涵

质性研究法与量化研究法是一个相对且对等的概念。从字面意思看，质性研究法的研究工具与量化研究法所使用的特定工具不同，质性研究法是以评价者自己作为研究工具，通过多种不同的方法进行信息与资料的收集进而对社会上产生的某些现象进行整体性的探究，在进行信息与资料收集的过程中强调的是自然情境。质性研究的一个重要特点是关注被研究者的个体经验和意义的描述、解释和理解，而不是像量化研究那样关注统计分析和一般化。质性研究的具体方法包括深度访谈、焦点小组、行动研究、观察和文本分析等。

质性研究主张通过深入、透彻的访谈、观察等方法，尽可能真实地捕捉研究对象的行为、态度、信仰等多方面的信息，以便对这些信息进行正确的理解和描述。质性研究关注的是研究对象的个人经验、意义等主观方面，比如情感、信仰、价值观等。这些因素往往是定量研究无法涉及的，但对理解和解释对象的行为和意向来说至关重要。质性研究通过深入访谈、观察、文本分析、焦点小组等多种数据收集方法，以充分获得研究对象的各种信息和数据，从而创造对研究对象充分认知的环境。在质性研究中，数据的收集常常采用自由数据的形式，数据的文字

---

[1]　陈向明. 质的研究方法与社会科学研究［M］. 北京：教育科学出版社，2000：3.

描述让人更加容易专注研究对象的特异性。研究数据的分析过程也更注重对细节的分析、推断和推理，用以突出研究对象的真实性和全面性。

综上所述，质性研究是通过深入了解所研究对象的行为、话语和观念等方式，寻求对问题的解释、理解和描述的研究方法。其着重点在于促进主观性数据的收集、分类和分析，使研究者能够深入地理解研究对象的行为和意义，具有很高程度的自然逼真性和个性化。同时，质性研究也因其强调研究过程与研究结果间的关系而具有一定的多样性和较高的灵活性。

（1）质性评价是在自然的情境中进行的

质性研究法的评价强调的是对被评价者真实、自然的生活环境下的评价。注重评价的整体性以及完整性。在不影响被评价者的实际生活的前提下，要求评价者自身和被评价者进行直接的接触以及面对面的交流与沟通。与此同时，这一评价方法要求把评价者自身也作为一种评价工具进行研究，因此在进行调查的过程中不应该把被评价者和所处的环境以及面对的不同事件分裂开来，应把其看作一个整体，从不同角度，不同方面进行全方位、多角度的观察与研究。只有这样，才能使被评价者放松警惕，进而调查更深层次、更多角度的真实情况，从而更好地全面了解被评价者的基本情况。

（2）质性评价方法注重对事物解释性的理解

由于质性评价方法强调的是评价者也参与其中，因此其另一特征便是要求评价者对评价对象的理解，评价者站在评价对象的角度去分析与解释问题，这就要求评价者不仅要了解评价对象的情感、态度、价值观以及主观思想，还要判断自己对评价对象的理解以及解释是否恰当，尽量做到理解上不出现偏差。

（3）质性评价方法强调评价者与被评价者的相互关系

质性评价方法的另一特征便是注重评价双方的平等、互动的关系，要求评价者在收集评价对象有关信息的过程中，例如在对话、观察等方法下进行描述性的记录过程之中，应保持中立的态度，不要带有自己的主观色彩去随意评判评价对象。而是作为参与者与评价对象一起进入自然情境之中，要做到能与评价对象进行良好且有效的互动，但不能打扰评价对象原有的生活轨迹，要把握好二者之间的平衡。在进行评价的过程中伦理道德问题是底线，一定要注意不能触碰。

质性评价方法中的"扎根理论"被广泛应用于学前教育评价中。扎根理论只是一种研究的路径，不是实体意义上的"理论"。扎根理论的研究思路与学前教育评价中的具体路径相契合。扎根理论方法的研究思路为：第一，遵循的是一切皆为数据的理念，对经验性的数据逐步深入进行分析，进而从经验数据中产生理论；第二，在对收集到的信息进行编码的过程中要保持对理论的敏感性；第三，在经验数据和理论之间不断地进行比较与分析，而后依据数据和理论之间的相关性提炼两者间的类属关系；第四，进行理论抽样。以上步骤与我们在进行学前教育评价过程中的具体实施路径是十分契合的。

由于学前教育受经济、社会、文化、政治等的影响，所以对其进行评价的过程是较为复杂和困难的。而质性评价方法由于其整体性与复杂性的特点，强调在进行调查与探究的过程中从不同的角度，多个方面入手进行探究与调查，使其能够更深层次、多角度地进行较为全面的调查。这与学前教育发展的复杂性和特殊性是十分契合的，也是评价学前教育发展的一种有效方法。

教育是影响个体成长的活动，而在整个学前教育阶段，学前儿童会受到家庭、社会以及专门的教育机构的影响，因此，对学前教育的评价应放在整个社会发展的大环境之中去分析。只有这样，才能真正了解到学前教育中的各种现象，进而对其进行评价。而质性研究法所倡导的便是要在真实的情境之中去进行调查与探究。强调的是探究调查过程中的真实性以及情境性，是一个动态的发展过程。只有在动态真实发展的情境中去调查和探究才能获得真实的、动态的学前教育的现象。

2. 质性研究法的优势和局限性

任何一种研究范式都存在自身的优点和局限性，因此在进行教育评价的过程中可运用多种研究范式进行研究，多种研究范式相结合可以取长补短，从而使评价过程更加高效与科学。

（1）质性研究法的优点

质性研究法的优点在于能够对所评价的内容进行多视角多角度的评价，由于质性研究法的一大特征便是对评价者本人也作为研究工具进行研究，因此能够为具体的评价内容提供多视角的参考价值，使评价内容的广度与深度更加深入。同时可以很好地捕捉到评价对象或评价现象的一些较为复杂以及动态性的变化过程，能够将动态的变化过程完整地记录下来，便于对研究对象或研究现象进行整体的、动态的研究。最后，由于质性研究法的特点，适合对体量较小的研究对象进行研究，在对某一个案进行研究的过程中也同样体现出这一研究范式自身的特点。

（2）质性研究法的局限性

质性研究法的局限性主要体现为：不适用于研究对象或研究现象体量较大、规模较大、宏观层面的研究；质性研究法的研究结果是带有主观色彩的，因此研究结果的代表性不强；质性研究法在进行评价资料的收集与整理的过程较为繁琐与复杂，且容易带有评价者的主观性的评价，进而导致评价的结果客观性不足，使研究结果不具有推广性；运用质性研究法这一研究范式的研究过程更加费时、费力，不是一种经济且高效的研究方法。

（二）量化研究法[1]

1. 量化研究法概述

量化研究法又被称作定量分析法，从属于实证主义的研究范畴，与质性研究法相对，量化研究法以实证主义理论作为其理论基础。定量的方法更加容易将内容进行复制和管理，是运用数字进行总结和归纳统计结果的一项活动。量化研究法是指对研究或要评价的内容中可量化的部分进行相关的测量与分析，进而使要研究的问题能够以更加直观且科学的数据呈现出来的一种研究方法。

具体来讲，量化研究法是以问卷、结构式的访谈、量表、测试以及各种试验的方法来收集和获取到有关研究问题的原始数据以及资料，按照制定的评分标准和衡量标准，运用统计学以及数学相关的知识，将这些数据进行描述性统计以及相关性分析，运用直观、精确的数据来解释与描述社会中存在的一些现象及其发展变化趋势的研究方法。

量化研究法可以对评价对象需要测量的特征的发展情况进行较为客观且科学的呈现。因此，量化研究法具有一套较为科学完备的操作体系，从具体可操作的抽样方法开始，再到原始数据资料的收集，最后到

---

[1] 刘晶波. 学前教育研究方法［M］. 北京：人民教育出版社，2014：73.

对所收集的数据进行整理和分析结束。在这一完整体系下，能够在一定程度上把握所要研究事物的本质。量化研究法的特点包括以下三个方面。

①量化研究法采用的多是数学以及统计学中的数据分析方法，用统计的数据进行研究结论的表征。量化研究法主要运用统计学的方法来进行样本的选取，对预研究的具体内容进行测量和计算进而验证假设内容。量化研究法中数字是必不可少的表征形式，同时在展示统计结果的过程中多配以图形或统计表格。

②量化研究法所得出的研究或评价结论都具有可重复的验证性。由于量化研究法具有一套完备科学的操作体系，因此量化研究法的研究设计、样本的抽取以及研究方法的选取都是具有严格的操作要求的。倘若研究结论出现问题或是纰漏，便可重复以上步骤进行查缺补漏，因此运用量化研究法得出的研究或是评价的结果是具有可重复验证性的。

③量化研究法得出的研究或评价结论的客观性较强，具有较大的推广及借鉴价值。由于量化研究法的操作步骤以及在资料的收集和整理的过程中多以可量化的数据或图形表示，受评价对象或评价者的主观因素的影响较小，其整个实施过程可以尽可能地排除无关变量的影响，能够公正客观地揭示事物之间的发展情况以及客观规律，得到客观且具有借鉴价值的研究结论。

2. 量化研究法的优点及其局限性

量化研究法与质性研究法，都具有自身的优点和局限性。

（1）量化研究法的优点

量化研究法的优点表现在：首先，研究得到的结论由于是客观的数据呈现，因此结论的推广度及可借鉴的价值较高，其逻辑较为严谨，精确度和标准化的程度也较高；其次，量化研究法适用于样本体量较大的研究，操作性较强，研究过程较为简便，不复杂繁琐，覆盖面较广；最后，量化研究法不受评价对象和评价者的主观因素的影响，其评价或研究结果更加客观、公正。

（2）量化研究法的局限性

量化研究法的局限性在于：首先，量化研究法只能对较为表面的、较易发现和可量化的社会现象进行研究，只能研究较少部分的可量化的社会现象，较难获得更深层次的、更为广泛的具体的信息；其次，由于很多社会现象较难用量化的数据进行表征，较难建立起研究对象之间的因果联系，整个研究的实施过程较难控制；最后，量化研究法的整体研究过程都是严谨且规范的，因此对于研究人员的要求严格，进而导致量化研究法的操作费时费力，需要研究人员完全掌握整个研究过程。

3. 量化研究法的适用范围

量化研究法在学前教育评价中的适用范围较为广泛，具体表现在以下四个方面：

①适合对宏观角度的某个教育现象进行较为详细的分析与研究。

②适合对研究样本体量较大的研究，例如对全国范围内出现的某一学前教育现象进行解释与分析，或全国范围内不同地区的针对这一学前教育现象进行的对比研究等情况。

③适合利用对所抽取的样本去推断样本总量发展趋势的研究。

④适合对某一群体的整体状态进行评述，且需要对被评价者可测量的现象或内容进行客观且精确的描述等研究。

量化研究中的信息收集的方法类型虽然多种多样，但在实际进行量化研究的过程中，资料与信息的收集并不是依靠某一信息收集的方法进行的，各种收集的方法都具有自身的优点以及局限性。因此，在进行方法选取的过程中，应充分考虑研究的具体问题是何种类型，存在哪些特性，进而预设好相应的信息收集的方法。通常在量化研究中，常运用多种信息收集的方法，以保证量化研究的顺利进行。

（三）质性与量化相结合的方法

1. 质性评价法与量化评价法之间的关系

质性评价法与量化评价法属于两种相互对等的不同的评价方法，都有各自的优点和不足之处，但二者的优势互补。在实际运用的过程中，质性评价法和量化评价法是互补不可分割的。我们现实生活中的任何具体事物都是质与量统一的结合体。量化的分析结果往往以具体可量化的数据表达与呈现。这一分析的结果较为简洁与抽象，进而导致不能较为全面翔实的将某一问题进行阐述，因此需要借助质性的较为具体的描述进行进一步的表达呈现，进而能够完整阐述某一事物或现象。同时，质性的分析又是判断是否能够进行量化的前提，是否可以进行量化处理的前提在于所要分析处理的内容是否是同一性质的，因此需要运用质性法来判断分析内容的同质性。因此，两种方法之间的关系是互补的。

2. 质性评价法与量化评价法的结合

在评价方案的制定过程中，评价者在信息处理与分析时应选择合适的方法，不能盲目地带有个人主观色彩去选择某一种方法，故意排斥另一种方法。在选择信息处理的方法时，应将质性法以及量化法结合起来，尽量做到从质性和量化两个维度分析与处理问题，进而得出更加全面、深入、客观、公正有效的评价结果。从质性和量化两种不同的方法的区别上来分析要处理的问题，进而将两种不同方法中的有益的方面加以运用，解决在较为复杂的教学环境中的具体问题。例如，在观察幼儿园教师与儿童之间在某一活动下课堂活动的互动过程中，不仅可以用质性的方法进行观察、评价，进行分析与总结；还可以采用带有语言描述性的等级量表，其判断的结果常用具有概括性的分等级的评语表示出来，如好、较好、一般、较差、差等，同时，进行量化处理时还可以将这些等级性的评语进行赋值，例如李克特量表（Likert scale）是一种心理反应量表，常在问卷中使用，是目前调查研究中最为广泛使用的一种量表，根据等级评语可分别赋予其5、4、3、2、1的分值，每个被调查对象根据某一问题获得的总分便分别反映出他们针对这一问题或事物的态度和看法，进而运用常见的统计方法进行量化统计处理和分析。

在教育迈向现代化发展的当下，一些较为便捷的新兴技术被引进到教育教学活动中来，用来监测学生的日常生活和学习。而这些新兴的技术以及人工智能可以对学生的学习效果反馈以质性评价和量化评价相结合的方式进行整合。新兴技术的引入能够减少由于需要同时收集定性和定量的数据而产生的较大的工作量。因此，在进行质性评价法与量化评价法相结合时，智能技术会让数据分析和评价的效果更加具有可操作性。

二、其他技术指导下的评估方法与分析技术

（一）替代性评估

替代性评估也被称为非传统评估，是一种基于学生学习成果的评估方法，不同于传统的学科测试和考试。替代性评估的评估重点是为了改

善学生的学习，而不是较为准确和精确地评估特定的学习成果。替代性评估通常被描述为形成性评价而不是总结性的评价。因此，替代性评估强调的是发展性、过程性的发展。替代性评估是通过让学生在真实情境下的任务中展示他们所学和能力的方法，以便更好地了解他们的学习成果和成长。替代性评估重视深层次的学习成果，如理解、分析、应用和创意等能力。强调学习过程和思维过程，而非只关注结果。通过多元化的评估方式，如作品集、项目、展示、演示等方式，收集学生的多角度表现。

例如，在以学生为中心的教学环境中，学生通常会遇到一个真实情境中存在的任务或问题，需要学生运用更高层次的认知能力来完成或解决这一真实存在的任务或问题。在理论认知方面，判断学生是否具有课程所预期的学习目标所需的认知能力，需要以是否满意地完成了布置的教学任务作为依据。倘若能够满意地完成了教育目标下制定的学习任务，那么便可以证明这个人在某种程度上具有课程预期的学习目标下所要求的认知能力。同样地，学生完成任务后获得的技能也同样需要被评估。常见的替代性评估包括以下具体内容：作品集、信息图、概念图、自我评估、同行评审、专家评审以及观察等。以上测试方法中的每一种评估都是以学生必须解决某一实际问题或是要求学生完成具体的学习任务为基础的。因此，所有的方法本身就是一种学习活动，进而再进行评估。

学前教育旨在促进孩子综合技能和知识的发展。替代性评估可以通过项目评估等方式，评价儿童在学习中的参与度以及对知识和技能的掌握情况，例如，制作简易玩具、学乐器、玩逻辑游戏等。儿童时期是语言发展的重要时期，通过展示评估，教师可以评价儿童的语言表达能力、交流能力、故事串联能力等，例如，制作视觉创意沙画发表感想、口述自己的家庭生活情况等。通过观察评估，了解儿童在团队协作、自我表达、自理自主、社交情感方面的表现，例如，针对幼儿园里的角色扮演游戏进行评估。儿童期是形成行为习惯和个性的关键时期。替代性评估可以通过观察评估等方式，评估儿童的行为习惯和个性发展情况，例如，通过观察儿童在上厕所洗手、早晨进入教室就座等方面的表现，对儿童的行为习惯进行评估。

替代性评估通常采用定性方法进行评估，不同于传统的定量评估，在评估过程中，着重于针对孩子的个性差异进行评估，需要评估者仔细地判断，避免出现主观评价的情况，确保评估的客观性和准确性。所有的评估方法中每一种具有可操作的具体方法都需要通过测试来验证质量的高低，其可靠性的分析是一项重要的评价标准。同时，有效性是另一必须考虑的评价指标，因为在这些测试方法实施的同时会产生间接性的测量，测试人员的主观看法也同样会影响到最终的评价结果，所以替代性评估的结果存在主观性偏差，例如评分者的主观偏见、相关因素的影响等。因此，替代性评估一定程度上存在最终会达不到预期所制定的目标的可能，也不能够提供更加准确和精细的评价结果。使用替代性评估不论是从学生的角度还是从老师的角度来看都需要付出大量的时间和精力，因此，在教育教学的评估过程中，要正确地看待以及运用替代性评估。

（二）技术驱动的评估

在技术驱动的评估中，运用何种技术是必不可少的一方面，技术是一个重要的促成因素，而不仅仅只是提高评估过程的效率或效用的工具。例如前文介绍的替代性评估可以在不使用技术的情况下完成，但技术驱动的评估需要技术被使用，技术的使用能够提高评估工作的整体效率，进而帮助教育者进行组织、记录以及报告和评估数据。与其他评估方法不同，技术驱动的评估强调的是技术，而且大多数是较为复杂的估算形式。因此，有些技术和评估方法的运用和创建，我们普通的课任教师是无法完成的，需要相关专业的专家和学者来制定。技术驱动的评估用在促进教育教学的发展上，即属于形成性评估，但有时这一形式也被用作总结性的评估。

与替代性评估方法不同的是，技术性的评价方案在本质上是定量的，同时，较多集中在学习目标衡量之下的认知能力和技能的掌握上，大多数技术驱动的评估解决方案的一个重要组成部分是使用学习的层次结构或框架，将必要的知识成分进行分类，并确定知识成分以及所要测试项目之间的关系。而这项评价活动的基础便是要预先分析学生需要获得哪些具体的技能才能掌握课程目标所规定的较为理想的学习内容。而这只是与评估的具体项目相结合的活动被称为映射过程，映射过程是一项具有较强挑战性的活动。这一过程需要基于对课程领域包含的理论、内容、背景、评估的具体目的以及数据的测量都有所理解和掌握。通常需要教育学以及心理学的专家相合作来完成。

技术驱动的评估是一种使用不同技术工具和方法，以评估学习成果和学生表现的方式。随着技术的发展，技术驱动的评估在教育领域越来越受欢迎，其主要优点是可以提高评估的效率与质量，同时为学生带来更易于接受和个性化的评价方式。其中一些技术工具和方法简介如下：

①网络和在线学习方法。通过网络和在线学习平台，教职员工可以监控学生进行实践测验、模拟考试等，这些内容可以在学生的学习应用中提供反馈和建议。②数字化评价工具。教学人员可以使用各种不同的软件来收集和评价学习者的数据，如编写测试、准备问卷调查，以及使用数字音频、视频和图像来进行评价。③人工智能技术。人工智能可以帮助自动收集、分析、整理和评价学生的各项数据。通过 AI 技术，可以有效地比较和分类大量数据，并监控学生能力的进展。④互动教学。互动教学方案的评估可以使用视频分析、网上问卷调查、在线学习日志等方法来进行，帮助掌握新型的教学技术并消化运用。⑤游戏化方法。可以通过游戏的形式来评估学习个体的表现，该方法可以通过游戏中的一些趣味和动态，准确判断学生的学习结果。

技术驱动的评估具有许多优点，例如，它可以提高教学效率，促进学习进步，以及减少对评估个体的不平等等。但是，还需要注意技术本身的缺陷和不足，以及其他外部因素对评估结果的影响，这些问题也需要评估者予以重视和评估。

（三）计算机自适应性测试（CAT）

计算机自适应测试是一种使用计算机技术进行的个性化智力测验，基于受试者先前的回答来调整难度和测试范围，使每个受试者都能得到最合适的难度和范围的测试，从而更准确地评估受试者的能力水平。

计算机自适应测试采用个性化测试，根据受试者实际能力来调整难度，能够最大限度地评估受试者的能力水平。计算机自适应测试能够快速提供反馈和测试结果。在测试过程中及时调整难度，省去了答题时间的浪费。同时，测试结果也可以自动生成，省去了人工评估的麻烦和时间。计算机自适应测试采用标准化的测评程序，消除了人工评估对结果的可能影响，使得测试结果更加客观。需要注意的是，计算机自适应测试需要高性能的计算机系统和完善的软件支持，这需要投入大量的资金和技术支持。同时，计算机自适应测试需要特定的技能和知识来运行，有些人可能因为不熟悉计算机测试环境而产生一些差错。

计算机自适应测试在学前教育中发挥着重要作用。它可以帮助教师更好地了解孩子们的认知、言语、社交、情感和身体发展状况，更加全面地评估孩子的学习能力和缺陷。在教学中，计算机自适应测试能为孩子量身定制学习方案和个性化指导，从而更好地促进他们的发展和成长。计算机自适应测试在学前教育评价中具有重要的作用，因为儿童在发展过程中存在明显的差异性，传统的测试方法往往无法全面和准确地了解孩子的实际能力水平，而计算机自适应测试可以对每个受测者进行个性化评价，提高评价的准确性和科学性。此外，计算机自适应测试还能够提供针对性的教育建议，为儿童的教育和发展提供有力的支持。

（四）学习分析和教育数据的挖掘

教育数据的挖掘指的是能够使用评估数据来提高教育的整体水平。随着时代的发展以及技术的逐渐进步，目前关于数据如何使用的讨论已经有了新的内容和形式❶。通过技术的进步，使我们能够并且有能力通过技术增强的教学系统中来获取大量的可使用的教育数据。但事实上，我们通过信息技术获得大量的教育领域数据以后，相关的教育工作者不具备能够甄别和选取有用数据的能力，因此，关于收集哪种类型的数据以及如何使用这些数据是相关人员正在研究的主要问题。学习分析和教育数据挖掘已经对学生适应性的学习产生了巨大的影响，在这一领域下，相关的研究是巨大的、多样化的，并且随着技术的进步在不断地增长。例如，研究人员在研究测量到的学习结果的同时，他们也在研究使用过程层面的数据，这一做法更有助于教育者更好地了解学生是如何进行学习的。越来越多的教育工作者使用教育数据挖掘来确定数据表现的模式以及发展趋势，进而能够凭借所获得的数据来帮学生们预测学习过

❶ SCARADOZZI D，SCREPANTI L，CESARETTI L. Towards a Defnition of Educational Robotics：A Classification of Tools，Experiences and Assessments ［C］//Smart Learning with Educational Robotics，2019：63 - 92.

程的成果以及会遇到的风险，研究人员也在研究如何通过分析过程层面的数据来测量学生更高层次的认知能力。因此，在大多数情况下，这些适应性的评估系统不仅对学习结果进行评估，还试图在一个学期的时间内能够监测学生的学习成果，通过不断的学习分析程序获得过程性的数据，其主要目标是为教育者以及学生自身提供实时的可操作的信息，进而提高学生的整体学习质量。这些学习分析通常使用 Q 矩阵和复杂的心理测量算法来确定学生所获得的具体技能，同时还可以确定教师可能需要补充的知识以及错误观念。学习分析和教育数据挖掘过程是需要以心理测量方面的专业知识能够对大量的数据进行存储和计算的能力为依托的。因此，这一方法的不足之处在于所使用的评估项目必须经过较为精细的创作，并输入到 Q 矩阵中，但这一过程是十分耗时耗力的。

第五章　学前儿童的学习与发展评价

学前儿童学习与发展评价，是整个学前教育评价体系内容中的基础和核心部分。儿童学习与发展评价是以学前儿童教育目标及各方面的发展目标为依据，运用科学的教育评价理论和方法获取儿童体格、语言、认知、社会性和学习品质的发展信息，并对所得材料信息开展科学分析与价值判断的过程。这一过程的科学性与有效实施直接有助于教师全面而客观地了解儿童的发展，并根据儿童发展规律和年龄特征调整课程内容与教学方式，还能够提升教师的专业成长、改善家园关系、增进家园合作，共同促进学前儿童的学习与发展❶。

由于各个国家的文化背景、价值取向以及对儿童发展的理解差异，各国间对学前儿童学习与发展的评价内容和学前儿童学习标准也存在着一定的差别。例如，英国早期阶段对儿童学习与发展评价的内容分为一般领域和特殊领域两部分，其中一般领域主要包括沟通与语言发展，生理发育，个体、社会与情感发展；特殊领域主要包括读写能力、数学、理解世界、富有表现力的艺术与设计❷。在美国，最具代表性的四种早期儿童评价方案的建立，既参考了国家层面的共同学习标准，又体现了每个州的地域文化，但都从学习品质、社会性与情感发展、语言、读写发展、身体健康与动作发展、科学、数学、创造性艺术这八大内容领域出发开展学前儿童学习与发展评价❸。根据我国《3～6岁儿童学习与发展指南》《幼儿园教育指导纲要》以及我国的学前教育和儿童心理研究

---

❶　王坚红. 学前教育评价：理论·方法·实践［M］. 北京：人民教育出版社，1994：26－35.

❷　任晓玲，严仲连. 英国早期阶段儿童学习与发展评价研究及启示［J］. 外国教育研究，2018，45（10）：13－24.

❸　黄瑾，王晓棠. 质量监测视角下的美国早期儿童学习与发展评价［J］. 全球教育展望2017，46（9）：104－117.

结果，将学前儿童的学习与发展分为儿童身体健康与动作、语言、认知、社会性与情绪、学习品质这五个领域并进行评价❶。

第一节　学前儿童身体健康与动作发展评价

在学前教育中，学前儿童的体格发展也叫作学前儿童身体健康与动作的发展。中华人民共和国教育部颁布的多项关于学前教育的指导性文件中明确指出，要培养体、智、德、美全面发展的社会主义建设者和接班人，"体"占首位足见学前儿童身体健康与动作发展的重要性。学前儿童体格的生长发育包含多个方面的内容，最常见的是学前儿童身高和体重的增长，除此还包含各种动作的发展，而动作的发展常常与认知的发展联系紧密，因此目前国内外较多的学前儿童智力测验量表都涉及动作部分的考核内容。学龄前期是儿童动作发展的关键期，此阶段是儿童身体发育和机能发展的迅速期，也是形成安全感和乐观态度的重要阶段。发育良好的身体、愉快的情绪、强健的体质、协调的动作、良好的生活习惯和基本生活自理能力是儿童身心健康的重要标志，这些发展变化也是家长能直观感受和观察到的，所以家长对学前儿童的身体健康与动作发展给予了高度的关注。

由于学前儿童身体健康与动作发展的评价信息具有稍纵即逝的特点，这要求评价者对学前儿童随时开展直接观察，一对一的观察或者测查是最佳方式。学前儿童的体格发展一般采用定量的方法进行评价，但其中还涉及意识、情感等难以量化的内容，因而在对这些内容进行评价时还应采用其他方式进行综合评价，以使评价结果更加科学、全面、严谨并可靠。

一、学前儿童生长发育的评价

学前儿童的生长发育评价是学前儿童身体健康与发展评价的基础部分，其体现着极强的专业性，尤其需要评价者掌握牢固的学前卫生学知

---

❶ 霍力岩，潘月娟，黄爽，等. 学前教育评价［M］. 3 版. 北京：北京师范大学出版社，2015：292 – 293.

识与技能，理解学前儿童生长发育中不同年龄阶段的各项指标的含义及标准，其中常见的生长发育指标包括身高、体重、血色素、牙齿、视力、微量元素等。学前教育工作者对学前儿童生长发育的评价常以妇幼保健院、医院等专业机构搜集的数据为依据（例如，学前儿童入园前的健康筛查和入园后的定期体检的数据），根据各项指标标准作出评价，区分发展等级，帮助开展幼儿园内一日活动、课程与教学的配合教育，以及更好进行家园合作。如何实现将现代信息技术融入幼儿园生长发育评价之中呢？目前出现的儿童食育模式的数字化实践研究对这方面的难题有了一定的突破。❶

近年来，儿童食育也开启了数字化的模式，它的出现给幼儿园的食育工作带来了便捷和高效。数字化设施设备有以下作用：①可以科学快捷地进行膳食搭配，支持一键配餐，智能地生成大量食谱，在短短的十分钟时间里可以规划幼儿园一周的食谱，减少了幼儿园营养师的配餐工作强度；②可以自动分析食谱的营养成分，给出优化的建议，杜绝儿童营养不均衡的情况；③可以根据食谱自动生成食材的采购单，确保食材采购量的准确无误；④可以通过微信，每天同步发送给家长有关儿童的营养报告，增加家长的满意度和信任度。儿童的食育得到了保障，对儿童的生长发育起着一定的推动作用。

此外，儿童生长发育的评价离不开成长档案的辅助，儿童成长档案是将学前儿童在不同时期内的生长发育数据作简要的处理，随后录入档案内。儿童成长档案常常是与现代信息技术相联系的，有了数字化模式的整理，儿童的发展变化会以更直观的方式展现出来，之后评价者再借助一些软件，对儿童的生长发育数据进行横向和纵向的比较，对不足提出相应的策略，为儿童的健康生长、发育提供保障。

二、学前儿童的大肌肉动作评价

（一）学前儿童的大肌肉动作发展

动作是人类与外界环境互动的重要手段，对人类的身心发展有着不

---

❶ 王颖嫣，蔡丹娜，胡佳. 数字化幼儿园"健康＋"智慧幼教整体解决方案［M］. 长春：吉林美术出版社，2022：55.

可估量的重要价值❶。研究发现，儿童早期的发展常常是以动作的形式表现出来的，动作发展是评价、诊断和监测个体身心发展状况的主要评定指标❷。《3～6岁学前儿童发展指南》中将学前儿童的"动作发展"视作其健康领域的主要方面❸。Gallahue等人认为2～7岁儿童的动作发展处于基础动作阶段，此阶段的主要任务是发展多种多样的基本动作，其中又以大肌肉的动作发展为主❹。学前儿童的大肌肉动作也叫作"全身活动"或"粗大动作"，是学前儿童运用全身或身体的大部分参与的动作活动，例如走、跑、跳、平衡、钻爬、攀登、投掷、滚、上举等动作都是此阶段儿童的基本动作，也是评价儿童大肌肉运动发展程度的重要指标。需要注意的是，在以上基本动作中还可分为多个种类，比如"跳"可以分为跳远、跳高、单脚跳、双脚跳、立定跳、助跑跳等多种跳跃形式❺。

（二）学前儿童的大肌肉动作发展评价

关于学前儿童大肌肉动作发展的评价，国际上目前有几个相对成熟的评估工具供学界参考，例如：格赛尔婴幼儿发展量表（GDS）、儿童动作成套评估工具（M－ABC）、皮博迪运动发育量表（PDMS）、贝利婴儿发展量表（BSID）以及大肌肉动作发展测试（TGMD）等测量工具。其中，PDMS和BSID两个量表不仅可以评估粗大动作的发展情况，还可以测量精细动作的发展情况；TGMD量表是专门测验3～10岁儿童大肌肉动作发展状况的测量工具。最新版的TGMD－3于2013年发布并开始进行大样本规范性的信效度数据检测工作，此量表由位移运动技能和物体控制技能两个子测验组成，共计13项测试动作。位移运动技能主要测量儿童从一边向另一边移动时所需要的大肌肉的运动能力，包括

❶ 戴雯，等．学前儿童大肌肉动作发展特点与规律：基于身体移动与物体控制能力具体动作任务的分析［J］．学前教育研究，2017（6）：29－39．

❷ 霍力岩，潘月娟，黄爽，等．学前教育评价［M］．3版．北京：北京师范大学出版社，2015：295－296．

❸ 许崇高，等．对儿童动作协调能力发展研究的前瞻与构想［J］．体育科学，1998（3）：93－94．

❹ 张莹．动作发展视角下的幼儿体育活动内容实证研究［J］．北京体育大学学报，2012（3）：133－140．

❺ 鄢超云．学前教育评价［M］．北京：高等教育出版社，2010：110．

跑步、马步跑、单脚跳、跑步跳、立定跳远和侧滑步 6 项技能；物体控制技能主要测量儿童有效抛、接和击打等运动能力，具体包括双手击打固定球、正手击打抛落球、原地单手拍球、双手接球、原地踢球、上手投球、低手抛球 7 项技能，每个测试动作都有 3 ~ 5 项具体的完成标准。这些动作标准能够界定儿童在完成某个具体的动作时，主体躯干和四肢配合的协调性程度、基础大肌肉动作的精确性情况、动作技能模式的自然顺畅性的达成度等。测试人员可以根据儿童完成相应动作的情况，对照动作技能标准开展测验，如果儿童能够将测试动作正确执行就得 1 分，若无法正确执行则得 0 分，重复测试。TGMD - 3 量表的分值区间为 0 ~ 100，其中，移动分测试总分 46 分，球技分测试总分 54 分。

三、学前儿童的小肌肉动作评价

（一）学前儿童小肌肉发展

学前儿童小肌肉动作亦叫作精细动作，是指胳膊、手、手指等小肌肉相关动作的准确性、协调性和顺序性，此类动作由小肌肉群控制完成。[1] 手是学龄前阶段的儿童与周围环境互动的重要工具，特别是无法调动大肌肉运动的婴幼儿，他们是通过手去探索和认知周围世界。苏霍姆林斯基说过"儿童的智慧在手指尖上"，脑科学中的研究中也发现，人的手部动作和大脑之间有着相辅相成的关系：手部动作能够促进大脑皮质机能的发展和完善，大脑的发育及完善又能够促进手部动作的发展。因此，在学龄前阶段锻炼儿童的小肌肉发展是极其重要的。

小肌肉动作主要包括两个方面，一是手眼协调，二是手部动作的综合能力。手眼协调是指手和眼的动作能够彼唱此和，是学前儿童小肌肉动作发展的一个非常重要的方面。手部动作的综合能力既包括能够使用力量及控制小肌肉完成一些简单的活动，比如打开和盖上较粗的笔的笔盖、将组合玩具进行拆卸等，还包括能够初步控制手部肌肉进行绘画、书写、手工制作、串珠等活动。

---

[1] 胡云聪，申健强，李容香．学前教育评价［M］．北京：人民邮电出版社，2015：116 - 117.

（二）学前儿童小肌肉发展的评价

评价者可以通过观察法直接观察学前儿童在日常生活和游戏当中手部动作的活动情况，过程中可借助一些经典的评价工具加以情景设置最终开展评价。例如 M－ABC 量表中测试手部精细动作的部分中包括放置硬币、串珠子和画路径三项内容，常常测验学前儿童完成这些动作所用的时间并记作原始分数❶。再如《香港学前儿童小肌肉发展评估》，这套标准化评估工具共有 87 个评估项目，包含三个部分，分别是基本手部技巧、手部操作技巧和前书写技巧。其中，基本手部技巧包括视觉追踪、伸展、抓握、放物和基本手部操作技巧；手部操作技巧分为双手配合运动、手指灵活性、手眼协调和物件操作等技巧；前书写技巧包括执笔、视觉动作协调和仿画等技巧。检核表的使用方法如下：香港学前儿童小肌肉发展检核表（幼儿教师版）是以每半年或一年划分年龄层，教师可以以学前儿童的实际年龄为开始点，在属于儿童的年龄层中逐一对照每个项目的达标情况。如果儿童能够通过项目的要求，可以在该项目旁的方格中打√；若未通过，则在方格中打×。（注：如果儿童在属于他的年龄层中，有多个项目未能做到，教师可以参考这个检核表后页的建议，鼓励家长寻求专业人士的帮助。）

四、学前儿童的生活自理能力与生活习惯的评价

（一）学前儿童生活自理能力和生活习惯的发展❷

学前期是儿童生活习惯养成的关键期。学前儿童生活自理能力和生活习惯是个体适应能力的重要组成部分，也是正常且成熟的个体应该具备的基本能力。学前儿童身心健康的发展离不开良好的生活自理能力和生活习惯的养成，它们可以促进学前儿童学习独立生存、适应社会生活的能力，帮助学前儿童养成良好的品德习惯。❸

---

❶ 马瑞，等. 动作技能发展对学前儿童行为自我调节能力的影响［J］. 体育科学，2019（11）：40－47.

❷ 傅宏. 幼儿社会适应能力状况评价量表［J］. 早期教育（教师版），2000（6）：6.

❸ 王晴语，赵静卉，高媛. 学前儿童卫生与生活习惯调查研究［J］. 教育理论与实践. 2022（14）：48－51.

（二）学前儿童生活自理能力和生活习惯的发展评价

美国智力缺陷学会提出的适应行为包括概念性技能、社会性技能和实践性技能。适应行为的一项重要评估内容便是实践性技能中的个人生活技能，也就是生活自理能力和生活习惯。关于学前儿童适应行为的发展，国内外学者编制了一系列评价量表，例如徐享良的适应行为量表、韦小满教授修订的儿童适应行为量表、布鲁因宁克斯等人的独立行为量表和王天苗教授的生活适应能力检核手册等。这些量表的评价内容均涉及生活自理能力、生活习惯、安全卫生等，它们常常按照生活事件分别对完成各项生活活动所需具备的能力与习惯开展评估，其中一般涉及就餐、如厕、穿衣、盥洗、卫生等内容；量表的记分主要是以行为出现的频率作为依据进行等级记分，或对不同能力水平、不同性质的行为的出现与否作出判断。❶

需要特别注意的是，由于文化和环境的差异，价值观念和生活方式也有所差别，延伸出人们对健康生活和良好习惯的定义和期望，以及在此方面对儿童的要求也出现了分歧。因此，评价者在评估前要充分了解学前儿童及其家庭的文化、社区的价值观念、独特需要和生活方式并予以尊重，要用恰当的评价标准去评估儿童的适应行为。为保证评价的全面性和客观性，评估者可以向熟悉评价对象的多位照料者寻求资料，收集儿童在不同场景中的表现行为信息。

五、现代教育技术在学前儿童健康领域中的运用

随着科学技术的不断发展，现代教育技术在幼儿园教学中也逐渐呈现出不可替代的教育价值，教师需要在幼儿园教育中利用现代教育技术实现教学活动质量的提高。幼儿教师可以借助多媒体设备、网络资源、有声课件、共享平台等多种技术与幼儿园健康活动内容进行有机结合，实现活动内容和教学方法多样化，利用现代教育技术帮助儿童激发活动的兴趣、促进儿童身心健康发展。❷

---

❶ 傅宏．幼儿日常行为习惯评价量表［J］．早期教育（教师版），2000（20）：6.
❷ 王永力．体育教学中教育技术的应用［J］．教学与管理，2007（36）：145－146.

（一）体感交互技术在学前儿童健康领域的应用

近年来，现代教育技术被不断运用到实际的幼儿园健康领域中，在其实践的过程中也收获了有益的经验。目前，在儿童健康领域运用较多的是体感交互技术。体感交互技术是通过信息化智能设备对站在屏幕前的使用者做出感应变化，屏幕所显示的画面可以随着使用者的身体动作、眼球转动、语言的变化而发生改变，同时使用者还可以通过互联网与他人分享图片、影像信息等。在摄像定位的应用中，体感交互系统可以利用 3D 体感摄影机所发射的红外线对房间内整体的环境进行勘测和定位，摄像头能够借助红外线对人体的各种动作进行准确的识别。例如，当前应用最多的一种体感交互设备——Kinect，这是一款由微软公司开发的主要由深度传感器、彩色摄像头、麦克风等构成的姿态传感输入设备。它的功能包括人体动作识别、人体动作捕捉、麦克风输入、语音辨识等，能够快速地识别使用者的面部表情、身体动作等，帮助人们实现从依托传统设备的输入操作转变成身体直接自主操控终端的目的。基于 Kinect 体感交互技术的儿童教育产品，是一种与现实世界相似的虚拟教学情境式教学设备，让学习者能够身临其境，做到寓教于乐、寓学于乐。

体感教育是以体验式学习理论、情境化学习理论和具身认知理论为基础的，运用体感交互技术和其他数字化技术、3D 技术和 AR 技术等进行教学的方式。在儿童教育中，体感教育通常是指儿童通过挥手、伸展、奔跑、跳跃等各种身体运动与三维场景中的人和物进行互动，进而控制三维场景中的人和物的动作行为，实现将学习、体验、探索、运动和游戏有机融合的立体情境化、交互式教学方式。在体感游戏化教学课程中，孩子可以通过跳动、奔跑、跳跃、爬行等各种身体动作进行游戏互动，提高儿童的身体素质和免疫力。根据体感交互技术，在幼儿园的具体活动中，可以让所有参与活动的儿童都配有一个手环和一个健康档案，通过参与游戏活动实时向网络云平台传输相关数据，自动生成数据库，家长可以通过查看网络平台的视频记录，了解孩子参与游戏的情况，教师可通过后台的数据，对儿童的行为进行及时、科学的分析，并据此做出相应的调整。通过体感运动，将儿童在运动中的数据进行信息化处理，能够更好地分析儿童的运动状况和兴趣所在，让儿童在快乐的

运动中收获更多的健康。❶

　　将现代教育技术引入儿童健康领域活动中，有助于丰富活动的趣味性和多样性，幼儿教师可以灵活地利用多媒体信息化设备，创设趣味体育游戏活动，开展多元化的体育教育活动，打造轻松愉悦的体育运动氛围。现代教育技术在儿童健康领域中起着积极的作用，它在一定程度上促进了儿童的身体健康和动作发展，提高了儿童在此方面的评价水平。

（二）儿童健康测评系统

　　在我国，已经有很多儿童健康发展测评工具上市了，但是这些工具大部分还是直接翻译国外的一些数据表，其测量的数据与中国儿童的实际情况不完全匹配，存在着一定的局限性。"健康＋"智慧幼教团队，利用现代科学技术手段及智能设备（手环）科学地计算出每个儿童的运动量，其中包括步数、卡路里消耗、时间、速度、睡眠、心率等，并对这些数据进行分析，促进儿童锻炼，提高儿童的身体素质，同时让家长更加了解儿童所具备的运动能力。

　　毋庸置疑，当前市面上的智能手环的功能还有待完善，我们希望在未来能够看到有关机构研发出一款集多功能为一体的智能检测手环，保障儿童的安全。这款手环，应该是能够实时监测儿童的体温、睡眠、血压等，也要具备定位功能，在后台能够自动生成所测量的数据并保存、分析，然后将这些数据推送给第三方平台，让家长和教师实时了解儿童的健康状况。若儿童的体温、心率或其他健康项目出现异常，这款手环会自动发出响声，给教师提示，让教师及时了解具体情况，同时手环也会给家长客户端发出提醒，让家长及时了解到消息，解决了家庭和幼儿园之间的矛盾。

　　智能手环将所有测量到的数据传送到后台，后台会自动在线测评、分析并生成体质健康综合评价报告，使家长和教师可以了解到儿童的智力、能力、人格和气质特征等多方面的准确信息，根据系统所提供的运动处方、饮食处方等制订更适合儿童成长的方案。

（三）儿童的"人生电子册"

人的一生总是有许多需要记录的事情，学前阶段的儿童的各项指标项目数不胜数。要想对每位儿童有一个系统的记录与分析，就需要专门的电子档案进行辅助。电子档案能够帮助每位儿童记录他们各个学段的，与他们息息相关的重要健康信息，形成专属的健康档案，也是伴随儿童一生的"人生电子册"。"人生电子册"在幼儿园阶段，需要记录儿童在幼儿园这三年的健康数据和重要时刻。

1. 记录儿童在保健方面的数据

①儿童晨检数据。儿童每天入园时保健医生会对其进行晨检，并将检查数据结果记录在册。②儿童感染疾病期间的数据。儿童的抵抗力弱，容易感染疾病，若不严重，保健医生可以对其进行治疗，并将具体情况记录在册。③儿童病愈后入园所需照料的数据。儿童病愈后入园，教师需要按照家长吩咐的饮食、药物对其进行特殊照顾，并需将其记录在册，记录项目包括：儿童姓名、药品名称、服药时间、服药的注意事项、家长签字等。④儿童感染传染病期间的数据。当儿童感染传染病的时候，家长需及时告知园长或班级教师，幼儿园为防止传染病传播会立即做好早发现、早预防、早隔离、早治疗的工作，并对相应情况做好记录。

2. 记录儿童的综合健康数据

儿童的"人生电子册"还需记录他们的综合健康数据，具体包括幼儿园体检数据、儿童病愈来园的病历数据和儿童发生意外事件的相关数据。

①幼儿园的体检数据。按照有关规定，幼儿园每年都会对儿童组织一次健康体检，包括身高、体重、肝功、视力、听力、口腔等项目，之后幼儿园的保健医生会根据对儿童的检查结果进行分析与评价，幼儿园会将儿童的体检结果数据与保健医生的评价、分析数据记录下来。②儿童病愈来园的病历数据。腮腺炎、水痘、风疹、手足口病这些流行性传染病最常出现在学前期。当儿童在病愈隔离期结束来园时，幼儿园会请家长提供儿童的病愈病历，由儿童治疗期间的主管医生签字，之后这些病历会提交给幼儿园保健医生处，他们会将其复印保存至健康档案。③儿童发生意外事件的相关数据。学龄前儿童的防范意识差，幼儿园班

级人员结构往往是 1：15 及以上，所以难免会出现百密一疏的时候，个别儿童可能会出现意外情况，幼儿园会利用摄像头等具有录像录音功能的设备将意外发生的整个过程的数据记录下来并存档。

3. 记录儿童患病时期的数据

儿童在患病时期，幼儿园与家长要记录儿童所患疾病症状及治疗的数据，例如：儿童所患疾病的名称；每天腹泻或呕吐的次数；咳嗽的次数；发热时体温的变化；儿童感染传染病的时间、隔离的天数、治疗的天数；儿童受伤的时间、在家或医院治疗的时间等。

数字化的教学设施设备能够激发儿童运动兴趣、提高身体素质；智能手环的运用能够帮助家长和教育者更加了解儿童的身体状况、防范意外事故的发生和及时处理危急事件，保障学前儿童的人身安全；数字化智能设备能够帮助幼儿园保健医生减少一定的工作量，利用其"计算机"功能统计儿童健康发展的各项数据，自动生成每位儿童的专属"人生电子册"。以上现代技术收集的各项数据，给学前教育评价者带来了诸多便利，也提高了评价的准确性和客观性。

第二节　学前儿童的语言发展评价

在《3～6 岁儿童学习与发展指南》中指出，语言是交流和思维的工具。学前阶段是个体语言发展，特别是口语发展的重要时期。正确地理解、掌握和运用本民族语言是每个个体在社会中生活的必备能力之一。学前儿童语言发展贯穿各个领域，且对其他领域的学习和发展有着重要的影响。例如：学前儿童语言领域的发展对儿童的思维、逻辑和推理能力起着助推的作用；同时还可以帮助儿童更好地表达自己的思想观点和理解他人的语言，从而促进其社会性的发展。

整个学前阶段，儿童语言发展都是极其迅速的。学前儿童的语言发展就类似一个"垒高"的过程，是从初始阶段不断向拓展阶段发展，短短六年时间，个体的语言从咿呀学语到有逻辑、有条理地进行交流和表达自己的意愿；从看不懂文字，到能够感受中国文字与语言的独特之美，这些都是一步步发展而来的。由此看来，学前阶段需要做好对儿童的语言能力的观察和评价，并根据评价中个体的不足之处，做出相应的调整，让儿童的语言能力得到充分的发展。但值得注意的是，在评价儿童语言能力发展时，要注重其发展的个体差异性，其中既包含个体差异又包含文化的差异。例如，不能将美国儿童的英语语言发展标准直接用来衡量中国儿童的英语发展水平。值得注意的是，在学前阶段，儿童的语言评价主要集中于儿童的口语能力发展，但成人也应该着重培养儿童对文字和符号的兴趣，帮助儿童做好阅读和书写的准备。

一、学前儿童口头语言的发展评价

（一）学前儿童口头语言发展评价内容

口语能力发展是学前儿童语言发展中的主要内容。口语能力是指运用语言进行交流、交往的能力，这是一种包含考察儿童语音、语义、语法和语用四项内容的综合能力。我们在开展学前儿童口头语言发展的评价研究中，应该着重从这四个方面的能力进行观察和评价。

1. 语音

语音即语言的声音。正确识别和区分语音中的音节、音位、声调是学前儿童学习语言的基础，语音特征能够帮助儿童听懂语言，开展交流。口头语言中的语音是由神经系统控制发音器官形成的。语音识别和语音产生是学前儿童语音发展评价的主要内容，即观察儿童对不同音节、声母和韵母是否能够进行正确区分，以及儿童发音的清晰程度。评价者在对语音评价时可以利用观察法，观察儿童在一日活动和游戏活动中的言语行为，也可以设计专门的情境进行测查，例如我们常见的看图说话，听物品名称寻找实物等方法。

2. 语义

语义就是语言的意义，它是儿童正确理解和使用语言的基础，也属于儿童语言发展的重要部分。对词汇的理解和掌握是儿童语义发展的标志。一岁半后，是儿童词汇发展的迅猛期，到 6 岁时，儿童的词汇量能够达到 10000 个左右。关于学前儿童语义发展主要表现为：词汇数量的增加、词义的丰富和深化以及词类范围的逐渐扩大这三个方面。由此可见，学前儿童语义发展评价主要是从儿童对词汇的含义理解和对其所掌握的词汇数量和类别两部分开展。

学前儿童语义发展评价的方法多样，最常用的是听词指图的方法，这一方法被广泛运用于著名的比奈智力量表（1972年修订版）、韦克斯勒学龄前和学龄初期儿童智力量表（WPPSI）、格赛尔发展顺序量表、皮博迪图片词汇测验等标准化测验量表当中。听词指图的使用方法是：评价者对儿童随便说出一个词，然后让儿童在评价者事先准备好的图片道具中，找到与这个词对应的图片。但是值得注意的是，该方法会受到图片的平面性和静态性特征的影响，所以它只能考察名词、动词和描述性的词语。

3. 语法

语法是指语言所用的组织法则，主要体现在对句法的掌握上。学前儿童在经历用啼哭、单词、词组来表达自己的意愿之后，开始尝试学习真正的语言，用一句完整的话来表述一件事。整个发展是由简到繁、由浅入深的过程。学前儿童语法发展的评价可以从句子能否结合情境完整、正确地表达意思的程度，语句中所包含的字词数量，句子的完整性，句子的类型（陈述句、疑问句、祈使句、感叹句）和句子的结构（单句、复句）这五个方面进行。

4. 语用

语用是学前儿童使用语言进行表达和交流的能力，具体包括：理解并表达笑话、幽默、双关语这些字面以外的意义，叙事能力和会话能力等。儿童从三岁起，语用能力就会得到快速而全面的发展。语用评价工具的制定会受到儿童社会互动的情境和对象的影响，而这些影响又是变化多端的，因此很难制定非常标准化的语用评价工具。就目前少有的几个标准化语用工具来看，其一般是为儿童提供不同的讨论话题，从而引发学前儿童的口语回应和解释说明，以此来评价学前儿童的语用能力。评价者可以观察儿童在一日活动和游戏活动中与周围所处的一切自然环境的交流、互动或评价者根据所需创设出相应情境，观察儿童在不同情境中面对不同互动对象的交流情况，以此来评价其语言的运用能力。

（二）学前儿童口头语言发展评价

学前儿童口头语言发展的研究内容包括语音、语义、语法和语用，学前儿童口语发展的评价是对这四个方面的整合评价。多彩光谱中的"故事板"活动是对学前儿童口语评价的第一个活动。其具体用法是：评价者给儿童提供"故事板"和相应的辅助材料，要求儿童根据这个

"故事板"讲故事，评价者录下儿童在"故事板"和相关材料的辅助下所讲述的完整故事，这个过程要求是连续且没有经过修饰的最初形态，其中可以包括儿童在讲述过程中自我纠正的片段，在分析的过程中再筛选重点内容进行记录。在"故事板"活动中，可从以下九个方面考虑对学前儿童的口语开展评价。

1. 基本语言功能

学前儿童基本语言功能，主要考察学前儿童在"故事板"活动中，能否完整地陈述故事、与人互动、进行探究、描述、辨别和分类等。学前儿童基本语言功能评价的标准为：学前儿童会在"故事板"以及其他相关材料的辅助下，完整地讲述故事，其中包括时间、地点、人物、情节的完整性，并且在讲述过程中注意音调、句式的变换，能够用成熟的语句和成人对话，会探究所用材料的功能、用途，并进行分类。

2. 讲述的结构

学前儿童在"故事板"活动的讲述中，要求其要有自己的讲述结构，这种讲述结构存在着三个不同水平的差异，每个水平的对应标准如下：

水平一：在"故事板"活动中，学前儿童只能用最简单的词指代故事中的人、事、物，没有角色分配的意识。故事的描述也仅仅停留在对道具和辅助材料的操作动作上，然后根据操作顺序，加入时间的先后概括性地描述故事的整个过程。例如：然后到了医院，然后到商店，然后坐车，然后回家。

水平二：道具在学前儿童"故事板"活动中起着非常重要的作用，它能够推动故事的发展。儿童能够通过对道具命名和分配角色来丰富故事内容，调整讲述结构。学前儿童在这个讲述结构的水平上，要求其能够提到故事中人物之间的相互关系，但不强求他们能够在故事中建立起人物间的复杂关系。学前儿童在故事讲述过程中逐渐涉及谈论人物心理活动和动机的内容，标志性的句子有"他觉得……""他想……"。

水平三：在此水平上要求学前儿童能够分配角色，建立故事中复杂角色人物关系，并通过这些关系推动故事的发展；在故事讲述中能够详细描述角色人物的认知、情感和身体状态。

3. 主题贴切

主题贴切这一考察内容主要是指学前儿童在"故事板"讲述活动中的故事是否有一个突出、清晰的主题，故事的发展与这一主题的贴合程度。

水平一：学前儿童在故事讲述中，想法之间的转换不流畅、不清楚；注意力常常被故事板上的材料吸引分散，故事线索不连贯，常常缺乏统一的故事链。

水平二：故事线索混乱，故事的逻辑性不强；学前儿童能够简单利用事物的矛盾性特点来编零散的故事。

水平三：故事逐渐显现出一定的逻辑性，故事线索能够保持前后的一致，且具有相对连续性；故事主题清晰、突出。

4. 叙述语气的运用

在"故事板"讲述活动过程中对儿童是否能加一些适当的描述、解释、说明和一些帮助听众更好理解故事的策略等一些"叙述"类的语气词开展叙述语气的运用评价。

水平一：学前儿童在"故事板"讲述活动中，常常只是简单地描述过程，很少采用叙述的语气详细地解释他/她讲的故事的意思。

水平二：学前儿童会采用叙述的语气，有时会详细地解释故事中发生事情的原因等。

水平三：学前儿童经常采用叙述的语气，会详细地为听众解释、说明故事的细节，也会对故事中出现的现象进行评论、判断和使用打比方的方式来帮助听众更好地理解故事。

5. 对话的使用

学前儿童在讲故事的过程中，儿童语言发展的最高水平是能够使用对话策略，对话可以使故事变得更加清楚、简洁和有效。

水平一：故事中没有或者很少有对话出现。

水平二：故事中偶尔有对话的出现，但是故事中角色人物的对话简短而模糊。

水平三：故事中有大量对话的出现，对话能够推动故事的进行。对话的内容包括思想、情感和信息。儿童会运用声音的不同来对故事中的角色作区分。

6. 时间标记的使用

对时间标记的使用从儿童在"故事板"中对故事是否能够按照时间顺序用表示时间标记的词进行讲述来判断。

水平一：只会使用一些简单的表示时间顺序的词语。

水平二：有时会使用比较复杂的时间标记。比如"到……为止""不久前"。

水平三：学前儿童能够连续或者大量使用复杂的时间标记，且讲述的故事在时间序列上比较清楚。

7. 表现性

表现性是指用于烘托故事的声音效果，广泛来说，前面所提到的"主题贴切""时间标记"和"对话的使用"都能提高学前儿童讲故事过程中的表现性。需要注意的是，这里的声音效果不包括故事中原本应该有的声音。

水平一：故事中没有或者很少使用语调，没有运用不同的语气和声音效果来区分故事中的不同角色。

水平二：学前儿童偶尔会使用声音效果、角色语气、加强语气、唱歌等形式来加强表现性。

水平三：学前儿童能够使用较多的表示声音效果、生动的角色语气和表现力的叙述。

8. 词汇水平

水平一：学前儿童在故事的讲述中主要使用一些简单的语言，很少使用形容词。

水平二：在简单词汇运用的基础上，有时还会使用一些描述性的和表现性的语言，会加入形容词进行修饰。

水平三：学前儿童会运用大量的形容词、副词等。

9. 句子结构

水平一：学前儿童在讲述故事时会使用一些简单的、不连贯的、并列的句子或者句子成分。

水平二：学前儿童在水平一的基础上，在讲述故事的过程中还会用到介词性词组和复合句。

水平三：学前儿童会使用大量的句子结构，在简单句的基础上，还会出现状语从句、定语从句、分词短语或者将它们进行综合使用。

二、学前儿童前阅读评价

乌克兰著名的教育学家苏霍姆林斯基曾经说过："在学习应具备的各种能力中，阅读能力是居于首要地位的。一个人如果不能完善地掌握阅读这个工具，就不可能顺利地学习。"在现代社会，阅读能力仍然被称为"学习的基础，教育的灵魂"。❶ 阅读是获取知识信息、发展智力、社会交往的重要途径。学前儿童阅读能力的获得不是先天的，是依据其后天长期的阅读教育。❷ 学前阶段，可以通过看、听、说等方式，帮助儿童培养阅读兴趣，丰富阅读经验，提高阅读能力并促进他们的想象、思维和表达的能力。学前儿童的前阅读能力可以从文字意识、阅读兴趣、阅读理解、阅读技能这四方面的内容开展研究评价。

1. 文字意识

文字意识是指文字形式和功能的意识，其发展与个体的年龄有着紧密的联系。例如，儿童在 5 岁左右，他们的文字意识明显增强，能够明确地感受到汉字的部分和整体的关系。文字意识是学前儿童汉语阅读和书写能力发展最重要的预测因素变量之一。❸ 周兢等通过研究表明，儿童的文字意识经历了一个漫长转化、形成过程，主要是从图像到文字的变化过程。❹

关于学前儿童文字意识评价，教育者可以从儿童周围环境中出现的汉字、标记等对儿童进行提问，了解儿童的文字兴趣，儿童对文字、图片、数字等的区分程度，儿童对文字功能的理解以及对汉字形态和结构的感知情况。

2. 阅读兴趣

阅读兴趣是指学前儿童对图书和阅读活动的积极倾向和态度。正如

❶ 舒华，李平. 学前儿童语言与阅读的发展及其促进 [J]. 学前教育研究，2014（10）：3－10.

❷ CUNNINGHAM A E, STANOVICH K E. Early reading acquisition and its relation to reading experience and ability 10 years later [J]. Developmental Psychology, 1997 (33): 934－945.

❸ 刘宝根，周兢，高晓妹，等. 4－6 岁幼儿图画书自主阅读过程中文字注视的眼动研究 [J]. 心理科学，2011（1）：112, 116.

❹ 周兢，刘宝根. 汉语儿童从图像到文字的早期阅读与读写发展过程：来自早期阅读眼动及相关研究的初步证据 [J]. 中国特殊教育，2010（12）：64－71.

爱因斯坦曾说的"兴趣是最好的老师",在学前儿童的早期阅读活动中,同样需要重视对儿童阅读兴趣的培养。

关于学前儿童阅读兴趣培养的评价,评价者可以提供一本儿童从未接触过的读物,观察儿童对该本读物的态度和表现,从中评价儿童对这类书籍的阅读兴趣。除此之外,教师还可以通过观察学前儿童在一日活动和游戏活动中的行为表现,从儿童选择的倾向、注意力的持续时长、情感态度的体验等方面共同来判断学前儿童的阅读兴趣的存在与否和强弱程度。学前儿童具体的行为表现可以从以下八个角度进行判断与评估:①主动要求成人为他读书、讲故事;②对喜欢的图书和故事要求成人反复讲给他听;③自己能够独立且专注地阅读图书;④喜欢听故事;⑤喜欢到图书角翻找图书并进行阅读;⑥听故事和阅读时能够集中注意力;⑦能够就图书中自己感兴趣和疑问部分提出问题,寻求答案;⑧能够大致复述出自己所看或所听的故事。

3. 阅读理解

阅读理解技能的发展对学前儿童的阅读发展也非常重要。"要理解一件事或情境的意义,就是要理清它和其他事物的关系:指出它的作用、功能、结果、原因和运用方法等。"❶ 理解是由一组能力和认知活动组成,是将阅读过程中所获得的信息材料与头脑中原有的知识结构进行有机的结合,在进行深层次的理解和加工后获得的意义和理解的能力,并利用这种能力解释、整合信息,建构意义和表征等综合的过程。阅读理解是阅读能力的核心,也是认知能力的构成部分,它的发展对于学前儿童阅读经验的获得、认知能力的发展以及社会适应性等都有着重要的影响,因此提高学前儿童的阅读理解是早期阅读教育中的一项重要任务。

关于学前儿童阅读理解能力的评价,既可以通过观察学前儿童在一日活动和游戏活动中的行为表现也可以通过标准化的评价测量工具开展评估。其中,常见的测量工具有《早期读写技能的动态指标》和《故事理解评价任务》。《早期读写技能的动态指标》是对 5~12 岁儿童的

---

❶ 约翰·杜威. 我们怎样思维·经验与教育[M]. 姜文闵, 译. 北京: 人民教育出版社, 2005: 118.

读写能力进行评价的工具，具体涉及语音意识、字母原则、文本阅读的流畅性、词汇和理解等方面。《故事理解评价任务》是使用无字图书对儿童的阅读能力开展评价，具体涉及儿童对图画的阅读、复述和在提示下的理解三方面。

4. 阅读技能

阅读技能是指学前儿童对图书结构、阅读规则等的认识和运用行为。图书结构是指儿童在阅读的过程中能够清楚知道该图书的封皮和作者等信息，知道图书的正反与倒顺，知道从上往下、从左往右阅读图书中的文字，并且阅读的姿势正确。学前儿童阅读技能的评价，教师可以在幼儿园教学活动中观察儿童的阅读行为，观察其能否表现出相应技能。

三、学前儿童的前书写评价

（一）学前儿童前书写的发展

学前儿童前书写是指儿童通过笔、墨、纸张和其他书写的替代物作为工具，运用图画、图形、文字、标记和符号等来表达和传递信息的活动。一般来说，可以通过三个方面来理解学前儿童的前书写，一是书写的态度、兴趣和倾向性；二是书写的基本知识和技能；三是书写的能力和方法。学前儿童阶段常见的前书写活动是儿童的画画和涂鸦，儿童通过图形、图案等来创作标记，逐渐发展到写出类似的字的图案，最后发展到能够书写正式思维的文字符号。

（二）学前儿童前书写的发展评价

学前儿童前书写能力的评价，教师可以根据自然观察法和情境测验法开展。特别注意的是，不同年龄段的儿童关于前书写评价内容的重点和指标是有一定差异的。其中，3～4岁（小班）儿童是要求他们能够通过图画、语言和角色扮演来表现故事；能够用涂鸦或者非传统的形状写字。4～5岁（中班）则是在小班要求的基础上，让他们以"像"字的形状、符号和字母来传递想法，了解书写的目的。5～6岁（大班）则又在中班要求的基础上添加一些细节和深度上的内容指标。

四、多媒体技术在学前儿童语言领域的运用

近年来，新型电子教辅资源在信息技术大背景下如雨后春笋般蓬勃发展，其在儿童的语言领域中有着举足轻重的地位。新型电子教辅资源的出现，极大地优化了儿童语言学习的方式，提高了儿童语言学习的实效性，丰富了儿童语言应用的行为，从而提升了儿童语言的表达和感悟能力，帮助儿童形成良好的语言素养。

多媒体信息技术为儿童语言发展提供了便捷的资源利用平台。在学前教育阶段，教育者应该利用多媒体信息技术，开展儿童语言教学引导，提高儿童的口语表达、前阅读和前书写的能力。❶

（一）多媒体技术在学前儿童口头语言发展中的运用

教育者应如何有效地将多媒体技术运用于学前儿童的语言领域中去呢？实践后，总结出以下三点有效性策略。第一，教育者需利用多媒体技术为儿童创设一个集音、形、影于一体的丰富的语言教学环境，以全方位、立体化的教学模式，为儿童营造一个良好的语言学习氛围。第二，教育者在开展语言领域的集体活动时，可以采取将电子白板、智能手机、计算机、互联网等多媒体技术和教师讲解相结合的教学方式，帮助儿童激发语言学习兴趣，提高教学效率和质量。第三，教育者抓住儿童喜欢想象、联想的年龄特点，运用多媒体技术，为儿童构建一个自由想象的空间，让儿童在这个空间里畅所欲言，通过语言的交流，使儿童的虚拟想象变得现实化，从而提高儿童的语言表达能力。❷

在实际语言活动中，教师应将现代教育技术与其具体活动内容相结合，为儿童创设一个语言学习情境。教师往往是将语言活动中的学习内容以动画的形式呈现在儿童面前，然后对活动中的相关基础内容辅以讲述，让儿童掌握其中的基础知识。在此基础上，教师再引导儿童根据活动内容开展想象，让儿童借助电子白板将想象内容增添在画面中并加以解释。由于这是儿童自主动手进行的创作，所以他们更具说话的权利，

---

❶ 高海英. 现代教育技术在幼儿语言教学中的运用［J］. 现代教育装备. 2014（12）：61-62.

❷ 李晓燕. 现代信息技术在幼儿园语言教学活动中的运用［J］. 现代教育装备. 2013（20）：30-32.

教师应注意要给予每位儿童均等的表达机会，鼓励他们用口头语言来解释自己所添加的图画，这不仅丰富了儿童的想象能力，也提高了他们语言创新的表达能力。

（二） 多媒体技术在学前儿童前阅读发展中的运用

多媒体技术作为现代教学工具之一，在创设儿童语言学习情境、优化儿童阅读教学等方面起着不可估量的作用，另外对儿童前阅读的教学改革也具有积极意义。

1. 多媒体技术为学前儿童自我阅读提供支持❶

（1） 视觉技术

根据元分析结果所得，学前儿童数字图书，为儿童提供了丰富的学习资源。多项研究证明，数字图书中的多媒体技术之一——"将静图中加入运动的相关技术"，能吸引儿童兴趣，帮助儿童集中视觉上的注意力和提高学习品质上的专注力，同时也从侧面上增强了他们对故事的理解力。但是，在运用此项技术时尤其应注意：过多无关细节动作的添加会分散儿童对主要信息的注意力，因此故事书动画效果中细节动作的添加要与故事的主题紧密相关。学前儿童数字图书是借助文字、插图和数字讲故事技巧（动图、细节性运动、背景音乐、环境声音、游戏互动）等多媒体技术展现的，多是利用视觉化的呈现方式来辅助儿童理解图书中的文字叙述。数字故事书是一门科学的技术，它是通过将语言和非语言进行双重编码，实现故事图片和文字叙述同步的手段来支持儿童理解故事内容。加拿大心理学家 Alan Paivi 在他的"关于视觉效果对理解语言的作用理论"的实验中证实：人脑能够同时处理视觉和语言这两个来源的信息，这些信息在工作记忆中的加工是同步进行的，且具有相互支持性。数字图书中的视觉技术对儿童理解故事人物的目标、意图、动机和情感态度有支持作用。

（2） 听觉技术

学前儿童数字图书中的多媒体技术，包括音乐和环境声音。其目的是通过刺激儿童听觉的方式来支持他们对故事的阅读和理解。学前儿童

---

❶ BUS A G，SARI B，TAKACS Z K. The Promise of Multimedia Enhancement in Children's Digital Storybooks［C］//Literacy Studies，2019（18）：45－55.

的故事往往是需要具体情境辅助儿童理解故事内容的。例如，儿童在理解"春天是鸟语花香的"这句话时，单纯依靠文字的叙述，是无法真正理解春天的多彩与有趣的。如果在这时，加入小鸟欢快的叫声和微风轻轻拂过树叶或小草发出沙沙的响声，就会使儿童具有身临其境的感受，也能更好理解这句话的意思。但是请注意，故事书的听觉技术支持不适用于每位儿童。研究发现，对于那些有语言处理问题的儿童来说，如果要求他们同时处理语言和其他听觉信息，会造成认知过载，在一定程度上会削减他们在数字故事中的学习潜力。因此这类儿童在阅读故事的过程中就不能加入其他声音的刺激。

（3）游戏化元素

插图互动技术是儿童故事书中一种具有游戏化的元素，它是利用多媒体技术，在书中插入可操作性的图画。具体操作方法是，儿童在阅读过程中，可以根据文字的叙述点击插图中的元素，进行互动，以此来增强故事书的游戏性和趣味性。德国作家兼插图画家 Janosch，是第一个将插图互动技术融入学前儿童图书中的人，自此之后，他的这种将文字与图画相结合的设计方式在儿童故事图书中受到了众多作家的青睐。例如，某本故事书中有这样一个场景：青蛙医生正在给身体不舒服的老虎检查。为了让儿童更好地理解这个故事，Janosch 除了采用拟人的修辞手法将故事中的青蛙和老虎赋予了人的思想和职业，让整个事件变得戏剧化，激发了儿童的阅读兴趣外，他还在其中添加了插图互动技术，儿童可以在冻结的屏幕上点击每幅插图中的大约五个细节，如电灯泡、老虎等。当儿童点击这些互动元素时，数字故事图书中的视觉和听觉效果就会被激活，例如灯泡会随着点击的次数依次变亮，老虎会面露难色，发出呻吟等。这些插图互动技术的运用在一定程度上会提高儿童对故事阅读的积极性和故事的理解力。在大量的研究中也证实，学前儿童数字图书中的插图技术对儿童阅读具有积极的作用。值得注意的是，这些游戏性的插图技术尽管具有互动、激励和自定节奏的特点去帮助学前儿童阅读和理解图书，但是人的信息处理系统能力有限，过多无关资源的出现可能会降低他们对故事理解的效率。因此，故事图书中的游戏性元素需通过适量和适度的考量，尽可能在儿童的阅读过程中起到积极的推动作用。

（4）交互式智能元素

当前，学前儿童数字图书又进入了一个全新的时代，在之前的基础之上又新添了更加有效的互动方式，这些新技术的加入，不仅没有让读者忽视故事主线的功能，还更成功地将游戏的互动性与故事的叙事线结合起来。在这些新技术的应用中，学前儿童在阅读时，可以通过做与叙述一致且不破坏"故事的完整性"的动作，来协助学前儿童更深入地参与到主题内容之中。例如，在《这本书的结尾有一个怪物》的故事书中，就很自然地将叙事和互动游戏进行了一个有机的结合。学前儿童可以根据数字图书中，对主人公 Groverd 打结、钉木板、砌砖墙等动作的叙述，利用互动技术去触摸相应的动作，推动故事环节的发展。

Sargeant 根据这种游戏的互动原理，也开发了一个叫"How Far is Up?"的应用程序，让学前儿童在阅读的同时，也有操作的体验。在这款程序中，允许儿童在整个场景中，根据故事中的叙述，倾斜硬件设备或在屏幕上移动玩具火箭来配合阅读。

荷兰的应用程序开发商 Christiaan Coenraads，尝试了各种形式的互动活动，通过促进儿童对故事事件的回忆和反思，来加深其对故事的理解。常常采用让学前儿童执行与故事人物相同的行动的方式来解决核心问题。例如，在某个儿童故事中有这样一个场景，故事中的人物在寻找机器仪表盘上的正确按钮，我们首先看到的是他坐在机器前，感到非常的困惑，这时将镜头拉近仪表盘，其中一个按钮亮了起来，故事中的人物说："嗯？哪个是正确的按钮呢？也许是这个？"之后故事停止叙述，只有在学前儿童点击或者触碰了任何一个按钮之后，故事才开始继续叙述。可以看到，学前儿童在选择按钮时，常常表现出犹豫不决和自言自语的状态，这是学前儿童对故事内容进行思考的表现。也许他们在想如果点击的是错误的按钮，会发生什么呢？当儿童在点击按钮之后，又会非常期待下一个场景的出现。随着与数字图书不断地互动，学前儿童会进行不断地思考，理解故事的内容，直至最后可以独自复述故事。

学前儿童识字能力的核心是叙述，叙述能力的发展又依靠阅读。为此，重要的是，成人应该从学前期开始就重视儿童的图书阅读，为发展儿童的前识字和叙述能力创造机会。多项研究证明，互动式书籍更能够帮助学前儿童提高故事叙述和理解能力。将多媒体技术运用到学前儿童的阅读发展中，可以有效地帮助儿童建立文字意识、激发阅读兴趣、提高阅读理解能力和掌握阅读技巧，从而提高学前儿童前阅读水平，促进其语言的发展。

2. 多媒体技术为成人和儿童共同阅读提供支持❶

"对话式"阅读是成人与儿童共同阅读的方式之一，它是指通过成人和儿童就当前共同阅读的图书中，所发生的事情开展问答式的对话。研究证明，这种阅读方式对儿童前识字、前阅读能力的发展具有促进作用。

电子书是大多数家庭进行亲子阅读时的工具，它具有音频解说的功能，对于发音不准确、识字能力和阅读能力差的家长来说，是一大福音。有研究者在他的实验中提出假设，若在电子书中提供成人和儿童互动的技术支持，可能会帮助家长减轻自己语言能力差的焦虑。在他之后的实验调查中也证明了交互式电子书在亲子阅读中确实能够为家长提供一定的技术支持。此外，交互式电子书在亲子阅读过程中，还可以为儿童直接提供阅读支持。例如，在亲子阅读中，当共同阅读者成人不在时，这种交互式数字媒体可以直接作为儿童的阅读助手。他们会代替成人先带领儿童一起阅读故事，在阅读中或阅读后，数字媒体中的"电脑助手"会向儿童提出与故事相关的问题，通过儿童的回答，比较与故事内容的贴合性，据此做出儿童阅读理解的反馈性结果。在此项研究中证明：在有"电脑助手"提问辅助下的儿童，在表达和理解词汇的方面明显要比那些光是阅读而没有问题互动的儿童收获更大。以下介绍四个交互式阅读的实验案例，它们探讨了相应的数字互动媒体技术对亲子阅读的影响和作用。

（1）家庭故事会和故事交谈

为支持成人与儿童的共同阅读，Revelle 及其同事开发了几个不同版本的阅读系统，其中"故事会"和"故事交谈"这两个系统的使用原理，都是让成人与儿童读者通过远程的方式来阅读和控制同一本书。在"故事交谈"系统中，成人和儿童都可以通过点击屏幕上的"电脑

---

❶ REVELLE G L, STROUSE G A, TROSETH G L, et al. Technology Support for Adults and Children Reading Together：Questions Answered and Questions Raised［C］//Reading in the Digital Age：Young Children's Experiences with E-books, 2019（18）：103 – 132.

助手"来启动评论或问题。例如，在阅读过程中，成人可以在点击"电脑助手"之后说："这一页发生了什么？"然后再点击"说话"选项，来启动它对故事的评论。成人还可以点击"是"或者"否"，来让"电脑"助手做出回答。此外，"故事交谈"系统还具有"共享指向"的功能，以数字媒体设备为载体，成人或儿童都可以点击页面上的某一文字或图片，当任何一位阅读者点击屏幕之后，都会在屏幕上的相应位置出现一个"手"的图标，其他的共同阅读者也能在自己屏幕中的同一位置看到相同图标。这可以帮助成人或儿童直接指着书中的图画人物或物体，对其进行提问或评论。

　　Rafe 等人就"故事会"系统对成人与儿童共同阅读行为的支持性，做了相关的研究。根据收入水平和种族的多样性，选择了家里有 2~4 岁儿童的八个家庭为研究对象。儿童及他们的家庭成员在"故事会"系统和传统的视频会议技术的支持下，可以在不同地点进行同时阅读。在实验中，要求每个家庭应参加两次阅读课程学习，第一次课程是邀请所有家庭成员与儿童共读《书末的怪物》这个故事的电子版，在阅读过程中加入 Story Play 技术，该技术主要是为家长提供对话式阅读的策略示范，如基于文本的对话式阅读提示等；第二次课程要求儿童与家庭成员一起阅读同一本纸质书籍，之后采用 Skype 技术，家长利用语音或视频向儿童讲故事。在"故事会"系统中的两次阅读课程的全过程都将被录像记录，从而为之后的语言和社会性互动方案的编码提供依据。这里的编码是以儿童及其家庭成员在阅读故事每一页时的行为作为重点，其中编码有四类方案，每类方案都包含语言和非语言两种成分，主要包括：与书本内容相关的行为、儿童注意力或参与度的指标、翻页的协调和与屏幕上角色的互动等。

　　研究证实，有技术支持的成人互动式阅读（Story Play）比成人通过语音或视频单向地向孩子阅读传统的纸质书籍（Skype）对儿童的阅读发展更具支持性。具体如下：第一，对话式阅读会增强儿童的专注力。第二，会提高儿童及家庭成员对共同阅读参与的积极性。第三，会提升儿童家庭成员对共同阅读体验的满意度。

　　关于"故事交谈"系统的研究，Rafe 选择了家中有 1~6 岁儿童的61 个家庭为研究对象，研究方法主要采取的是长测试形式，测试的原型是网络电子书系统，测试的时长为四周，在这四周时间的测试中父母、儿童和其他家庭成员可以根据自己的需要多次登录"故事交谈"系统。研究时要求每个家庭中的参与者都要配合研究者完成测试前和测试后的调查，包括观察和记录图书阅读过程中的视频、电话采访、家访等多种测试形式。"故事交谈"系统有四个不同的版本：①具有模范角色的对话式阅读策略模型的电子书；②没有模范角色，但可以为成年读者提供基于文本的对话式阅读提示的电子书；③两者都有；④两者都没有。每个版本都包括根据图书馆中的纸质书籍录入的电子书和电子书"共享指点"功能。其研究目的是要重点比较参与者在不同图书特征条件下与电子书互动情况。研究开始前，由 61 个家庭组成的研究对象将被随机地分配给这四个版本，然后用"故事交谈"系统记录其基本使用数据，包括家庭共同阅读的次数、每次阅读所花费的时间和共同阅读的书籍数量等。

研究发现，在不同图书特征条件下，参与者与电子书互动情况有差异。"故事交谈"系统的前三个版本比第四个版本带领下进行阅读的家庭，经验更丰富，阅读的时长也明显更长；在调查被研究者使用文本式对话阅读提示的情况时发现，第二个版本要比第一个版本和第三个版本的家庭对阅读提示的点击数更多。数据显示，只有文字提示支持的所有家庭中有 75% 的家庭至少点击过一次提示，有角色示范模型支持的所有家庭中只有 20% 的家庭点击过文字提示。

（2）阅读与交谈

Troseth、Strouse 及其同事针对多媒体技术在成人与儿童共同阅读的应用研究出了一款新产品，这是一本基于 PBS KIDS 节目的电子书。这本电子书在每一页的故事叙述结束之后，都会有一个成年人的角色出现在页面的角落里，然后面向儿童提出与这页故事相关的问题。这个角色的出现为父母的逻辑提问做了很好的示范。这个系统对提高成人与儿童阅读的能力遵循了循序渐进的原则。一开始，系统中的成年人角色会代替父母提问来与儿童发生互动；在一段时间后，这个角色将不再主动出现（但是如果父母和孩子想听他对这页故事的谈话主题的建议，就可以点击屏幕上的提示文本框或者图标，唤醒成年角色，获得提示），这就要求家长能够在阅读中始终有问题意识，学会围绕主题与儿童开展阅读交谈，从而帮助儿童提高阅读理解能力。

目前，关于"阅读与交谈"对提高儿童前阅读能力的有效研究中，选取了两个研究样本，分别由 32 个和 67 个家庭组成。在这项研究中儿童及其照料者都需进行两次阅读，一次是阅读带有对话式提问支持的电子书阅读，另一次是阅读最原始版本的书，也就是关闭声音的电子书或通过对电子书进行截图来创建的纸质版书的形式。两次共同阅读的全过程都会被录像记录。阅读结束后研究者会根据录像对两个样本的亲子谈话数量、谈话内容、儿童情感、注意力进行分析和编码。结果显示：①在第一次阅读中父母与儿童的谈话数量比第二次阅读多 3~4 倍，谈话中所用的词汇、句子也明显更加丰富和高级。在与家长的访谈中了解到，他们在与儿童阅读印刷书籍时或者在电子书的叙述和自动翻页功能未被启动时，交谈会更加频繁。②在父母和儿童专注于故事内容的对话数量方面，第一次阅读比第二次阅读的谈话内容要丰富 3~5 倍。数据显示，两个样本在第一次阅读时的谈话内容都与故事内容紧密相关，其中与故事内容相关的谈话内容占总谈话内容的 75%~90%。③在父母与儿童的共同阅读的时长上，他们在第一次阅读的时间比第二次阅读的时间长两倍。尽管第二次阅读所花的时间很长，但是儿童的注意力和情绪都保持积极状态。有父母反馈，在使用一段时间的"阅读与交谈"电子书后，他们可以根据系统中所总结的对话式提问策略，在不做提示的前提下，主动向儿童提与故事内容相关的原创性问题。他们认为"阅读与交谈"电子书很有帮助，为他们提供了提问方式、新的问题类型以及问题设置。

（3）iRead With 电子书

Rvachew 及其同事所设计的一款名叫 iRead With 的电子书，将每页都清楚地分为两个区域，页面的前三分之二是带有嵌入式热点和动画的插图，后三分之一是相应的文字叙述，包括"活字"，提供动画以加强字义解释。该电子书鼓励对故事中常出现的某些词语进行个性化设置，来吸引儿童读者的注意。例如：《那是什么有趣的声音?》中，可以将爸爸、妈妈、噪声、怪物和阴影等词的字体设置为黑体、大号、加粗，可以让每个词在文本中都以其特有的颜色出现，还可以通过读者的点击或者触摸激活这些词，从而显示出每个人物的相应特征，相关的故事动画也会在页面顶部的插图中被启动。例如，当读者触摸到"阴影"这个词时，该词的下面就会出现一个阴影，随后母亲的头像上也会向读者给出提示，引导家长就图上所出现的阴影向儿童提出相关问题，在家长与儿童交谈之后，插图中的动画再向读者普及光源是如何产生阴影的科学知识。在这一整个阅读的过程中，成人对儿童的词汇学习、故事理解或识字能力发展的支持效果明显。

Rvachew 等利用随机控制交叉实验来评估 iRead With 这项电子书功能对成人支架行为的影响。本研究选取了位于低收入城市的社区英语学校的 28 名儿童和 8 名志愿者成人读者（3 名是学校社区的家长、2 名是学校工作人员、3 名是本科在读学生）为研究对象，他们需要参加为期两周的一对一共享阅读体验，志愿者成人读者每周需向儿童分享三次阅读内容，要求在分享时，成人读者应该与幼儿园对儿童故事分享的方式相一致，但是可以自己决定电子书功能的使用与否、使用时机和时长等。注意：在这两周时间内，成年读者除了可以初步熟悉书籍和电子书功能，不会得到任何关于阅读策略的培训。28 名儿童会被随机分配给志愿者成人读者，按照随机分派的方式安排每位儿童的阅读顺序。两周的阅读过程都会被录音、录像，会将所有不属于文本中的成人话语按照以下类别进行编码：①关系与行为；②书的机制；③与故事的相关性；④词义；⑤印刷品或词汇结构。之后按照编码，依据音频和影像，对成人阅读者在共同阅读期间的支架行为进行评价打分。其标准的编码细节和例子可参考 Rvachew 等人的研究设计。

研究结果显示，成人读者在 iRead With 电子书的引导下，能够提出较多与故事相关的问题，且所提问题都有一定的难度和逻辑性，儿童能够根据问题的答案推测故事的发展，从中理解故事大致内容。

（4）角色阅读示范

Strouse 等在儿童视频故事书中创建了一个对话式提问机器程序，"苏小姐"是程序中的主角，常以虚拟人物的方式出现，她一般隐藏在页面左上角的"画中画"窗口中。"苏小姐"可以控制整个阅读的流程与进度。在需要提问题之前，"苏小姐"会出现在主屏幕上，举起手里的遥控器"暂停"视频故事；提问后，儿童有短暂的时间来回答问题，片刻之后，"苏小姐"又会控制手里的遥控器，让故事视频继续播放。

与之前的电子书程序不同的是，"苏小姐"的对话是直接面向儿童的，而不再是以提示父母的中介身份存在于电子书中。

　　Strouse 等在 2013 年开展了一项研究，比较了 81 名儿童在不同支持条件下开展阅读后所获得的故事词汇、故事理解等。在为期四周的研究中，每位儿童在不同的阅读支持条件下观看了 4 部故事书视频。81 名儿童及其阅读支持条件分配如下：①20 名儿童的父母在与儿童一起观看故事书视频之前，会接受对话式提问策略培训。在研究开始后，父母与儿童能够进行高质量的对话式阅读学习。②有 21 名儿童的父母在与儿童共同观看故事视频的研究中，被要求引导儿童重点关注故事事件本身，但是全程无须向儿童提问。③20 名儿童的父母不被要求，当他们在与儿童共同观看故事书视频时，只需呈现最自然的状态即可。在研究过程中，允许父母与儿童有较少对话和交谈，也允许父母不参与视频观看，让儿童独自观看。④剩下的 20 名儿童，可以让电子书程序中的"苏小姐"代替父母的支持作用。儿童在观看故事书视频时，可以随时点击屏幕上画中画的位置，唤醒"苏小姐"，随后"苏小姐"将会以父母的提问方式使用对话式提问策略。在所有支持条件下的父母都需要根据研究者的安排，在研究的前两周，让他们的孩子每周应看 3～5 次前两个故事，后面的两周每周需看 3～5 次新故事。在支持条件④下的父母收到的每个故事都有两个版本，第一个故事版本中所包含的问题是较容易的，第二个故事版本中所提的问题都有一定的难度和挑战。第一周幼儿观看容易版本，第二周观看困难版本。然后在接下来的两周内对每个故事都利用这种程序观看。注意在此支持条件下的父母，不用重复程序中"苏小姐"的问题，因为研究者要了解儿童独自从视频中学习的感兴趣程度。在整个研究前，儿童及他们的父母都要到实验室去进行一次词汇的前测，在两周的故事视频观看学习之后，再进行此词汇测试。

　　在最后一次的测试、访问中，儿童和家长都需到实验室里观看故事视频，但要求所有的条件都需与在家时一样，研究者用视频的方式记录。研究发现，阅读条件①支持下的儿童，在故事理解和词汇学习方面有明显的改善；条件④支持下的儿童的前阅读能力发展的评价得分介于条件②和③这两组之间。在最后的实验室访问中得知，在条件④支持下的家庭，父母在整个故事视频的观看中，平均只提出了1.35条与故事内容相关的问题和评论，是所有支持条件下最少的。但是儿童与条件④中的"苏小姐"的互动性很强，有63%的儿童会在视频中"苏小姐"提出问题后，给予积极的回答，即便是口头的。那么在对"苏小姐"回应的过程中，儿童能够获得相应的学习支持，比如对故事中词汇的积累、故事的理解力、儿童的阅读专注力等。

（5）总结

亲子共读对儿童的识字发展带来的作用不可低估。成人可以通过"对话式阅读"的方法促进儿童的识字学习，所谓对话式阅读就是邀请成人与儿童在共同阅读的过程中就书中所发生的事件，用提问或者回答问题的方式进行对话和评论，并将书中的事件与儿童的现实生活经验联系起来。

在"家庭故事会""故事交谈"阅读系统、"阅读与交谈"电子书、"iRead With"电子书和"角色阅读示范"这四个实验中，都在探讨了几种不同的数字互动媒体技术对亲子阅读的影响和作用。这里列举的所有研究的相似点在于，儿童的年龄都在6岁及以下；都是对成人与儿童在电子书中互动式阅读的观察。差异在于，成人读者与儿童的关系：有的要求是父母、有的要求是家庭成员、有的则是无血缘关系的社会人员；成年读者的阅读策略：是否接受过对话式阅读的培训；两个读者的距离：是在同一地点还是通过远程技术支持；阅读的地点：是在家里还是在实验室进行。这四个实验要求成人与儿童都应共同参与并测量其言语的发展，实验结果显示，含有支架的电子书比没有支架的电子书有更多关于书籍内容的谈论、阅读的时间更长、儿童的注意力和情感都更高。在大量的研究中，有充分的证据证明，在成人与儿童的共同阅读中，将现代多媒体技术融入学前儿童的语言领域，特别是采用对话式阅读支持的教辅资源，能够提高亲子阅读的效率，帮助学前儿童建立识字技能，提高前阅读的发展水平，促进其语言能力的发展。因此，父母和教师在运用这些促进儿童语言发展的交互式数字媒体时，应该事先接受相应的培训，将对话式提问互动纳入家庭和幼儿园的语言活动当中，提高儿童词汇的接受性和表达性。

第三节　学前儿童的认知发展评价

认知是个体认识客观世界的信息加工活动，是认识和知识，也是人类最为基本的心理活动。其中认知是动态过程，知识是结果。认知依其对象不同可分为自然认知和社会认知。自然认知是指个体对自然界各种现象、事物以及它们之间的关系的认知，具体有对数量、空间、时间、因果关系、类别、数列等的认知。"社会认知"指的是对人和人类社会的认知，具体包括学前儿童对人、人与人之间的关系、社会规则的认知等。认知依据过程的角度看，其包含着许多的心理过程（如意识、智力、思维、想象、创造、计划、策略形成、推理、预测、问题解决、概念化、分类与联系、符号化和知识等），对于学前儿童来说，认知还包括记忆、注意、学习以及认知活动和交往活动中的语言的运用。❶

学前儿童的认知发展是一个逐步发展的过程。学前儿童的认知一般是由学前儿童的身边开始逐步外延、由局部到整体、由片面到全面、由表象到本质、由低水平到高水平发展的规律进行。认知发展是个体早期心理发展的重要组成部分，是衡量个体神经系统及大脑发育的重要指标。学前儿童认知发展评价是心理学中的重要领域之一，强调评价过程的实践性。

一、学前儿童认知发展评价概况

儿童认知发展的迅速期是在学前阶段，此阶段的儿童有着自身发展的特殊性，因此在对其认知发展的评价显得稍有难度。近年来，随着一些技术的发展，婴幼儿发展中的习惯化/去习惯技术的广泛运用，使得对学龄前儿童的认知发展研究和评价有了相当大程度的进展。但在近几年的研究中发现，传统的对儿童认知发展评价的方式不太准确，他们常常低估了婴儿期和学前期儿童的能力。❷

学前儿童认知发展评价在评价者所持的"认知观"和"认知发展

---

❶　王振宇．学前儿童发展心理学［M］．北京：人民教育出版社，2004：38.

❷　弗拉维尔，米勒．认知发展［M］．邓赐平，译．上海：华东师范大学出版社，2002：27.

观"的影响下分为多个维度。学前儿童的认知发展评价，既可以从发展心理学的角度评价学前儿童的感知、注意、记忆、思维和想象，可以从数学、科学角度评价学前儿童的数字、测量、排序、科学知识、科学思维等的认知，也可以从自然认知、社会认知的角度评价学前儿童的数量、时间、空间、类别、数列、个体观点采择能力、社会角色和社会规则的认知，还可以从知识经验、思维能力的角度评价学前儿童的认知发展。

总而言之，不管什么视角下的学前儿童认知评价，都涉及概念、分类、排序、测量、数量关系、时间、空间关系等一些最能体现出学前儿童认知发展的范畴。

二、学前儿童的认知发展评价

（一）标准化测验中的学前儿童认知发展评价

标准化的学前儿童认知发展测验为评价儿童认知发展提供了基础性与可行性。在采用标准化的测验时需要注意以下几点要求。第一，在对学前儿童进行认知或智力测查前，必须要经过专业的培训，切勿只凭自己的理解便开展测验。第二，测查结果需进行科学的统计分析，慎重对待所得结果，不轻易依据这些结果将儿童分类、贴标签。普通教师和一般评价者，可以直接利用这些标准化测验工具或者部分借鉴这些工具中的某些项目和形式，以此来了解儿童认知发展的现状。常见的三个与学前儿童认知发展联系比较紧密的标准化测验工具介绍如下。

1. 韦克斯勒智力测查量表

韦克斯勒智力测查量表适用于 4.5~6.5 岁的儿童，包括言语量表和操作量表两个部分，每个部分又按照题目类型分为 10~12 个维度，每个维度都有相应的评价标准。到目前为止，韦克斯勒智力测查量表已经出现多个版本，其常模随版本的更新也在不断修正，在此量表中的类同、词汇、数字广度、图片排列等许多的测查项目，已被人们广为借鉴，如表 5-1 所示。

2. 伍德考克-约翰逊心理-教育测验（修订版）

伍德考克-约翰逊心理-教育测验量表适用范围很广，可用于 2 岁至 90 岁以上的人测验，如表 5-2 所示。

表 5 - 1　韦克斯勒智力测查量表

子领域	维度	标准
言语量表	常识	社会对同一事物普遍存在的日常共识，也指儿童在日常生活中经常碰到的问题
	类同	要求儿童概括出每一对词的相似之处
	算术	要求儿童进行心算、从简单的心算到较难的心算
	词汇	要求儿童对出现的词汇进行定义
	理解	要求儿童对题目中的问题进行解释、回答
	数字广度	评估者念出一系列不断增长的数字，要求儿童顺背或倒背
操作量表	图画补缺	要求儿童指出画上未画完整的地方
	图片排列	要求儿童把打乱顺序的图片按照某种逻辑排好顺序
	积木图案	要求儿童摆出与范例一样的图案
	物体拼接	要求用提供的拼版拼图
	译码	要求按照示例把符号填入相应图形中
	迷宫	要求找到迷宫的出口

表 5 - 2　伍德考克 - 约翰逊心理 - 教育测验（修订版）

子领域	维度	标准
认知测验	长时记忆	测验儿童对一段时间以前所存储的人为的、偶然联系在一起的信息的记忆情况
	短时记忆	测试儿童对听觉信息的存储和提取情况，要求儿童立即或几秒后倒着说出刚才所听过的句子、单词或数字
	加工速度	要求儿童注意力集中，快速地完成抄写或其他任务
	听觉加工	测查儿童对听觉刺激反应的流畅程度
	视觉加工	考察儿童在直觉图形、心理旋转和对视觉印象保持一致等方面的视觉、空间能力
	理解知识	通过测查词汇来测查儿童知识的广度和深度，例如要求儿童说近义词、反义词或者给物体命名等
	流畅性推理	要求儿童用推理能力来解释新问题，但解决这些问题又用不上学校或文化传统教给的知识

3. 瑞文推理测验

1938 年，英国心理学家瑞文编制的瑞文推理测验是测试一个人的观察和思维能力，值得注意的是，他还专门为年幼儿童和智力缺陷的儿童单独创制了一个彩色版本的瑞文推理测验。瑞文推理测验采用图形的方式进行的，这在很大程度上排除了文字对学前儿童测试的影响，使测试更加真实、可信。瑞文推理测验是通过做选择题的方式对学前儿童的认知进行测验，该测验的题干是一幅不完整的图片，然后将缺损部分的图片与其他不相关的图片并列地放在选项中，要求儿童能够将正确图片选出。瑞文标准推理测验按照难度逐步递增的顺序分为 A、B、C、D、E 五组，每组里各含有 13 道题目。其中，A 组是测查直觉辨别的能力，B 组是测查类同比较的能力，C 组是测查比较推理的能力，D 组是测查系列关系的能力，E 组是测查抽象推理的能力。

（二）自编测验中的认知发展评价

测验是评价者搜集评价信息与证据的重要方式。对未经过专业培训的一般教师，不能开展标准化测验，因为他们无法对专业人员提供的标准化测验数据做出正确的解释。但是，他们可以通过自编测验来评价儿童的认知发展，例如中小学教师编制的各种考试试卷就属于认知发展评价中的自编测验。

学前儿童认知发展的自编测验评价中，首先需要明确测验的内容和标准。下面列举一些具体的儿童认知评价测验标准。感知能力的评价标准：感知的灵敏与准确程度；是否能够对细微或隐蔽的特征加以注意；是否能清晰、完整地反映事物。观察能力的评价标准：是否有目的性；观察的持续时间；观察的概括性和精确水平；能否使用一定的观察方法。注意力的评价标准：有意性和选择性；稳定性和集中性；注意的范围；注意的分配和方法。

在了解测验的评价标准之后，需要特别注意对评价和搜集信息的方式的选择。在这几个方面做好配合、调整之后，才能编制出评价儿童感知、观察和注意力的方案。

（三）一日活动中对学前儿童认知发展的评价

对于一线教育工作者来说，开展学前儿童的认知发展评价，最直接与简便的方式是直接对儿童的一日活动做非正式的观察和访谈，这里的非正式观察并不等于随意观察。教育工作者在采用这种评价方式时，必须要充分了解学前儿童在一日情境活动中认知发展的表现，在此基础上再开展评价。这些表现常常是指：通过感官来认识物体，模仿各种动作和声音，将模型、照片和图片等与真实的场景、事物联系起来，用泥、乐高等材料来完成造型，用不同粗细、颜色的笔绘画，进行听、写、读的活动。在高瞻课程模式中将儿童的这些表现定义为"关键经验"❶，这些关键经验对一线工作者评价儿童、改进教学模式等有着积极的作用。

其中，分类是学前儿童认知发展中一个重要的方面，在学前儿童的经验世界里，关于分类的关键经验包括：探究事物的特征并给这些特征命名，注意并描述事物的异同，根据这些特征进行分类或匹配；用不同的方式描述和使用物体；描述出某种事物所不具有的特征或不归属的类别；同时注意事物一个以上的特征；区分"部分"和"整体"。由此可见，学前儿童的分类能力是一个循序渐进的过程，关于它的评价，具有多重标准。了解学前儿童的认知发展水平，具有多种评价方法，在具体的评价情境中要求评价者根据实际情况选择最佳方式。

三、现代信息技术在学前儿童认知发展中的渗透

从心理学角度来看，学前儿童的认知过程是通过感觉、感知、记忆、想象、思维等形式对客观现实的外界事物予以反映和揭示的过程。调动和提高儿童对事物感知的兴趣，能有效地帮助儿童巩固和发展注意力、思维力和想象力。多媒体技术在幼儿园活动的渗透中，为其提供了形象逼真的环境、鲜艳生动的图像、动静结合的画面和声像同步的情境，激发了儿童浓厚的兴趣。❷

（一）编程技术与学前儿童认知的概述

众所周知，学前期是启发生理和心理的最佳时期，从儿童的体格和

---

❶ 玛丽·霍曼，伯纳德·班纳，戴维·P·韦卡特，等. 活动中的幼儿—幼儿认知发展课程［M］. 郝和平，周欣，等 译. 北京：人民教育出版社，1995：152.

❷ 于京. 信息技术在5~6岁儿童分类排序教学中的应用研究［D］. 哈尔滨：哈尔滨师范大学，2019：24.

神经发育到心理和智力的发育，都蕴藏着无限的发展潜力。许多家长为了抓住孩子的认知发展关键期，为儿童报了许多的课外培训课，其中编程是近年来最受家长青睐的课程之一。近年来，编程已经逐渐被纳入到国内外基础教育教学课程内容中。编程思维是编程课的基础，编程思维就是所谓的逻辑思维，着重强调"理解问题，找出路径"的思维过程。简而言之，它是应用我们已经储备的知识和经验，将自身的思路转换成逻辑思维进行运算，由简到繁，从而形成一种解决问题的方法。编程思维对学前儿童来说具有非常重要的作用，儿童不仅能用它解决数学领域的各种难题，还能将其运用到生活中的很多方面。

（1）记手机号码

对于学前期的儿童来说，手机号码的数字很多，若要求他们能够准确记忆是比较困难的。但是将这一连串手机号码辅以编程思维的方式记忆，将会使之简单化。

首先儿童可以观察手机号码的整体结构，找出我国手机号都是由 11 位数字组成，并且每个手机号都是 1 开头，前三位以 135、138、133 等网络识别号居多的规律。然后儿童就可以根据编程思维建立起自己的编程模式，采用 3＋3＋5 或 3＋4＋4 的分组记忆，即第一组为 3 位数，第二组为 3 或 4 位数，第三组为 4 或 5 位数，具体选择可以根据儿童自身的偏好。编程模式的记忆可以加快儿童的记忆速度，也会帮助儿童记得更加牢固。

（2）整理和归纳

小朋友的家里总是有很多的玩具，但是玩具的大小、形状不一，导致儿童每次独自整理时总是毫无头绪，只能用试错的方式（一个一个试能不能刚好几个框装完玩具，并且有一定的分类，如球类、乐高类……）整理。儿童可以利用编程的思维建立自己的思维模式，可以先观察玩具的各项特征，然后有一个整体的分类，再按照每类玩具的大小依次放入整理箱，这样就会提高整个整理和归纳过程的效率。

简而言之，编程思维就是正确处理、解决问题的另一种打开方式。利用编程思维会提高儿童做事的效率和成功率。但是还有很多家长对编程思维不甚了解，有些理解上的偏差，他们认为编程就是让儿童去学写一系列复杂难懂的代码。实际上，大多数儿童对于编程是零基础的，而且要想学好编程，是需要一个长期积累和循序渐进的过程，因此最开始的编程课程都只是一些符合儿童接受能力的可视化图形编程。可视化编程也叫做可视化程序设计，它通常在孩子的认知里面将它定义为画画。儿童可以将操作界面中的代码编辑区当作画布，把各种颜色的程序块当作颜料盒，并拖拽这些程序块进行编程，从而呈现出一幅幅优美的动画作品。

研究发现，3~5岁是儿童的思维启蒙期。这个时期是启发智力、培养观察、理解能力和兴趣爱好的重要时期。因此，儿童在这一阶段应该进行简单的思维训练，为今后的思维能力奠定基础。5~6岁是儿童的思维形成期，在这一阶段的儿童逐渐升入幼儿园大班，变化非常大，家长和教师应该对儿童的实验猜想、推理判断、开拓思维等能力的发展予以重视，进行一些更加复杂的思维训练，从而形成良好的思维逻辑能力。孩子从学前期起就接受编程训练和数学思维，就会逐渐形成独立发现问题、解决问题的能力，当他们在今后的人生道路上，遇到困难也能够建立起自己的逻辑思维模式，顺利解决所有的难题，让这种思维能力伴随儿童一生，孩子也将终身受益！

（二）编程技术在学前儿童认知领域的渗透案例

1. 编程技术与儿童高级认知的关系概述

编程是现代人工智能的重要手段，其中机器人编程课，是儿童常见的课外培训课程之一，通过机器人编程可以增强儿童早期的高级认知功能。

教育机器人（ER）是20世纪60年代末发展起来的一种新的学习方式，它是通过游戏和实践活动对机器人进行编程、设计和组装。其中，机器人编程是一种要求学习者在运动行为之前，就需在头脑中规划复杂的动作序列的教育机器人活动。编程技术中的机器人编程蕴含着丰富的儿童高级认知过程，例如问题解决、认知控制和逻辑推理。

在机器人编程的过程中，儿童需要严格按照以下四个步骤进行：首先，要设定目标；其次，要按照顺序思考实现该目标所需的步骤；再次，开始编制动作；最后，验证行为。例如，你想让机器人去厨房，那么你首先就需将厨房设定为你的目标地点；其次，你应该思考机器人到达厨房所需的顺序步骤；再次，给机器人正确的指令；最后，验证结果，机器人是否成功到达了厨房。在实现这项任务的过程中，就涉及了抽象和逻辑推理、决策、顺序思维、维持和更新记忆中的信息以及解决问题这几个复杂的高级认知功能。

2. 案例评析

以校内教育机器人增强儿童高级认知功能的实验研究❶为例。

机器人编程的高级认知过程，包括问题解决、认知控制和逻辑推理都属于认知领域的执行功能（EF）。EF 是由一组从上而下的认知功能所组成的，其中主要有以下三个基本部分：①抑制性控制。当个体在干一件事情时，突然有干扰刺激或其他的心理表征时，执行认知就会发挥它抑制性控制的功能，即要求我们有选择地专注于我们正在做的事情，将与当前所做事情无关的所有干扰屏蔽或抑制掉。例如，当课堂上，教师在教授知识点，而周围的同学在聊天，这时 EF 中的抑制性控制认知功能就会发挥作用，自动将同学的聊天声音缩小，而放大教师的声音，认真学习相关知识点。②工作记忆，是指在精神上保留和阐明信息的能力。这对于复杂的认知活动，例如解释性的口头或书面语言、精神上重新排序项目（如重新组织待办事项清单）、将指示转化为行动计划、将新的信息纳入思维或行动计划、考虑替代方案和精神上将信息联系起来以得出一般原则或看到项目或想法之间的关系是很重要的。③认知灵活性，在两个或多个任务、思维或反应规则之间切换的能力。认知灵活性是随着空间转移或事件的推移，个体对以前的观点再次进行审视，将不同的观点载入进工作记忆中的思维调整的能力。这是对定势思维的否定，提出在整理某一事物时应按照实际情况调整优先次序，可以利用突然的、意想不到的机会等条件。EF 的这三个基本组成部分是紧密相关的，在这些组成部分中构建高级认知。这是一个漫长的发展过程，个体从出生后的第一年开始，一直持续到青春期后期，都伴随着高级认知的发展，其中发展最快的是在 3~5 岁。教育者应该抓住此关键期，促进儿童高级认知的发展，为今后的学术学习奠定认知基础。

研究选择 12 名大班下学期的儿童和意大利比萨几所小学一年级的

❶ DI LIETO M C，PECINI C，CASTRO E，et al. Robot Programming to Empower Higher Cognitive Functions in Early Childhood ［C］//Smart Learning with Educational Robotics，2019：229 – 250.

187 名儿童作为研究对象，大班儿童做的是试点研究，一年级的儿童则需要进行随机研究。研究目的是探究机器人（ER）如何提高学生学习能力，填补这方面量性文献的空白。研究是通过提供密集的机器人（ER）训练来改善儿童的认知执行功能（EF）。为了达到研究目的，实验室组织了密集的、娱乐且兼挑战性的活动。蜜蜂形状的机器人（Bee-bot）、彩色垫子和一个 15 厘米×15 厘米的网格工具是本实验的主要工具。蜜蜂机器人的背面有 7 个彩色按钮，其中 4 个橙色的按钮分别可以控制机器人向前、向后、向左、向右移动，距离为 15 厘米，但是此机器人的转向角度只限于 90 度；中间的绿色按钮（Go）是编程序列的启动键；蓝色的 CLEAR/X 键是清除记忆按钮，帮助执行者的所有程序清零，重新开始；另外一个蓝色的 PAUSE 键是可控制机器人短暂地中断编程的运动的按钮，也就是让机器人暂停运动。在这个程序中最多有40 个指令，儿童可以通过使用这 7 个按钮设计一系列的指令来控制蜜蜂机器人。针对学前儿童的试点研究的实验周期为 6 周，每周会进行两次实验；以小学一年级儿童为研究对象的随机研究则会进行为期 10 周的实验，每次实验持续大约 60 ~ 75 分钟。实验过程中，研究者会向儿童提供很多不同的机器人学（ER）活动，这些活动主要集中在视觉空间规划、反应抑制、干扰控制、工作记忆和认知能力这五个方面，促进他们在认知和机器人编程中的各项核心能力的发展。其中，促进儿童工作记忆发展的典型活动是"蜜蜂饿了！"。活动中，蜜蜂机器人必须去彩色垫子上，寻找并吸食由不同颜色、形状或大小的几个图形代表的花蜜，来填饱肚子。但是儿童在活动中必须遵循老师给出的指令，这些指令常常是渐进式挑战的特点。例如教师一开始的指令可能是"最好的花蜜在黄色的老虎里"，一段时间之后，教师的指令可能变为："最好的花蜜在蓝色的大老虎里和绿色的小老虎里"，这就要求儿童需高度集中注意力，认真听教师的指令，根据指令做出正确的回应。

在该实验的前后，会对每位研究对象做一套标准化的神经心理学的测试，根据测试结果，来验证组内差异和对照组差异。在随机对照研究中，一年级的儿童又会被随机分为 A、B 两组，并依次展开训练。在训练前的测试中，研究者需对他们的工作记忆、反应抑制和干扰控制，以及认知能力进行评估。评估结束后，会让 A 组的儿童立即进入 ER 实验室，进行相关的干扰实验；B 组的儿童则继续进行他们正常的学校课程。在 10 周的实验结束之后，会对这 187 名研究对象做第二次的评估。此次评估后，B 组开始进入 ER 实验室，A 组继续他们的正常学校课程。所有活动结束时，再对这两个组的所有儿童进行第三次的跟踪和培训后评估。研究结果表明，在密集训练、具有挑战性的和令人愉快的 ER 实验室，针对儿童认知和机器人编程目标发展方面的活动逐渐增多，改善了 5~7 岁儿童视觉空间的工作记忆和抑制过程。儿童 ER 实验室的认知发展与对照组相比有很大的进步，且这种训练具有持续性的效果，A 组儿童是最先进入 ER 实验室训练的，但在三次神经心理学测试评估中的分数是没有差异的。这也说明在学校开展这些编程课，有助于提高儿童的高级认知的发展。

第四节　学前儿童的社会性与情绪发展评价

一、学前儿童社会性发展评价

学前儿童社会性发展其实就是学前儿童社会化的过程，是指学前儿童与社会中的人、物、环境发生相互作用，通过学习和内化社会文化，逐渐形成适应社会的行为方式，履行社会所期待的角色行为，发展自身社会性的过程，是学前儿童从自然人转化为符合社会要求的合格成员的过程。❶ 学前儿童的社会性发展，首先是需要自己对社会角色有一个明确的认识。但是根据儿童年龄发展特点，学龄前儿童尚未形成一个清晰社会角色意识，因此家长和教育工作者应该抓住儿童这一年龄特点，帮助儿童从建立角色意识开始。儿童若能真正了解不同角色所要承担的责任，能够理解不同角色的行为准则，自然而然地就会认清并扮演好自己的角色。在数字化时代背景下，教师可以借助平板电脑、全息投影仪、数字大屏等数字化手段，通过展示，高清图片、高清照片等方式让儿童熟悉各种社会角色，在认清各种角色后，再利用指一指的游戏方式来检测儿童的学习效果，例如教师说"护士"，儿童需要说出护士的特征，

---

❶ 向海英. 幼儿社会性发展评价方法初探［J］. 山东教育科研，1997（5）：37－38.

再在教师所提供的图片中找到护士的图片，其他社会角色的认识也采用同样的方式。经过这样的练习后，儿童基本能够理解各类社会角色需遵守的行为规范以及承担的相应职能。

学前儿童在社会化的进程中，他们会学习把自己从整体的环境中分离出来，形成认识自己与环境异同等的基本能力，学习与周围人沟通相处，认识社会等，这是未来道德观、价值观的形成及情绪控制、关怀他人和解决问题能力的基石。[1] 学前儿童社会性发展，不仅影响儿童其他各方面的顺利发展，甚至还对儿童一生的成长都具有非常重要的影响。

由于学前儿童社会性发展涉及的内容广泛，且大多内容在量化、测查的过程中存在一定的难度以及发展还容易受个体和文化差异的影响，因此开展学前儿童社会性发展评价并不是一件简单的事情。但是，研究者与评估者一直都在探寻关于学前儿童社会性发展的评价方法。

儿童社会性发展的评价内容十分广泛，主要有以下两个方面的内容。

（一）自我系统的发展评价

自我系统是学前儿童社会性的重要组成部分，是其社会性发展的基础。儿童在认识自我的过程中，逐渐形成一个完整的自我，有自己的性情、个性和价值观，有自己独特的身体、认知、语言、社会、情感和创造力。学前儿童的自我系统具体包括自我概念、自尊心和自我控制等内容。

1. 自我概念

自我概念是指个人对自己多方面直觉的综合，其中包括个人对自己性格、能力、兴趣、欲望的了解，个人与别人、环境的关系，个人对处理事物的经验，以及对生活目标的认识与评价等。自我概念就是个体的自我认识，是学前儿童对自己的生理特征、心理特征、社会角色等方面的认识。3 岁之前儿童的自我概念发展标准主要是，要求他们能够对自己的身体有认识，对自己的动作有意识等。3 岁之后，儿童逐渐开始对自己在社会上的角色，以及自己的心理活动开始加以关注，表现为知道自己的家庭、幼儿园以及自己的兴趣爱好、愿望等。

---

[1]　张建端，时俊新，刘国艳，等 . 幼儿社会性和情绪发展现况研究 [J]. 中国妇幼保健，2007（9）：1244 – 1246.

2. 自尊心

自尊心是个体对自己做出的或通常持有的评价，它是学前儿童自我系统的重要组成部分，是学前儿童个性发展中的重要品质，也是推动学前儿童不断进步的动力。学前儿童的自尊心是以自我概念和自我评价为基础发展而来的。研究者一般采用观察法，事件取样法等对学前儿童的自尊心开展评价，教师在明确观察目的之后，对日常生活中学前儿童所表现出来与自尊心相关的全部内容进行记录，然后判断学前儿童自尊心的发展水平。

3. 自我控制

自我控制是儿童对自身的心理与行为的主动掌握，反映的是儿童自我意识发展的水平。儿童自我控制的行为特征主要表现为：自觉性、适应性、自制力和自我延迟满足。对学前儿童自我控制能力发展水平的评价，评估者可以采用发展检核表的方式开展，具体见表5－3。

表5－3　学前儿童自我控制能力检核表

儿童姓名：	年龄（具体到月龄）：		性别：	
评价指标		是	否	日期
儿童遵守班级规则	在教师提醒下能够遵守班级规则			
	知道一些由班级成员共同制定的规则，并参与班级的常规活动			
	自觉地遵守班级规则并参与班级常规活动			
儿童适应活动转换	开始能够接受一些比较固定的转换			
	很适应固定的活动程序安排及转换			
	知道不同的场合需要有不同的行为			
儿童专注于当前活动	无法专注于当前活动			
	偶尔有分心的现象			
	能抗拒其他诱因的干扰，专注于当前活动			
儿童自我发展延迟满足	延迟时间短暂			
	延迟时间显著延长，使用寻求目标策略			
	延迟时间更长，使用更多策略			

（二）社会交往发展评价

社会交往是指学前儿童与周围人相互交流信息、情感的过程。社会交往对学前儿童的各方面发展具有重要作用，是学前儿童从"自然人"转化成"社会人"的关键基础，同时也是学前儿童社会性发展的核心内容。儿童社会交往能力的发展与提高总是在生活实践活动中获得的。为了实现这个目标，幼儿园有必要定期为儿童设计和开展丰富的、与数字化相结合的、可以让儿童直接参与并能获得深刻体验的社会生活实践活动。幼儿园应该设置社会角色扮演活动室以及一些相关活动项目，让儿童能够身临其境地感受每种角色所担任的具体职责。在数字化的社会角色扮演活动室中，教师会为儿童开设娃娃厨房、餐厅、医院等场所，在场所中加入与活动紧密相关的数字化设施设备。例如，智能机器人可以在厨房为儿童播报做菜流程，可以在餐厅指引顾客智能点菜、上菜等，也可以在医院指引病人快速找到科室。通过这样的方式给儿童提供了解和接触社会的机会，让儿童模仿其中的某个角色，进而培养了儿童社会交往的能力。学前儿童社会交往发展的评价主要围绕着交往态度、交往策略和人际关系三个方面开展。

1. 交往态度评价

学前儿童的社会交往态度，是指学前儿童在与人交往过程中，通过内心的体验，表现出来的外在态度倾向。学前儿童的交往态度主要与他们在进行社会活动时的主动性与积极性相关，一般可以分为主动交往与被动交往两种交往态度。主动交往是以儿童为交往活动的发起者，与他人进行积极互动的过程。被动交往是在别人发起的交往活动中，积极参与互动，做出回应。

评价者对儿童的交往态度进行评价时，一般可采用跟踪观察的方式，将儿童在交往活动中的表现进行详细的记录，以此作为评价的依据。教师在观察中，主要收集的信息有：儿童交往的对象有哪些？交往活动的发起者是谁？交往活动是如何开展的？交往活动的持续时间有多长？

2. 交往策略评价

交往策略是指儿童在与他人交往的过程中所采用的一些能够促进交往活动进行的方式、方法和技巧。掌握和应用正确的交往策略是学前儿

169

童交往活动顺利开展所必要的前提。教师在评价学前儿童的交往能力时，要重点观察学前儿童使用了怎样的交往策略，这个策略的使用是否恰当等。

3. 人际关系评价

学前儿童主要的人际关系包括亲子关系、同伴关系和儿童与教师的关系三种。家庭是影响学前儿童社会适应性的重要因素，是儿童社会化的最重要场所之一。❶ 亲子关系是儿童最早的人际关系形式，是父母与子女在互动过程中形成的人际关系。儿童在亲子互动中观察、学习父母的价值观、认知方式和行为态度，在亲子互动过程中形成的亲子关系会影响儿童社会行为的发展。❷❸ 学前儿童亲子关系的评价，可采用我国学者张晓修订后的皮安塔的亲子关系量表进行测查，量表分为三个维度：亲密度、冲突性和依赖性，采用李克特五点计分法，从完全不符合（1分）到完全符合（5分），得分越高，表明亲子关系在此维度上的水平就越高。❹

同伴关系是年龄相同或相近的儿童在交往过程中建立和发展起来的一种人际关系。同伴关系是学前阶段最重要的人际关系之一。良好的同伴关系对学前儿童交往能力的发展、安全感和归属感的获得以及良好自我和人格的形成都有着重要的意义。学前儿童的同伴关系评价标准比较简单，常用的方式是采用雷诺（Moreno）发明的同伴提名法进行描述，其中包括孤立：没有人选择，也不选择别人；被拒：自己选择别人，但是无人选自己；互选：两名儿童之间相互选择，是一对好朋友；串联：有三个以上小朋友的连锁关系；小团体：是封闭的连锁的关系；明星、领袖：大家共同选择的人。同伴提名法的具体使用方法为：让儿童分别说出自己最喜欢和最不喜欢的三个小朋友的名字，这也是正、负提名的

❶ 梁宗保，吴安莲，张光珍. 父母消极养育方式与学前儿童社会适应问题的关系：亲子冲突的中介作用 [J]. 学前教育研究，2022（3）：43－52.

❷ KRIKKEN J B, WIJK A J V, CATE J M T, et al. Child Dental Anxiety, Parental Rearing Style and Referral Status of Children [J]. Community Dental Health, 2012（4）：289－292.

❸ PIANTA R C. Child-Parent Relationship Scale [M]. Virginia: University of Virginia, 1992: 1－12.

❹ 张晓，陈会昌，张桂芳，等. 亲子关系与问题行为的动态相互作用模型：对儿童早期的追踪研究 [J]. 心理学报，2008（5）：69－80.

分类方式（对年龄小的儿童可以提供照片协助，或者现场进行提名的方式，让幼儿选择）。根据儿童的正、负提名情况，对儿童进行分类。正向选择得分越高，表明同伴关系、社会交往发展得越好；相反，负向得分越高，表明同伴关系发展得不太理想。

儿童与教师的关系也叫师幼关系，在幼儿园环境中，教师与儿童之间有大量的亲密接触的时间和机会，师幼关系是儿童早期阶段的重要人际关系之一。[1] 儿童早期与教师的积极关系能够使儿童更好地适应幼儿园，对以后的学业和社会适应也有着重要的影响。[2] 学前儿童师幼关系的评价，可采用张晓翻译的师生关系量表（Student – Teacher Relationship Scale，STRS；Pianta & Steinberg，1992）进行测查与评估。此量表中有亲密性和冲突性两个维度，其中亲密性维度又包含 11 个评价指标，冲突性有 12 个评价指标，量表采用李克特五点计分方式，从完全不符合（1 分）到完全符合（5 分），由儿童所在班级任何一名教师对自己与儿童的关系进行评价，得分越高，表明师幼关系越亲密或冲突性越强。[3]

二、学前儿童情绪情感发展评价

如今，计算机技术飞速发展，人工智能已广泛应用于人们的生产生活中。人工智能图像识别功能的应用提高了各行各业的工作效率。一个数字化的世界正在形成。近年来，人工智能对儿童心理检测和诊断领域发挥着重要作用。

情绪有外露性和内隐性两个特点，儿童情绪的外露很容易被成人所观察到，然后给予回应和调整，但是儿童将情绪内隐之后，便不易发现，如果我们不能及时处理内隐的不良情绪，它就会对儿童的心理健康造成威胁，对他们今后的成长发育产生不良影响。当前，市场上出现的 AI 智能手表能够快速且准确地监测儿童的生理变化。这类智能手表的外形和普通手表无异，其特别之处在于它可以采用生物识别传感器来检

❶ 朱晶晶，李燕，张云，等. 学前儿童害羞与社会适应：师幼关系的调节作用［J］. 心理科学，2018（5）：1130 – 1137.

❷ DAVIS H A. Conceptualizing the Role and Influence of Student-Teachers Relationships for Children's Social and Cognitive Development［J］. Educational Psychologist，2003（4）：207 – 234.

❸ 张晓，陈会昌，张桂芳. 母子关系、师生关系与儿童入园第一年的问题行为［J］. 心理学报，2008（4）：418 – 426.

测压力，包括儿童的愤怒、悲伤和快乐情绪。家长可以通过手表显示屏上的年轮纹路（弧度变化）来判断儿童的心理变化情况，对其进行相应的记录，从而形成一个完整的数据链，便于以后追踪和分析儿童以往情绪不稳定的原因，尽早找到解决这些问题的办法，让儿童保持良好的心理状态。

学前儿童的情绪情感发展可以从基本情绪状态、情绪情感的表达与控制和同情心三个方面展开。情绪状态是指在一定的生活事件影响下，一段时间内各种情绪体验的一般特征表现。其中，典型的情绪状态有心境（是人比较平静而持久的情绪状态）、激情（是一种强烈的、爆发的情绪状态）和应激（是人对某种意外的环境刺激所做出的适应性）。❶学前儿童基本的情绪状态是儿童在日常生活中经常表现出的相对稳定的、占主导的情绪状态。教师需要时刻关注儿童的情绪健康，若有儿童在幼儿园中常常表现出情绪不佳的状态时，教师要多给予特别关注。

情绪情感的表达与控制是指在社会交往中，个体依照表达规则自发地对情绪表达行为进行调节或控制。❷ 情绪表达自发性控制是儿童社会情绪能力发展的重要标志。趋向社会期望的控制是儿童对人际社会的适应性表现，善于控制面部表情的儿童往往具有更强的社会能力，并拥有更高的同伴地位。❸ 在刘航等人的研究中发现儿童情绪情感的表达与控制的评价常常有面部表情、语言、音调，以及行为四个维度，这四个维度下又有相关指标，评价者可以根据这些指标进行评估儿童情绪情感表达与控制的发展情况，并进行编码，编码标准详见表 5-4 和表 5-5，其中表情控制的编码标准是对相关研究中的编码方式整合后形成的。他们将 0 分定义为没有对表情进行控制；1 分表示学前儿童尝试对表情进行控制，全程表现为中性表情；2 分表示学前儿童会控制面部表情，会用积极情绪掩饰真正的情绪状态。❹

---

❶ 彭聃龄. 普通心理学［M］. 5 版. 北京：北京师范大学出版社. 2019：360-367.

❷ SAARNI C. Emotion Regulation and Personality Development in Childhood［M］. In Handbook of personality Development. Mahwah, NJ: Lawrence Erlbaum Associates Publishers, 2006. 251-255.

❸ KROMM H, et al. Felt or False Smiles? Volitional Regulation of Emotional Expression in 4-, 6-, and 8-year-old Children［J］. Child Development, 2015（2）.

❹ 刘航，刘秀丽，陈憬，黄琪钰. 学前儿童情绪表达自发性控制的发展及心理理论的作用［J］. 教育研究, 2017（11）：91-99.

表5-4 失望礼物任务中儿童情绪表达控制程度的编码标准

	表情无控制	控制表情	
	0	1	2
描述	没有掩饰失望、伤心、生气或厌恶等情绪	尝试以中性表情来掩饰真正的情绪状态	尝试用积极的表情掩饰真实的情绪状态
表现	全程都是消极反应；面部表情是中性的，但是语言、音调和行为都是消极的	全程都是中性表情，并且语言、音调和行为都是积极或中性的；最初是消极表情，但很快转为中性表情，并且言语、语调和行为都是积极或中性的	所有指标都是积极表达；以积极表情表达礼貌性的拒绝

表5-5 失望礼物任务中儿童情绪表达控制的各项指标

指标	消极	中性	积极
面部表情	皱眉；双眼含泪，眼球转动；嘴角向下，下嘴唇下撇，上嘴唇抬起，嘴唇紧闭、下压、褶皱、张开或下巴抬起	中性表情，面部肌肉未做动作	脸颊抬起，嘴角上扬，眼周有褶皱
语言	不说话；"我不想要/喜欢这个，我想要/喜欢这个"；"只有这个吗？还有别的吗？"	"袜子。""这是什么？""这是干什么用的？""谢谢。"	"太谢谢你了！""我很喜欢它！""这个真好看！""可以给我爸爸穿。""我会带回家的。"
音调	语调下降，声音轻柔，语气减弱；着急、迫切的语调，音量升高；清嗓子	平静的语调	轻快的语调，略高的音量，笑
行为	将礼物放回盒子，在盒子中找别的礼物，不看礼物，看或摆弄手指，耸肩或耷拉肩	礼物拿在手里或放桌上	一直看礼物，玩礼物

在这个评价研究中，若通过研究者的感官观察了解儿童情绪的变化和表现，研究结果可能会受到研究者主观性的影响，那么在实验中辅以智能手环的数据收集工具，研究会更加地客观、真实。研究发现，人的

步态可以体现情绪的变化，而内置加速计的智能手表 \ 手环，其设计原理就是采集使用者走路的步态加速度数据，以此为基础利用该加速度数据识别人类的情绪。这会降低研究者对情绪识别的难度，让情绪识别更加方便快捷。

扩展阅读：

1. 智能手环在儿童情绪发展评价中的运用

中国科学心理研究所发现：佩戴智能手环的使用者在行走时产生的加速度数据，可以据此预测情绪变化。在开展这项研究时，研究者招募了 156 名参与者作为研究对象。先利用高兴或者愤怒的视频诱发参与者改变情绪，再按照规定的路线自然行走 3 ~ 5 分钟，然后观察智能手环，快速记录参与者在不同情绪下手腕和脚踝处的加速度数据。研究者从所记录的数据中提取了 123 个特征，例如：频率、时频和时域等，借助"决策树""随机树""随机森林"和支持"向量机（SVM）"建立情绪分类预测模型，结合十折交叉验证模型，得出研究结果。

研究结果表明，以加速度数据为基础建立的情绪识别模型测量效果良好，尤其是 SVM 模型，它是所有模型中情绪识别的准确率最高的，根据所测量的数据，SVM 模型在中性和愤怒、中性和高兴、高兴和愤怒等任何两类情绪识别的测量中准确率都非常高。由此可见，运用步态行为的加速度数据来预测使用者情绪的方法具有可行性。

2. 智能手环在特殊儿童领域的应用实践

（1）可佩戴手环对自闭症儿童的情绪监控研究

美国东北大学的 Matthew Goodwin 研发的手腕可穿戴设备，与智能手环十分相似，它可以实时监测自闭症患者的体温、心率等生理指标，并根据其生理指标判断自闭症患者当前的心理状态，提前 60 秒预测患者有没有可能出现暴发失控情绪情况的出现。

该研究选择了 21 名自闭症儿童作为测试对象，在佩戴该设备之后，经过 87 小时的监测，结果显示，这款可佩戴设备预测的准确率高达 84%。这项研究为自闭症儿童的家庭带来了希望，因为自闭症儿童的家长以前是不敢轻易将患者带到户外玩耍的，因为他们常常无法及时预测儿童出现失控情绪，做出不可控的事情，但是长期让自闭症儿童待在户内，只会加速他们的病情。在这项研究之后，会减轻家长的一些焦虑和担忧。

（2）谷歌眼镜对自闭症儿童的干预治疗

谷歌公司研发了一款新的"拓展现实"眼镜，也叫做谷歌眼镜，它目前被很多人作为自闭症儿童的干预治疗工具。《纽约时报》中有一篇关于71名自闭症儿童接受谷歌眼镜干预治疗的测试及效果报道。自闭症患者戴上谷歌眼镜后，当看到家人表现出高兴、悲伤、惊喜或愤怒等情绪时，谷歌眼镜会给患者提示相应的表情符号，帮助他们更好识别和理解他人的情绪。

其实每个儿童都是普通而又特别的，拥有各自不同的优势与劣势。我们不仅要用心慢慢走进儿童的内心世界，更要借助科技的力量，学会读懂儿童的性格特征和情绪变化，更好地对儿童进行引导和规划，这样才会对儿童的心理健康发育有帮助。

智能情绪检测手环的出现，可以帮助儿童更好理解自己与他人的情绪，提高他们与人交流的能力，促进儿童心理的健康发展。同情心是一种对他人的不幸遭遇和痛苦情绪状态产生共鸣及其行动的关心、赞成、支持的情感。教师应该着重注意儿童是否能够设身处地地为他人着想，关注儿童是否能察觉和体验到他人的情绪反应，是否对他人的痛苦、困难表示关心、支持和帮助等。同情心是一种重要的社会性情感，在儿童社会性品质中占核心的地位，它同时也是影响儿童社会行为的最主要因素。❶ 对儿童同情心的测量，可选用胡金生编制的《3~9岁儿童同情心教师评定问卷》。该问卷一共有27个项目，具体包括同情体验、同情理解和同情行为3个二阶因子和应答担心（对他人不幸的关切和担心的体验）、平行痛苦（不安、恐惧等指向自己过去经验的痛苦体验）、角色理解（能够进行角色换位，站在他人的立场上去理解他人的能力）、情绪理解、心理援助（关注他人心理需求的援助行为）、物质援助（关注他人物质需求的捐献、分享的援助行为）6个一阶因子。此问卷采用五点计分法，由儿童所在班级的教师根据儿童平时的实际表现，在"从

---

❶ 李幼穗，周坤. 同情心培养对幼儿典型亲社会行为影响的研究［J］. 心理科学. 2010（2）：341－345.

不、偶尔、有时、经常和总是"5个水平上，评定每个项目所描述行为出现的频率。❶

关于学前儿童情绪情感发展的评价方式多样，教师可以通过与家长访谈、观察儿童在游戏和生活中的行为表现来评判儿童的情绪健康状况。除此之外，还可以通过一些专业的问卷、量表等工具进行评价，常见的量表有：婴儿－学前儿童社会和情绪评估量表（ITSEA）、情绪健康的发展指标（AIMS）、儿童行为评估系统（BASC）等。❷

三、多彩光谱中的学前儿童社会性与情绪评价

多彩光谱中评价学前儿童社会性和情绪发展的最常见活动是教室模型活动。教室模型活动旨在评价儿童对教室里所发生的社会事件或经历进行观察、反思、分析的能力，并在这个过程对学前儿童在班级里的社会生活和情绪状况开展评价。教室模型活动中，评价者要为儿童提供一套按照一定比例缩小的教室模型，用木制人充当老师和儿童。儿童可以根据自己的想法和意愿，将这些木制的儿童和教师安排在教室的任一位置，但是要求儿童对这个过程进行讲述。需要注意的是，评价者可以根据地区、幼儿园的结构提供不同的教室模型，这个教室模型要与儿童所在的幼儿园的实际教室环境相当。

在儿童理解示意图之后，在儿童的操作、摆弄过程中，可以询问儿童以下问题：

①你最喜欢幼儿园的哪个地方？请指给我看看。这里你最喜欢的活动是什么？如果这里人已经很多了，你会怎么办？如果你选择换个地方，会选择哪里呢？请指给我看看。

②这些是你玩过的各种游戏的图片，你认为你最擅长哪个游戏？为什么？你认为最难的游戏是哪个？为什么？

③让我们把这些木制儿童放到他们喜欢玩的区域去。指出班上谁最喜欢在哪个地方玩，如建构区、娃娃家、美工区等（如果儿童自己能独立说出一两个人，就继续追问他，还有吗？）。问完之后，请儿童帮助教

---

❶ 胡金生. 儿童同情心的结构及其发展特点的研究［D］. 大连：辽宁师范大学，2004：45.

❷ 方丰娟，陈国鹏，戚炜颖. 幼儿心理健康评估现状和思考［J］. 心理科学，2006（2）：493.

师把象征物放回磁性黑板上，再开始下一个问题。

④让我们看看班上一些儿童是否有一个特殊的朋友。XX 小朋友有一个特殊的朋友吗？是谁？指出他们喜欢在哪个地方玩？

⑤指出班上哪位同学总是喜欢看别人做，自己不喜欢尝试。

⑥指出班上哪位同学大部分时间是自己一个人玩。

⑦谁是你最特殊的朋友，为什么？

⑧假如你和 XX 小朋友因为争抢玩具打架了，那你们还是朋友吗？为什么？

⑨指出班上谁最喜欢帮助别人。你为什么认为是他（她）？

⑩班上有人总是欺负别人吗？你为什么认为是他（她）？

⑪假如有一天老师说想选一位小朋友当助手，你会选谁？你为什么选他（她）？你会把她当作老师一样，让他（她）坐老师的位置吗？

在儿童对上述问题的回答与操作过程中，可以清楚、真实地使评价者看出该儿童在所在班级的社会关系、人际交往的全部情况。

第五节　学前儿童的学习品质评价

"学习品质"的概念是在 20 世纪 90 年代由卡根（S. L. Kagan）博士团队首次提出。1991 年，美国颁布了《美国 2000 年：教育战略》（*America 2000：An Education Strategy*），这是一个全国性的教育改革的计划文件，在此文件中明确将"入学准备"作为美国教育的目标之一。[1] 入学准备包括身体健康和动作发展、社会和情感发展、学习品质、语言和交流、认知和常识五个基本方面的准备。其中，学习品质是入学准备中的一个最重要的领域，这也得到了美国政府和学界的广泛认同。至此之后，学习品质的概念在研究与实践中应用开来。表 5 - 6 是国内外学界关于儿童"学习品质"的认识。

---

[1] 彭杜宏. 儿童早期学习品质的本质内涵、因素结构及学习效应［J］. 学前教育研究，2020（3）：57 - 71.

表 5 - 6　国内外实证研究中有关儿童早期学习品质的代表性界定

序号	代表性研究	概念本质内涵
1	麦克德莫特等（McDermott et al.，1999）	学习品质是与学习有关的行为
2	凡图佐等（Fantuzzo et al.，2004）❶	学习品质是一系列与学习相关的行为倾向，是儿童投入学习时所展现出的那些明显特征或模式
3	麦克莱兰等（McClelland et al.，2000）❷；麦克韦恩等（McWayne et al.，2004）❸；麦克德莫特等（McDermott et al.，2014）❹	学习品质是可观察到的与学习相关的行为，用以描述那些与儿童早期学习成就及入学准备相关的行为
4	李等（Li-Grining et al.，2010）❺；维帝诺等（Vitiello et al.，2011）❻	学习品质是影响儿童怎样进入学习情境的风格与行为，也指适应性学习行为
5	陈等（Chen et al.，2011）❼	学习品质不是描述儿童学到了哪些领域知识，而是着眼于儿童在各类课程任务中是如何学习的。学习投入、专注、有计划、有目标等与学校学业成就密切相关的积极行为品质

❶ FANTUZZO J, MCWAYNE C, PERRY M A, et al. Multiple Dimensions of Family Involvement and Their Relations to Behavioral and Learning Competencies for Urban, Low-income Children [J]. School Psychology Review, 2004, 33（4）：467 - 480.

❷ MCCLELLAND M M, MORRISON F, HOLMES D L. Children at Risk for Early Academic Problems：the Role of Learning-related Skills [J]. Early Childhood Research Quarterly, 2000, 15：307 - 329.

❸ MCWAYNE C M, FANTUZZO J W, MCDERMOTT P A. Preschool Competency in Context：An Investigation of the Unique Contribution of Child Competencies to Early Academic Success [J]. Developmental Psychology, 2004, 40（4）：633 - 645.

❹ MCDERMOTT P A, RIKOON S H, FANTUZZO J. Tracing Children's Approaches to Learning through Head Start, Kindergarten, and First Grade：Different Pathways to Different Outcomes [J]. Journal of Education& Psychology, 2014, 106（1）：200 - 213.

❺ LI-GRINING C P, VOTRUBA-DRZAL E, MALDONADO-CARRENO C, et al. Children's Early Approaches to Learning and Academic Trajectories through Fifth Grade [J]. Developmental Psychology, 2010, 46（5）：1062 - 1077.

❻ VITIELLO V E, GREENFIELD D B, MUNIS P, et al. Cognitive Flexibility, Approaches to Learning, and Academic School Readiness in Head Start Preschool Children [J]. Early Education and Development, 2011, 22（3）：388 - 410.

❼ CHEN J, MCNAMEE G. Positive Approaches to Learning in the Context of Preschool Classroom Activities [J]. Early Childhood Education Journal, 2011, 39（1）：71 - 78.

序号	代表性研究	概念本质内涵
6	孟（Meng, 2015）❶；缪苏－吉列等（Musu-Clillette et al., 2015）❷	学习品质是有助于儿童学习的积极的、适应性的学习态度与行为，展现儿童在教师教学、组织和社会环境下的适应性
7	胡等（Hu et al., 2017）	学习品质是儿童的内在学习机制，是儿童在不同学习情境中表现出主动、投入、坚持完成学习任务的行为模式❸
8	布斯塔曼特等（Bustamante et al., 2018）❹	学习品质本质上是一系列领域的一般性技能，如坚持性、专注力、思维灵活性等，它能让儿童有效地投入学习
9	宋等（Sung et al., 2018）❺	学习品质是用以描述儿童投入学习活动中的那些可辨别的特征，是与学习有关行为与倾向以及在行为、情绪、动机、注意等方面的自我调节能力

　　我国关于学习品质的研究起步较晚，一直到 2012 年，才在我国教育部颁布的《3～6 岁儿童学习与发展指南》中明确提出"重视幼儿的学习品质"。指南指出"学习品质是幼儿在活动过程中表现出的积极态度和良好行为倾向，是终身学习与发展所必需的宝贵品质"，同时也将

❶　MENG C. Classroom Quality and Academic Skill：Approaches to Learning as a Moderator ［J］. School Psychology Quarterly, 2015, 30（4）：553－563.

❷　MUSU-GILLETTE L E, BAROFSKY M Y, LIST A. Exploring the Relationship between Student Approaches to Learning and Reading Achievement at the School Level ［J］. Journal of Early Childhood Literacy, 2015, 15（1）：37－72.

❸　HU B Y, TEO T, NIE Y Y, et al. Classroom Quality and Chinese Preschool Children's Approaches to Learning ［J］. Learning and Individual Differences, 2017（54）：51－59.

❹　BUSTAMANTE A, WHITE L J, GREENFIELD D B. Approaches to Learning and Science Education in Head Start：Examining Bidirectionality ［J］. Learning and Individual Differences, 2016（47）：298－303.

❺　SUNG J, WICKRAMA K A S. Longitudinal Relationship between Early Academic Achievement and Executive Function：Mediating Role of Approaches to Learning ［J］. Contemporary Educational Psychology, 2018, 54：171－183.

学习品质作为儿童学习与发展评价中的一个单独的新领域。学习品质是与学习有关的行为，反映的是儿童逐渐投入学习时的各种倾向与行为，用以描述儿童是如何学习的，而不是儿童学到了什么。❶ 学习品质不解释儿童在具体的内容或领域中可以直接学习和获得的专门知识或技能，而是关注儿童在不同的学科领域完成不同任务时是怎样学习、怎样使自己得到某种专业知识或技能。换句话说，学习品质的最终落脚点在于个体的"行为"上，而不在于"结果"上，表现为儿童在具体学习活动中的学习行为。

一、学习品质的内容

美国国家教育目标委员会制定的《早期学习标准》《提前开端儿童发展和早期学习框架》和美国各州的早期学习标准是美国关于学习品质的内容和指标的几个比较权威和具有代表性的论述。

美国国家教育目标委员会制定的《早期学习标准》中关于"学习品质"的具体内容包括：对新知识的开放性和好奇心；主动性；对任务的坚持性和注意力；思考和解释的方式；创造和想象的能力；对任务的认知方式等六大方面。

美国2011年正式更名的《提前开端儿童发展和早期学习框架》，是在《提前开端儿童成果框架》（Head Start Child Outcomes Framework）这一对早期儿童研究的开创性文件的基础上进行修订。它将学前儿童学习与发展内容在原来语言发展、读写能力、数学知识和技能、科学知识和技能、创造艺术、社会和情感发展、学习品质、身体健康和发展八个领域之上，新增了逻辑和推理、社会学习知识和技能以及英语语言发展三个领域的内容。但是无论在修订前后，"学习品质"都是作为一个单独的领域包含其中的。《提前开端儿童发展和早期学习框架》中"学习品质"的内容具体见表5-7。

---

❶ SCOTT-LITTLE C，KAGAN S，FRELOW V. Inside the Content：the Breadth and Depth of Early Learning Standards ［R］. NC：Regional Educational Laboratory Southeast，2005：31.

表 5 – 7 《提前开端儿童发展和早期学习框架》中学习品质的内容

项目
1. 主动性和好奇心：对各种话题和活动感兴趣，渴望学习，具有创造性，并且独立学习
（1）在着手开展任务和活动时表现出灵活性、想象力和创造性 （2）表现出渴望学习，关注多种多样的话题、观点和任务 （3）提问和寻求新的信息
2. 坚持性和注意力：在开始和完成活动的过程中表现出坚持和专注的能力
（1）在一个项目或活动中始终保持兴趣 （2）设置目标，制订并坚持计划 （3）不会分散注意力，保持专注，克服挫折或继续挑战手头的工作
3. 合作：对团队活动的兴趣和参与
（1）计划、发起并和同伴一起完成学习活动 （2）加入和他人的合作游戏，并邀请他人一起游戏 （3）示范或教同伴 （4）在组内能够帮助、分享和合作

在 2000 年首次发布《提前开端儿童成果框架》后，美国就掀起了一股聚焦于入学准备的关键要素的活动浪潮，使许多州都相继开发了反映这个框架要素的早期学习标准。根据各州的标准，将"学习品质"的内容进行整理之后，发现他们有一定的差异，但也有许多共同之处，具体对应如表 5 – 8 所示。

表 5 – 8 美国部分州"学习品质"的具体内容

州名	具体内容
特拉华州 （2010 年）	主动与好奇；参与与坚持；推理与问题解决
佛罗里达州 （2011 年）	热情与好奇；坚持；创造与发明；计划与反思
爱达荷州 （2006 年）	好奇心与主动性；参与和坚持；问题解决
阿拉斯加州 （2007 年）	好奇与兴趣；主动性；坚持与专注；创造与发明；反思与解释

续表

州名	具体内容
科罗拉多州 （2007 年）	游戏；好奇心；坚持性；自我规划；推理；应用
佛罗里达州 （2011 年）	渴望与好奇；坚持性；创造性；计划与反思
纽约州 （2012 年）	好奇与兴趣；主动性；坚持与专注；创造与发明；反思与解释
南卡罗莱纳州 （2005 年）	儿童参与游戏并将其作为发展他们自己学习方法的途径；儿童作为一名学习者表现出好奇、渴望和满足；儿童在学习中表现出主动性、参与和坚持性；儿童表现出一种增强的能力来预设一个目标并实现它；儿童通过使用记忆、推理和问题解决的技能来拓展自己的学习
威斯康星州 （2011 年）	好奇、参与与坚持；发明与想象

2008 年，英国教育与技能部颁布《早期基础阶段法定框架》（Statutory Framework for the Early Years Foundation Stage），文件中设立了 0 ~ 5 岁儿童学习、发展以及保育的标准。2012 年，该框架更新至最新版，包括首要学习领域、特定学习领域和学习品质三个方面的内容。其中，学习品质的具体内容如表 5 – 9 所示。

表 5 – 9　英国《早期基础阶段法定框架》中学习品质的内容

领域名	子领域
游戏和探索—参与	发现和探索
	在游戏中使用已掌握的知识
	愿意尝试
主动学习—积极性	全神贯注
	坚持尝试
	享受实现目标的过程
创造和辩证思维	有自己的想法
	运用已掌握知识来获取新知识
	选择行事方式并发现新方法

我国《3~6岁儿童学习与发展指南》中强调要重视儿童的学习品质，提出了"要充分尊重和保护幼儿的好奇心和学习兴趣，帮助幼儿逐步养成积极主动、认真专注、不怕困难、敢于探究和尝试、乐于想象和创造等良好学习品质"，还分别从学习态度、行为习惯和方法三方面做出了具体的规定。指南认为学习品质不是孤立存在的，它是在健康、语言、社会、科学、艺术五个领域的具体学习活动中表现出来的，也常常显露于学前儿童的生活和游戏活动中。本书对我国健康、语言、社会、科学四大领域中的学习品质的内容进行了分析，如表5-10所示。

表5-10　我国健康、语言、社会、科学领域中的学习品质

领域	教育建议	学习态度	学习行为	学习方法
健康：动作发展	开展丰富多样、适合儿童年龄特点的各种身体活动，例如，走、跑、跳、攀、爬等，鼓励儿童坚持下来，不怕累	1. 对周围环境的好奇心 2. 对学习的兴趣和主动性 3. 对困难的态度	1. 学习中的坚持性 2. 注意力 3. 计划性 4. 合作性	1. 能用观察、小实验等方法来了解事物 2. 能利用已有条件来解决问题 3. 利用自己或他人的经验进行学习
语言：阅读与书写准备	当儿童遇到感兴趣的事情或问题时，和他一起查阅图书资料，让他感受图书的作用，体会通过阅读获取信息的乐趣			
社会：人际交往	在保证安全的情况下，支持儿童按照自己的想法做事；或提供必要的条件帮助他实践自己的想法			
科学：科学探究	支持和鼓励儿童大胆联想、猜测问题的答案，并设法验证			

二、数字媒体时代学前儿童学习品质

（一）数字媒体在培养学前儿童学习品质中的应用概述

随着教学改革的不断深入和计算机技术的不断普及、进步，现代教育技术逐渐进入幼儿园各种活动中，并在其中日益显现出优势。实践中发现，在幼儿园集体教学活动中恰当地运用现代教育技术手段，能营造和谐、生动、高效的课堂，更能有效地改善儿童的学习状态和学习品质。同时，儿童期是学习品质发展的重要时期，学习品质的形成受多方面因素的影响，电子媒体就是其中之一。

当前，越来越多的数字科学应用程序以辅助工具的形式出现在学前儿童的教育活动中，帮助儿童端正学习态度、养成良好的学习行为、找到最佳的学习方式。儿童在教育应用程序中学习，对其学习品质的发展有一定的促进作用。儿童在与教育应用程序中的学习材料积极互动时，精神能够高度集中，学习效率也会随之提高。教育者在教学中加入教育应用程序时，需要注意避免过度娱乐和缺乏教育的问题。

（二）案例分析❶

有研究者将科学概念的形成和应用程序中相关的游戏相结合，用丰富的互动和有吸引力的故事来引导儿童主动探索光的性质，将这有助于培养和提高儿童的科学意识和学习主动性。儿童对光的已有经验比较丰富，大多数儿童能够意识到，当光线照射到物体上时，人们可以看到它，但是对影子的产生、方向和大小的理解是模糊的。儿童在日常生活中可以观察到基本的光现象，但是要完全理解其背后的科学解释是非常困难的。

1. 实验基本情况

此研究是从光的产生、传播和功能三个方面共 9 个问题来探讨儿童对光的理解。实验分为前测和后测，两次测试之间要求一名研究者带领一名儿童玩预先设计的游戏系统——JL 的原型，游戏时间不超过 30 分

---

❶ GU Z L, LING W Y, LIU B, et al. "Let There Be Light": Evaluating a Serious Game Using Image Schemas for Teaching Preschool Children Scientific Concept and Developing Their Creativity [J]. Springer Nature Switzerland AG, 2021: 31 - 46.

钟，测试间隔时间为一周。研究选择 8 名男孩和 8 名女孩，作为研究对象，他们的平均年龄为 5 岁 4 个月。实验开始后，研究者将他们带入儿童教室里，逐一地进行半小时的研究，实验进行时，儿童可以对自己所知道的光的所有知识和想法都说出来并记录，之后还要求儿童在纸上画出他们的意见。研究者由一名教师和两名研究人员组成，此研究辅以平板电脑游戏的方式开展，允许 4~6 岁的儿童探索光的概念，并展示他们自己的光影作品。通过儿童对光的理解和科学解释的预测试，结果如下：研究中的所有儿童参与者对光都有一个基本的认识，但是他们不能用语言的逻辑解释光的产生和传播的逻辑。其中有 10 个孩子正确回答了什么是发光体的问题，但是很难区分自发光体和反射体之间的区别；大多数儿童认为光是通过直线传播的，而不是通过反射传播的；有 8 名儿童能够正确地描述光的反射路径；有 4 名儿童提出他们看到的物体的大小与透镜的厚度有关；有 1 名儿童提到了"折射"的概念，但是无法解释出其中的细节。通过儿童参与者对预测试中问题的回答和解释来构建他们对光概念的理解模型，随后将理解模型中确立的图像模式用于建立类似的游戏互动方法。有一些图像模式在儿童的解释中会被经常提到，在提取符合科学解释的图像模式后，再结合儿童对问题的回答和解释，设计游戏符号系统。游戏符号系统包括场景、元素和目标。孩子们需要思考，在场景中添加适当的道具，利用光的性质找到所有的目标来完成它们。游戏系统有三个级别：第一级，场景设置在黑暗之中，玩家需要添加光源和其他元素，例如太阳、闪光灯、木头、果冻和其他微型动物，每个光源都有相应的照明范围，太阳可以照亮整个场景，手电筒只能照亮一个区域，儿童触摸不同的光源，观察光是如何产生的；第二级，儿童通过调整光的照射角度和颜色来探索光是如何传播的，通过场景中添加任何光源和非光源，或者与场景中的虚拟物体互动，来探索光是如何作用于动物和植物的；第三级，场景设置在大自然中，小动物和植物受到光线的影响后有什么变化。在进行这三级别的游戏之后，儿童在反复操作后将所获得的知识和发现的奥秘，进行记录和分享。

实验测试采用李克特五点计分法，根据儿童关于游戏可玩性的几个问题进行打分。整个研究过程中，研究者在儿童分心时，要鼓励他们继续与游戏进行互动，并启发儿童思考为什么会触发不同的互动过程，并记录儿童的行为特征。值得注意的是，为了防止儿童记住测试中的答案，研究者在两次测试中使用的问卷是相互不同的，但是每个问题的科学概念是相同的。在问卷测试中，研究者不仅要记录儿童对问题的回答是否正确，还应关注儿童是否对自己的答案能够做出有力的解释。本书采用的是两级测试，将不同的情况分为：初始（TT）、科学（TF）和合成（FF），其中初始类别用于正确的答案和正确的原因。测试结束之后，研究者会将这两级的测试成绩做以统计，将所有的得分进行相加，然后用所得分数除以总分，从而得到儿童的总体理解情况。儿童最后在游戏中分享的自己的创作作品将会被保存下来，作为评价他们创造力发展的依据。具体评价方法是改编自托伦斯创造性思维测试（TTCT）。测试中，绘画的流畅性是指在规定的时间内完成多少幅绘画；绘画的原创性是指根据绘画的不寻常程度来判断；绘画的抽象性是对绘画的描述进行评价，并全面探讨其综合和组织能力。

2. 实验结果

（1）总体情况

在前测和后测的结果中均显示，大多数儿童在使用原型前的答案属于合成（FF）类别，但在使用原型后，属于初始（TT）和科学（TF）类别的学生有所增加。研究者的抽样调查结果表明，在 9 个项目的诊断测试中，参与者的前测成绩和后测成绩的平均分存在统计学差异。这表明儿童能够更正确地回答问题并预示实验结果。儿童在不同的主题上对光的概念表现出不同的理解程度。

（2）各维度情况

①光的来源。对于光的来源，儿童在后测中的理解水平明显高于前测。对于光的传播，儿童参与者在测试后的理解水平略高于测试前的水平，但比延迟测试后的水平略低。

②光的功能。对于光的功能，儿童在测试后的理解水平比测试前的水平略高，但在问题 3 和问题 6 两个项目中测试后的理解水平略低于延迟测试后的水平。这可能是因为光源和光的功能与儿童的生活密切相关，而光的折射和反射很少被儿童接触和观察到，所以儿童在后面的测试中能够快速理解光的来源和光的功能两个方面的知识。

③光的理解。在与儿童的交流中，研究人员了解到，在游戏原型向

儿童展示了光的传播形式之后，他们在日常生活中会有意识地观察出现的光现象，这也促使他们在延迟测试中的理解能力有所提高。这也说明了有关游戏训练对建立相对科学的理解有积极作用。通过反复的学习，学前儿童可以掌握一些科学概念，但他们不太可能准确地描述完整的科学理论模型。

④探讨儿童在"光"游戏参与度与"光"科学概念形成的关系。统计结果还显示出，儿童参与者在测试开始时对游戏表现出强烈的兴趣，他们会积极主动地探索页面中的互动元素。当在游戏中遇到困难时，他们会表现出怀疑和注意力不集中，并会主动与研究人员进行沟通，在成功通过关卡时，他们会表达自己的想法。儿童的参与指数和光的理解得分之间存在着相关性。儿童对游戏系统不同级别的喜爱程度与级别得分之间存在显著的正相关关系，与正确答案的数量呈负相关关系，儿童对游戏的喜爱程度与儿童的总分之间存在显著的正相关关系。这也证明了通过游戏学习对概念形成的积极影响。儿童通过使用游戏原型，可以大致了解光的现象，并形成一个简单的关于"光是什么"的科学概念。游戏的体验对于儿童在学习抽象的科学概念时至关重要。在与儿童的交流中，我们发现他们对光的理解在很大程度上来自动画片和书籍中对于光的描述。例如，金黄色的太阳，会使儿童认为光是金黄色的，视觉元素的艺术表达可能会给儿童造成某种认知上的误解。

儿童在"光"游戏的互动中，常常伴随着创造性的发展。儿童在游戏中被告知允许将自己的创作与父母和朋友分享时，他们会更加积极地寻找互动元素，并赋予它们自己的理解。在POE测试中表现良好的儿童参与者表示，他们喜欢在平板电脑上制作一些小故事，来寻找"光"代码，观看动物或者植物的动画。其中一位儿童参与者分享道：我将我的小故事命名为"五彩羔羊"，在录制视频的过程中，通过调整颜色获得了三种颜色的光。那些在POE测试中表现一般的儿童参与者，对游戏中的动画效果和操作（如滑动）更感兴趣，而对视频的录制兴趣不高。除此之外，有两名儿童参与者要求玩以前玩过的游戏关卡，表示这样会帮助他们更好地了解游戏。这说明，录制的视频对儿童的参与积极性有一定的提高作用。

在一整套测试结束之后，研究者随即对在场的教师进行了相关访谈。他们表示：JL 把抽象的科学概念的学习转变成了一个生动有趣的过程。儿童可以在游戏中学习，在玩耍中无意识地理解光的性质，帮助学前儿童理解和接受某种科学或特征。因互动游戏要求儿童亲自参与，所以它也是科学探究的一种。有些儿童以前很少思考常见的光学现象背后的原因，但是为了通过游戏关卡，他们的求知欲和好奇心被激发出来，这些都有助于儿童对科学的观念转变和启蒙，促使儿童的学习品质得到了发展。

3. 研究结论

本研究设计了一个基于平板电脑的游戏原型，让 4～6 岁的儿童了解光学规律，并在教学环境中进行了实验。通过提取存在于学前教育和科学概念中的图像模式，研究人员设计相应的游戏互动形式，将科学教育活动与游戏结合起来，使儿童能够更容易地理解抽象的科学模型。根据实验得出以下结论：①明确的学习目标与图像模式的相互作用有助于儿童理解基本的抽象概念；②表现出较高参与度的儿童，在测试中的分数普遍较高；③相关的电脑游戏对儿童的创造性有促进作用。

三、学习品质的评价

（一）学前儿童学习品质评价的指标及标准

学前儿童学习品质的评价指标多种多样，尤其受地域差异的影响，不同地域会有不同的评价指标，但是有很多重要的学习品质评价指标是不受时间和地域限制的。下面是在比较各地域的学习品质指标及标准后，归纳了几项重要的评价指标及标准。

1. 学前儿童的好奇心与兴趣

好奇是人的一种本能，但是好奇心的强烈程度是有差异的，而且会随着环境的改变产生巨大的变化。兴趣是人们力求认识某种事物和从事某项活动的意识倾向，它具有一定的先天性，但是更多地是由后天的环境熏陶而成。

学前儿童的好奇心与兴趣通常包括：儿童具有好奇感、有寻求新信息的兴趣、对新知识的敏锐、渴望学习等。学前儿童的好奇心与兴趣是指儿童对参与任务和挑战表现出好奇和意愿，它常常会通过对人、物，逐渐扩展到对主题、思想、任务等一些社会性的领域。

学前儿童的好奇心与兴趣评价可分为以下三个方面。

（1）提问

提问是儿童好奇心与兴趣的重要表现形式，在提问这一维度上，评价者可以将提问的频率、问题类型（"是什么""为什么""怎么样"等）、儿童所提问题的质量（即儿童在提问过程中思维的参与程度的高低）、对自己所提出的问题的态度（是否倾向于从他人那里获取答案）等作为评价标准。

（2）对自然事物的态度

学前儿童对自然事物的态度可以从儿童对事物的接近与疏远程度作为儿童好奇心与兴趣的评价标准之一。需要特别注意的是，对自然事物的好奇心与兴趣，既可能表现在对新事物的态度上，也可能表现在不同时期对同一事物的态度上。例如，儿童在第一次看到蜜蜂采蜜时的场景，他们关注的是这个景象以及这个景象出现的原因，但在后面这个场景再出现时，儿童可能会将关注的焦点转向蜜蜂采蜜的方式上。

（3）对人、社会事件的态度

学前儿童的好奇心与兴趣的评价标准还可以依据儿童是否对周围事物感兴趣、是否参与讨论设置。儿童的年龄不同，他们的好奇心与兴趣也会出现差异。例如：

0~18个月：对周围人感兴趣，可以通过自己的行为表现出来；对新声音、语调表现出兴趣；对环境里的新事物表现出兴趣，有动手的意愿；用自己的各种感官探索环境。

18~36个月：对环境积极探索；对新的活动、别人的活动表现出兴趣；提出一些简单的问题（如为什么、有什么、在哪里等）；对熟悉的人问问题。

36~60个月：通过问问题来获得自己想要的信息；用材料进行探索或做实验；对他人做事的原因和方式感兴趣；运用"为什么"之类的问题获得周围世界运作的知识，自己有较稳定的兴趣。

60~72个月：参与讨论新事物或一些突发事件；周围环境中的变化问题；对野外活动或去一些新地方表现出极大的热情；在他人帮助下，寻求新信息。

2. 学前儿童学习的主动性

主动性是指个体面对任务时表现出来的积极性程度的状态。在开展学前儿童主动性的评价时，可以从以下两方面进行讨论。

（1）面对任务时的态度

评价学前儿童学习主动性时，他们面对任务的态度是考察的一个重要方面。其标准为：儿童在面对与自身兴趣相近或相悖的任务时，表现出来的主动性程度；参与各种学习活动；在学习新事物时能够合理冒险。合理冒险是指儿童敢于尝试一些有难度、有挑战的活动，也指向那些可能成功或失败的活动。需要注意的是，儿童的粗心和莽撞行为不属于"合理冒险"。

（2）儿童的目标意识以及设立目标、形成计划、实施计划的能力

主动性是个体按照自己设定的目标行动。儿童主动性的核心要素是目标。年龄的差异会对儿童的主动性产生影响，下面是针对不同年龄的儿童设立的学习主动性的评价标准。

0~18个月：婴幼儿能够积极探索周围的环境和新事物；与熟悉的人用微笑、肢体或语言进行互动；表达出想吃东西的愿望；能够从几件物品中拿出其中一件；表现出对活动、经历、互动的喜欢。

18~36个月：尝试用新的方法做事，开始冒一定的险；组织游戏，和小朋友一起玩；能根据自己意愿选择活动，并在随后的一定时间内坚持参与这个活动；提出时间计划；乐意打扮自己；享受学习新技能、新经验的快乐。

36~60个月：邀请同伴加入游戏；在帮助下，能够加入已经在进行的游戏活动；在游戏时间里能够选择新活动；在需要的时候，愿意提供帮助；发现或利用材料来实现自己的某些想法。

60~72个月：对自己感兴趣的活动，能够主动进行选择；在成人的极少帮助或无帮助的情况下，自己制订方案或计划，并按照方案进行活动；在成人的帮助下，能够说出合理冒险和危险之间的区别。

3. 学前儿童的坚持与专注

坚持是指个体在行动中坚定不移、坚持不懈地克服一切困难和阻碍，达到目标的品质。专注是指在一定的时间内，个体的心理充分指向

并集中于当时应当指向和集中的对象，常说的就是集中精力、全神贯注、专心致志等，其外部表现为注视、倾听等。

学前儿童的坚持与专注品质都处于发展之中，其维持的时间都不宜过长、过强，否则会致使儿童感到疲劳和不适，但是学前阶段是培养儿童坚持和专注的重要时期。学前儿童的坚持与专注包括：在完成任务的过程中不轻易受到他人的影响，做到全神贯注；在任务意识的支配下，自我调节任务过程中的干扰、困难和阻碍，并且能够完成一些持续35天的任务。

评价学前儿童的坚持与专注品质时，可以测量儿童在完成不同任务情境时所能坚持与专注时间。具体从以下两个方面进行。

（1）坚持和专注的时间

记录和测量学前儿童在完成不同任务时所能坚持和专注的时间。

（2）坚持和专注的程度

测量学前儿童坚持和专注程度时，可以观察儿童是否需要他人的提醒和督促才能完成任务；活动过程中是否专心等。

儿童坚持和专注的一些具体评价标准的分年龄段的描述如下。

18～36个月：重复做自己喜欢的事情；能够完成一些简单的事情；在一段时间内用相同的方法做事情；坚持自己的选择；遇到困难时，能够寻求帮助、接受帮助；能认真聆听别人讲故事，并且能够有一些参与。

36～60个月：能够专注于自己感兴趣的任务；至少能专注于5～10分钟的活动；在失败之后，仍能坚持尝试完成任务；用至少两种的方法尝试解决问题；专心进餐。

60～72个月：在方案和活动完成之前，保持对其的兴趣；在帮助下，设置目标和计划，并按照计划开展活动；在成人和同伴的影响下，能够和他们一起保持注意力集中；能较长时间地坚持完成某一任务，即使在打断之后也能重新回归到原来的任务中；在干扰下也能集中注意力；接受合理冒险任务。

4. 学前儿童的想象与创造

想象是在头脑中对已有的表象加工、改造、重新组合成新形象的过程。创造是产生新思想，发现和创造新事物的能力。这里的"新"是相对于学前儿童的自身认知来说的，而不是针对所有人。

这里的学前儿童的想象与创造，并不完全等同于我们平时所说的想象力和创造力，它是一种学习品质，这就要求儿童能够利用想象和创造去拓展自己的知识，从而进行新的学习。

各年龄段的儿童想象与创造具体评价标准如下。

0～18个月：探索自己的手和脚；用嘴拉、咬物体；模仿自己所观察到的行为；能创造性地使用物体。

18～36个月：在成人的帮助下，能够创造出日常材料的新玩法；能够解释事物的运用方法；喜欢玩装扮的游戏；在游戏中会大量使用假装和想象。

36～60个月：创造性地发明一些新游戏或游戏的新玩法；利用想象产生一些新想法；会续编歌词和故事；在集体活动中，能够想出一个共同遵守的规则；能够通过音乐、绘画等方式表达自己的想法。

60～72个月：用戏剧游戏或象征游戏进行假装；用新的方式组合活动、材料与设备；用创造性的方式完成活动或任务；通过添加语言、动作或角色来改变故事；通过多种方式表征现实。

5. 学前儿童的反思与解释

反思与解释指向的是儿童曾经经历过的事。儿童的反思与解释属于心理学里"元认知"的范畴，是儿童对已经发生的事情、言行、思想的认识。学前儿童的反思与解释是儿童利用自己原有的信息来帮助自己学习和解决问题所用方式的基础和前提，不仅指向自己，还指向他人。

学前儿童的解释有多种内容，主要集中于以下六种：指向想法和观点的解释；指向证据和事实的解释；自我导向的解释；他人导向的解释；涉及自我的解释；涉及他人的解释。

总的来说，学前儿童反思与解释就是从经验和信息中去学习，概括为以下三个方面。

（1）从自己的经验中学习

对自己以往的行为活动进行反思和解释，帮助自己获取新知识和经验，解决当前的问题。

（2）从他人的经验中学习

通过观察他人，猜测当时的情况，把自己想做是当事人，从中学习相关经验。

（3）从已有信息中学习

在自己已有经验的基础之上，与新的信息进行联系，从而使新经验、新信息被儿童所认可和接受。

下面是各年龄段学前儿童所应具备的反思与解释能力的具体标准。

18～36个月：可以找到物体的替代物；认识到行为可以产生和导致事件；可以根据先前所发生过的事件来调整自己行为，收获最佳的方法；把以往经验与现有经验相结合。

36～60个月：告诉他人曾经发生的事件；用适宜的材料表征周围事物，表征方式是从简单到复杂的顺序；会带有发声的思考。

60～72个月：可以用多种方式来表达自己的想法与意见；对一些有趣的事或想法表现出较长时间的记忆；对记忆中的某个场景或动作进行再现；需求信息，以进一步理解；在帮助下，能用综合多个方面的信息，来完成任务；获得新信息；在过去的经验上，计划活动、设置目标；开始理解他人的想法、意图和动机。❶

（二）学前儿童学习品质评价的方法

目前对学前儿童学习品质发展的评价，常常采用的方法有标准化测验、成人评价、情境观察和表现性评价。每种方法都有与之对应的评价工具。在对儿童的学习品质的评价时，需要特别注意两点内容：第一，学习品质常常是和健康、语言、社会、科学、艺术这五大领域相互渗透的，所以在评价时不能将学习品质孤立起来；第二，学习品质是难以量化的，因此在评价的过程中要尽量让学前儿童在学习品质方面的学习与发展具有显性，同时关注学习品质本身的特点。

1. 标准化测验

标准化测验更强调严谨和程序化，它主要是通过测量一套标准化的

---

❶ 鄢超云. 学前教育评价［M］. 北京：高等教育出版社，2010：105.

题目来获取有效数据。在学习品质的研究中，标准化测验的内容是专门针对儿童设计，是由训练有素的评价者以一对一的形式对儿童进行单独的谈话，考察儿童反映的方式和内容，最后计算出儿童在评价表中的得分。

2. 成人评价

成人评价是指与儿童熟悉的教师或家长根据儿童的日常表现直接对题项进行判断，最后得出成人对儿童学习品质评价的结果。国外比较常见的工具有学习行为量表（LBS）和学前儿童学习行为量表（PLBS）。例如：学习行为量表是测查学生学习行为和学习品质的量表。该量表总共有 29 个题项，其中包括 6 个正向措辞和 23 个负向措辞，采用不使用、偶尔使用、最常使用三个等级代表每种行为出现的频率，要求成人在每个题项的三个等级中选择一个评价儿童的行为。

3. 情境观察

情境观察是通过在特定的情境中观察儿童的行为表现进行评价的一种方法。多彩光谱评价方案中的活动风格检表，学习品质评价量表以及近年来国内研究者开发的儿童学习品质观察量表都采用的是情境观察的方式。

例如，活动风格是多彩光谱项目的评价工具之一。研究者专门构建活动风格来描述儿童在各种情境中与任务和材料的互动关系，一共有 18 种风格特征。它要求教师要对儿童进行观察，然后勾出那些描述儿童在多彩光谱活动中所表现出来的典型风格，必要时可以在活动风格检表中附注。具体检表如 5 - 11 所示。

4. 表现性评价

近年来，越来越多的儿童评价系统采用表现性评价这一评价方式。最具影响力和代表性的是学前儿童观察记录系统、作品取样系统和 3 ~ 5 岁发展连续表评价系统等。但是，这些量表并不是针对儿童学习品质的评价而设计的，只是在某些维度上有所涉及。例如：学前儿童观察记录系统中的主动性维度，可以供评价者用来评价学前儿童的学习品质中主动性这一内容；3 ~ 5 岁发展连续表评价系统在认知发展领域有关于学前儿童学习品质中学习和解决问题的评价项目。

表 5 - 11　活动风格检表❶

请标注出你所观察到的儿童的特殊活动风格。注意，只标注出那些表现明显的，每一对中有一个不必勾出。必要时写下评注和逸事，并用概括性的、总体性的词描述儿童进行活动的方式。用"＊"表示其突出的活动风格

儿童是	评注
容易参加活动的____ 不愿参加活动的____	
自信的____ 试探的____	
嬉戏的____ 认真的____	
专注的____ 注意力分散的____	
坚持的____ 容易受挫的____	
冲动的____ 反思的____	
倾向于慢性的____ 倾向于快速的____	
健谈的____ 安静的____	
对视觉____ 听觉____ 运动____ 线索做出反应	
显示出计划性的方法____	
活动中带有个人的力量____	
发现内容的幽默____	
创新地使用材料_____	
表现出实现的成就感____	
注意细节，敏于观察____	
对材料好奇____	
关心"正确"答案____	
重视与成人的互动____	

---

❶ 玛拉·克瑞克维斯基. 多元智能理论与学前儿童能力评价 [M]. 李季湄，方钧君，译. 北京：北京师范大学出版社，2002：240 - 241.

195

第六章　信息技术与幼儿园教师评价

促进教师专业发展是世界各国教育改革的重要内容之一。信息技术应用于教师专业发展是新时代发展的趋势，也必将成为教师专业持续成长中的重要元素。相关研究呈现了新兴技术在教师专业发展中的生态，❶ 如图 6-1 所示。

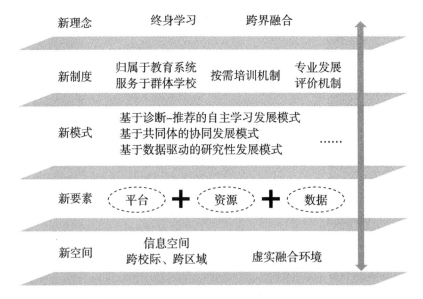

图 6-1　信息技术在教师专业发展中的生态

图 6-1 描述了信息技术在教师专业发展的空间、要素、模式、制度和理念中的体现，如在"基于数据驱动的研究性发展模式""基于诊断-推荐的自主学习发展模式"等中均有信息技术的参与。本章主要探

---

❶ 郝建江，郭炯. 新兴技术赋能教师专业发展：诉求、挑战与路径 [J]. 开放教育研究，2023，29（1）：46-52.

讨信息技术在支持教师专业发展中的作用、信息技术在幼儿园教师评价中的体现，以及幼儿园教师信息素养评价等方面的内容。

第一节　信息技术支持幼儿园教师专业发展

21 世纪是人工智能、大数据、信息化飞速发展的时代。在信息技术高速发展、教师改革不断深化的新时代背景下，我国幼儿园教师专业发展不仅遇到了前所未有的机遇，如国家高度重视、政策环境健康有序、信息技术支持专业成长的路径丰富多样等，也面临着专业发展的挑战。

一、信息化时代幼儿园教师专业发展的新机遇

教育信息化时代，尤其是人工智能的快速发展，为幼儿园教师专业发展提供了新的机遇。人工智能的技术框架包括认知层、感知层、算法层、教育数据层等结构[1]，能对多种数据进行智能感知和深度学习，广泛应用于拍图识字与识物、语音识别与翻译、大数据分析与可视化、学习者画像、概念和知识图谱等领域。人工智能在推理与决策、学习分析、智能测验与学习预警等领域均有纵深发展，并且形成了人机协同教学、多模态学习、自适应与智适应学习等新型的学习模式[2][3]，使得教育呈现出网络化、智能化、个性化、自主化、终身化等特征[4]。

基于人工智能的学习模式与基本特征，它为幼儿园教师专业发展带来了以下两个方面的新机遇。一方面，人工智能可以为幼儿园教师专业发展提供智能技术方面的支持。人工智能技术能够精准分析和判断不同类型幼儿园教师专业发展的现状、需求和不足，可以实时监测和评估幼

---

[1] 祝智庭，韩中美，黄昌勤．教育人工智能（eAI）：人本人工智能的新范式［J］．电化教育研究，2021（1）：5 – 15.

[2] 蔡连玉，刘家玲，周跃良．人机协同化与学生发展核心素养：基于社会智能三维模型的分析［J］．开放教育研究，2021（1）：24 – 31.

[3] 周琴，文欣月．从自适应到智适应：人工智能时代个性化学习新路径［J］．现代教育管理，2020（9）：89 – 96.

[4] 蒋笃运．浅析智能教育中的几个哲学问题［J］．河南社会科学，2019（11）：119 – 124.

儿园教师专业发展的过程，为教师的在线学习、网上研修、反思实践等提供技术与资源支持，大大提高幼儿园教师专业发展的效果。另一方面，人工智能可以丰富幼儿园教师的专业发展内容。人工智能时代为幼儿园教师专业发展提供了新课题，例如，利用人工智能技术促进幼儿园教育教学，借助人工智能技术精准分析儿童个性化的差异和学习需求等，这些课题都为幼儿园教师的专业发展提供了新的实践场域和实践对象。

二、信息化时代幼儿园教师专业发展的新挑战

（一）幼儿园教师需要不断提高信息素养

幼儿园教师的信息素养主要涵盖信息理念、信息技术应用能力、信息伦理与教师角色定位等方面。首先，人工智能时代要求幼儿园教师不断更新信息理念。在人工智能时代，幼儿园教师需要辩证地看待信息技术发展对学前教育的影响，不仅看到其积极的方面，也要看到人工智能技术还存在信息安全风险、伦理风险、法治风险和教育风险等问题。幼儿园教师要在发挥人工智能优势的基础上，避免唯技术论从而导致思维固化，避免因技术偏见、技术滥用和技术异化而偏离幼儿园教师的本职工作及违背道德伦理。其次，人工智能时代要求幼儿园教师要不断增强信息技术应用的能力。人工智能时代学前教育的发展水平在某种程度上取决于教师的信息技术应用能力。智能技术应用得当，可以帮助幼儿园教师减轻负担，使用不当则会增加其工作负担，让幼儿园教育变得冰冷而失去教育应有的温度。幼儿园教师只有增强驾驭人工智能的本领，才能让人工智能更好地服务于自身的专业发展和教学实践。再次，人工智能时代要求幼儿园教师更为重视信息伦理。人工智能时代将产生大量的信息数据，数据的泄露、滥用和非法窃取将带来极大的负面影响。幼儿园教师在采集、处理和使用信息时应当遵循知情同意原则，不得泄露儿童隐私。最后，人工智能时代要求幼儿园教师不断重塑教师角色。人工智能时代背景下，幼儿园教师的部分工作会被技术代替，幼儿园教师面临角色转型，这需要幼儿园教师能够处理好技术与本职工作的关系，厘清人工智能和教师的角色边界，重塑幼儿园教师的专业价值。

（二）幼儿园教师专业自主学习与发展意识需提高

新时代新兴的信息技术在学前教育场域中的应用不断深入，这带来了幼儿园教师教育活动样态的转变与升级，影响幼儿园教师的专业发展意识。新兴技术不断地涌入学前教育的实践场域，使得幼儿园教师需要花费大量的时间和精力去适应、消化与吸收。如果幼儿园教师难以消化与吸收这些信息，那么可能产生技术过载，加剧教师的工作负担，消解教师专业发展的意识。随着教育信息化的发展，越来越多的幼儿园配备了信息化的设备，最为显著的表现是班级中配备的一些硬件设备，如有的幼儿园班级中安装了供教师使用的电脑、打印机、摄像机，有的幼儿园在区角中安装供儿童操作和使用的电脑，还有的幼儿园教室中配备了用于开展教育教学活动多媒体设备等。虽然幼儿园已经配备了相应的信息技术设备，但是研究发现幼儿园教师依然难以在教育教学活动中顺利地将信息技术融入其中，这主要是因为一方面幼儿园儿童数量多，缺少有效的网络资源、缺少培训与技术指导等，另一方面教师自身的消极态度，缺少使用视频、图片剪辑，课件制作、资源查找等能力。[1]

在实践中经常发现，一方面教师在空余时间埋头于电脑完成一些文案工作，另一方面有的教师需要将拍摄的视频或者图片等进行剪辑用于家园沟通或者其他，还有的教师在组织教学活动时过于依赖多媒体设备，花费大量的时间寻找课程资源，而很多课程资源的品质有待商榷，还有的教师为了使用多媒体而使用多媒体。总之，这些工作在无形中会影响教师专业发展的意识。

（三）幼儿园教师专业发展机会均等性有待加强

幼儿园教师专业发展机会受财政投入、教师管理力量和保障机制等方面的影响，[2] 信息技术时代更是如此。幼儿园数字环境设施、优质数字等资源的差距导致不同地区幼儿园教师专业发展机会不均等。一方面，新兴的信息技术不仅只要求幼儿园配备硬件设施，更需要软件支

[1] 刘霞，陈蓉晖．幼儿园教学活动中融入信息技术障碍类型与影响因素分析［J］．学前教育研究，2019，291（3）：71-84.

[2] 洪秀敏，杜海军，张明珠．乡村振兴战略背景下幼儿园教师队伍建设"中部塌陷"的审思与治理［J］．华中师范大学学报（人文社会科学版），2021，60（2）：170-178.

持，但不同地区、不同类型幼儿园、幼儿园教师师资队伍等条件不同，导致幼儿园教师难以享有均等的技术获得和应用技术的机会；另一方面，人工智能、新兴信息技术的应用也会拉大幼儿园教师专业发展的"数字鸿沟"，相关研究发现，我国农村地区交通相对闭塞，农村幼儿园几乎没有校园网络和多媒体设备，幼儿园教师无法利用信息技术开展教学，❶ 因此乡村偏远贫困地区与经济发展水平较高地区的幼儿园教师数字化专业发展的差距凸显。

（四）幼儿园教师需不断学习提高专业发展的个性化需求

信息技术的发展需要幼儿园教师不断扩充自身的与信息技术相关的知识和能力，而技术应用引发了幼儿园教师专业知识扩充与专业能力发展需求的不一致。一方面，随着人工智能在学前教育场域中的应用，如何利用人工智能技术精确地分析和判断儿童的个性化学习需求，并在此基础上提供恰当的教育支持，是幼儿园教师越来越需要具备的知识和能力。因为儿童活动的情境、游戏的内容不同、儿童年龄具有个体差异性等，所以教师如何应用技术判断和支持不同个性儿童的发展需求也具有差异性。另一方面，信息技术支持下促进教师专业发展的模式也丰富多样，如基于数据驱动的研究性发展、智能研修、虚拟实训、协同教研等模式。不同的专业发展模式各具优劣，幼儿园教师需根据自身专业发展诉求、偏好、短板等进行选择。另外，如何兼顾教师专业发展的个性化需求，满足教师的个性化发展，也是幼儿园教师专业发展面临的重要挑战。

三、信息技术成为促进教师专业发展的重要途径

以往大规模的集中培训虽然在短时间内提高了幼儿园教师的基本素质，但是信息化时代需要教师不断地更新知识和能力结构，因此如何利用信息技术手段在职前培养和职后培训中注重幼儿园教师信息素养的培养，成为促进教师专业发展的重要内容。

---

❶ 邓红红. 农村幼儿教师信息素养的缺失与提高策略 ［J］. 教育探索，2013，（7）: 145－146.

（一）跨时空拓展教师专业学习方式和途径

"互联网＋""虚拟现实"等技术拓展了教师学习的空间，可以将以往传统的集中培训和学习延伸至三维的信息空间，可以创设多样化的研修、学习共同体组织，还可以构建虚实融合的实践环境，为教师多元化的专业成长提供支持。以职前培养为例，传统的 U－G－S 三方合作育人模式多受制于时间空间的限制，信息化发展可以突破三方合作的时空限制，可以支持构建跨区域的专业学习共同体，资源可以在更大范围内共享。在职教师也可以组建跨园区、跨地区的专业发展共同体，为幼儿园教师协同大学教师、教研员、高校专家等资源提供便捷的途径和方式，实现优质资源的高效流转与共享。特别是教育元宇宙，可以模拟构建多样化的教师研训场景，创设人机协同的研修组织，支持幼儿园教师开展角色扮演、教学事件模拟等参与式研讨和训练，创设更加贴近真实活动的场景，支持幼儿园教师开展教学试讲、听评课、教研等活动，营造个性化的教师专业发展的实践场域。

（二）平台＋资源＋数据为教师专业学习提供便利

新兴技术的发展逐渐形成了一些优秀的学习平台、资源和丰富的数据。在学习平台方面，基于国家教育信息化发展的战略规划与布局，未来智慧教育平台、网络学习空间、"互联网＋教育"等大平台成为教师专业学习与成长的重要支撑。

技术的应用衍生了多样态的资源，如数字资源和智力资源等。在数字资源方面，新兴技术应用推动认知工具类、虚实融合类等优质数字资源应运而生，同时智能技术实现资源的精准推荐、个性化供给，能更好地支撑幼儿园教师专业发展。在智力资源方面，教研员、退休园长/教师、高校专家、教育机构师资、优秀家长等多样智力资源的网络协同合作成为幼儿园教师专业发展的重要支撑。大数据是促进幼儿园教师专业发展的关键要素。教师参与研修、学习、儿童观察与评价等的过程性、结果性数据等将成为促进幼儿园教师专业发展的重要财富。新兴技术可以实现对幼儿园教师工作数据的全过程、全要素采集、记录与分析，能为教师专业发展提供需求诊断、资源推送、研修活动开展等服务，促进幼儿园教师专业发展从"经验主义"走向聚焦个体发展需求的精准成长。

（三）新技术聚焦转变幼儿园教师专业发展评价机制

以往的教师培训研修、教师专业发展水平等方面的评价，主要以结果性、自陈式测评为主，这些评价方式难以有效评估幼儿园教师的真实能力和水平。基于新兴技术创建的新空间，开展管理者、教研员、儿童、家长等多主体参与的情境性测评、任务型测评、实践性测评，可提升幼儿园教师评价的科学性、精确性。同时，基于对幼儿园教师日常工作的监测与反馈，可以持续关注幼儿园教师的研修效果，打通教师研修向幼儿园实践场域推进的"最后一公里"，助力教师培训效果的持久跟踪与全面评价。

（四）新技术促使幼儿园教师具备跨界融合理念

在人工智能教育、"互联网＋"时代，开放、融合共享等成为关键，教师仅依靠单一学科知识难以胜任核心素养导向的新型教学要求，难以解决教育面临的复杂问题和挑战。❶ 因此，教师需要适应时代发展的要求，具有跨界融合的意识，具备跨学科的视野、方法、能力，具备课程研发、学科重构与整合的能力和素养，以支持跨学科教学。同时，在教师的专业发展与成长方式上，需要教师转变观念，需要注重自身的个体发展走向群体的协同发展，注重借助优质资源、优秀教师、教研员、高校专家、社会力量等实现知识和能力的发展。

第二节　信息技术运用于幼儿园教师评价

随着教师职业的不断专业化，教师专业发展的内涵也在不断丰富和完善。叶澜教授认为："教师专业发展是教师内在专业结构不断更新、演进和丰富的过程。教师的专业结构可分为观念、知识、态度和动机、自我专业发展需要和意识等不同侧面。"❷ 该定义尤其强调了教师专业

---

❶ 李兆义，杨晓宏．"互联网＋"时代教师专业素养结构与培养路径［J］．电化教育研究，2019，40（7）：110－120.

❷ 叶澜，白益民，王枬，等．教师角色与教育发展新探［M］．北京：教育科学出版社，2001：231－241.

的自我发展需要，但没有专门提及教师需要具备的专业能力。因此，有学者进一步丰富了教师专业结构的维度，提出教师专业发展是教师不断接受新知识、增长专业能力的过程。❶

自 2012 年教育部印发《幼儿园教师专业标准（试行）》（以下简称《标准》）以来，我国幼儿园教师专业发展的结构更加清晰。该《标准》不仅对在职幼儿园教师的专业发展指明了方向，也为职前培养提供了参照。国外幼儿园教师专业标准的颁布时间较早，适用的对象不仅涉及职前教师，也涉及在职教师，还有不同类型的教师等。下面通过重点介绍国内外幼儿园教师评价的内容与方法，比较、归纳信息技术在教师专业发展中的应用。

一、幼儿园教师专业发展的内容及评价方式

（一）我国幼儿园教师专业发展的内容及评价方式

1. 《标准》中幼儿园教师专业发展的内容

《标准》中明确了幼儿园教师专业发展包括专业理念与师德、专业知识和专业能力三个维度，涵盖十四个领域，共有 62 条基本要求。其中，专业理念与师德包括职业理解与认识（具体包括 3 条基本要求，如要求 1 "贯彻党和国家教育方针政策，遵守教育法律法规。"）、对儿童的态度与行为（具体包括 4 条基本要求，如要求 6 "关爱幼儿，重视幼儿身心健康，将保护幼儿生命安全放在首位。"）、儿童保育和教育的态度与行为（具体包括 6 条基本要求，如要求 10 "注重保教结合，培育幼儿良好的意志品质，帮助幼儿形成良好的行为习惯。"）、个人修养与行为（具体包括 4 条基本要求，如要求 16 "富有爱心、责任心、耐心和细心。"）。

专业知识包括儿童发展知识（具体包括 5 条基本要求，如要求 21 "了解关于幼儿生存、发展和保护的有关法律法规及政策规定。"）、儿童保育和教育知识（具体包括 6 条基本要求，如要求 26 "熟悉幼儿园教育的目标、任务、内容、要求和基本原则。"）、通识性知识（具体包括 4 条基本要求，如要求 35 "具有一定的现代信息技术知识。"）。

---

❶ 卢乃桂，钟亚妮. 国际视野中的教师专业发展［J］. 比较教育研究，2006（2）：71.

专业能力包括环境的创设与利用（具体包括 4 条基本要求，如要求 36 "建立良好的师幼关系，帮助儿童建立良好的同伴关系，让幼儿感到温暖和愉悦。"）、一日生活的组织与保育（具体包括 4 条基本要求，如要求 40 "合理安排和组织一日生活的各个环节，将教育灵活地渗透到一日生活中。"）、游戏活动的支持与引导（具体包括 4 条基本要求，如要求 44 "提供符合幼儿兴趣需要、年龄特点和发展目标的游戏条件。"）、教育活动的计划与实施（具体包括 4 条基本要求，如要求 48 "制定阶段性的教育活动计划和具体活动方案。"）、激励与评价（具体包括 3 条基本要求，如要求 52 "关注幼儿日常表现，及时发现和赏识每个幼儿的点滴进步，注重激发和保护幼儿的积极性、自信心。"）、沟通与合作（具体包括 5 条基本要求，如要求 55 "使用符合幼儿年龄特点的语言进行保教工作。"）、反思与发展（具体包括 3 条基本要求，如要求 60 "主动收集分析相关信息，不断进行反思，改进保教工作。"）。

从《标准》中呈现的基本内容可以看出，我国幼儿园教师的专业发展不仅涵盖的内容全面，也更加细致，尤其在专业知识维度中提出幼儿园教师要具备一定的"现代信息技术知识"，在专业能力维度虽然没有明确幼儿园教师需要具备相应的信息技术能力，但在反思与发展领域上也提到"主动收集分析相关信息……"，这也从侧面反映出教师需要具备利用信息技术搜集相关信息的能力。总之，《标准》的颁布和实施，成为高等院校、幼儿园及研究者们评价教师是否达到基本素质的重要参考内容。

2. 幼儿园教师专业发展评价的方式

《标准》在实施建议部分从不同的层面提出了教师专业发展的几种评价方式。首先，在职前培养层面，培养单位需要深化教师教育改革，建立教师教育质量保障体系；其次，在职后准入层面，相关行政部门或幼儿园需要制定幼儿园教师聘任（聘用）、考核、退出等管理制度，保障教师的合法权益；再次，在幼儿园管理层面，要完善教师岗位职责和考核评价制度，健全幼儿园绩效管理机制；最后，在幼儿园教师自身层面，要积极进行自我评价。

《标准》从"职前培养"到"教师准入"再到"教师发展"方面提出了教师评价的理念、机制和方式等，而对于教师具体的专业理念、专业知识、专业能力等方面的评价方式较少提及，尤其是信息技术支持教师专业发展的评价上鲜少体现。

（二）美国幼儿教师专业发展的内容及评价方式

1.《优秀幼儿教师专业标准》中的内容

美国对教师专业发展及教师专业标准的研制早于国内，截至目前，美国国家层面不仅有《NAEYC 早期儿童教育教师专业标准（1997）》《幼儿教师职业准备标准（2009）》，也有《优秀幼儿教师专业标准（2010）》，这些标准规定了对教师专业理念、知识和技能等方面的要求。下面以 2010 年，美国专业教学标准委员会（NBPTS）起草的《优秀幼儿教师专业标准》为例，介绍该标准中优秀幼儿园教师专业发展的内容。

《优秀幼儿教师专业标准》从理念、知识和技能三个维度对优秀教师的专业发展的内容进行了规定，部分重点内容详见表 6-1。

表 6-1 《优秀幼儿教师专业标准》中教师专业发展的内容一览

维度	领域	具体表现
专业理念	树立公平理念	1. 为所有儿童创设安全、可靠的学习环境，欣赏和尊重每一位儿童的个体差异、独特需要和多样性； 2. 鼓励儿童在人际交往中能够做到公正、公平及相互尊重； 3. 通过调整教学策略来满足不同学生的需求且保持对所有学生的挑战性期待； 4. 在教学过程中，确保和体现公平，尊重儿童在各个方面的多样性，实现全纳教育等
	培养合作精神	1. 积极收集关于每个家庭的相关信息，包括家庭文化以及家长对儿童的期待； 2. 帮助儿童与社区建立互利的关系； 3. 鼓励家长积极参与儿童的学习与成长过程中，帮助家庭指导儿童的学习任务； 4. 询问家长对儿童的发展目标，向家长交流与儿童互动的情况； 5. 与家长建立双向的交流方式，采用家访、调查、邮件、家长会等方式建立与家庭的密切联系； 6. 在决定课程、资源、评估与其他项目时，积极寻求社区的意见，并向他们解释决策过程等

维度	领域	具体表现
专业知识	儿童发展知识	运用身体、认知、语言、社交、情感等发展理论来理解每个儿童在教室中的行为，并实施教学活动等
	课程专业知识	从不同的知识结构和学术概念中，综合出新的关于儿童发展的知识与观点，将学科的最新发展纳入课堂之中；利用他们对每个儿童和学科知识核心内容的了解，计划、实施以及评估综合性内容等
专业技能	开展教学活动	系统地规划儿童的学习和发展；有效创设与管理学习环境；实施一系列的教学策略和资源，如游戏、科技等实现教学目标；系统地运用发展适应性的评估工具，准确地解释评估结果；能在不同教育环境下，综合家庭和其他教师对儿童的理解，从不同角度评价儿童的学习和发展等
	反思与发展	反思教学的复杂性，将观察与实践结合起来，改善儿童的学习和发展，获得更深层次的理解，并提炼自己的教育理论；反思与儿童沟通的有效性等

从表 6-1 中可以看出，该标准中优秀幼儿园教师需要具备的专业理念包括树立平等和公平的教育观念，尊重儿童的多样性，具备合作精神；专业知识主要涉及能综合运用儿童各方面发展的知识、课程知识等开展教学、游戏等活动支持儿童发展；专业技能主要包括有效管理、熟悉儿童评价的工具及方法、家园有效沟通、反思与发展等。

2. 《优秀幼儿教师专业标准》中教师评价方式

在《优秀幼儿教师专业标准》颁布后，NBPTS 也规定了对达到优秀幼儿教师的评估程序。对教师评价采用典型的表现性评价，如要求进行认证的教师需要在网上提交三项档案袋资料，然后完成计算机测试和面试。

档案袋评价主要围绕以下三个方面的内容：学生的作业及教师的书面评价，教师课堂教学活动的视频，教师与同事、家长及社区的交流合作。首先，参与评价的教师需要描述两份学生的作业（作业不超过 12 页），分析学生的发展并概括其促进学生学习的教学策略，这主要用于测评教师支持学生读写发展的能力（教师的书面评价不超过 13 页）。其次，参与评价的幼儿园教师需要提供课程内容不同的两节教学活动的视频，如语言、数学等，教学活动的形式也不能局限于一种，需要考虑集体教学或者分组讨论等不同的形式。除了提供视频，还需要教师结合视频向评委会提供视频分析的资料，具体包括教学简介、教学环境和背景介绍、教学目标、教学设计、教学策略，以及自己对儿童成长与发展的评价等。这方面的资料主要考查幼儿园教师促进儿童学习的知识、教学能力和反思学习的能力等水平。最后，参评教师需要向评委会提供其通过家园社合作（学习共同体）过程中建立的围绕某一个教学单位的儿童学习与成长的档案袋，幼儿园教师需要对儿童的学习与发展进行评价，并提供评价有效性的证明材料，具体而言，教师需要提交一份评价的背景资料、儿童的相关信息、评价结果的使用（包括形成性评价和结果性评价）、参与学习共同体中的证明及书面评价。这份资料主要用于评价幼儿园教师有效教学，沟通与反思的能力水平。

计算机测试和现场面试主要考察幼儿园教师的专业知识和专业技能，计算机测试的题型主要是选择题，结合《优秀幼儿教师专业标准》中涉及的内容，面试主要考查优秀幼儿教师的读写能力、分析儿童作业的能力以及游戏中促进儿童发展的能力。例如，在读写测试环节，参与者需要调动自身的阅读能力来设计一节适合并能促进儿童阅读发展的教学活动。在组织儿童游戏测试中，参与者需要根据自身具备的儿童知识、学科知识等来分析游戏是如何促进儿童各方面发展的。

二、幼儿园教师专业发展评价的模式

关于模式的定义众多，目前没有统一的说法。在《现代汉语词典》中，模式指的是某种事物的标准形式或使人可以照着做的标准样式，具有普遍性和典型性。基于此界定，本文将幼儿园教师专业发展评价模式界定为在一定教育理论指导下建立起来的比较稳定的结构框架和操作程序。下面重点围绕幼儿园教师专业知识和专业能力两个方面介绍教师评价的模式。

（一）幼儿园教师专业知识评价的模式

自《标准》颁布以来，我国对幼儿园教师知识的评价研究一方面围绕专业知识包含的几个方面开展，另一方面围绕学科教学知识评价开展，还有一些研究专注于实践性知识评价。综合已有研究的文献，下面重点从专业知识、学科教学知识评价、实践性知识评价，阐述教师专业知识评价的模式。

1. 幼儿园教师专业知识评价模式

通过梳理相关文献发现，幼儿园教师专业知识的评价主要遵循以下模式："梳理专业知识结构 – 编制、实施问卷调查，检验问卷质量 – 分析现状 – 提出建议"。

首先，梳理专业知识结构。《标准》中涵盖的专业知识相对比较全面，在实践层面，很多研究者从学理的层面进一步梳理了专业知识的结构，如傅钢善等（2015）基于舒尔曼的教师知识分类的框架，结合《标准》进一步明确了师范生专业知识的结构，具体包括教育理论知识、学科专业知识、学科教学知识、通识性知识四大类，之后研究者又继续将四类知识进行了分类，❶ 具体内容见表6–2。

表6–2　师范生专业知识结构的具体内容一览

专业知识	具体表现
教育理论知识	教育基本原理、一般教育学、教育心理学的知识
学科专业知识	任教学科的课程目标、学习内容、知识体系和学科基本原理、理论与方法的知识
学科教学知识	学科知识转化为易于儿童理解、接受的知识，其本质是学科教学知识在特定情境中与特定内容相关的教与学的知识
通识性知识	一种广泛的、非专业性的、非功利性的基本知识、技能和态度

其次，编制、实施问卷调查，检验问卷质量。研究者基于以上教师专业知识结构编制自陈式问卷，问卷一般采用李克特五点量表记分，每道题目设置完全具备、具备、一般、基本不具备、完全不具备五个选项，分别赋值5、4、3、2、1，分值越大，表示师范生相应的专业知识

---

❶ 傅钢善，方中玉，周回回. 教师专业化背景下师范生专业知识发展研究［J］. 黑龙江高教研究，2015，254（6）：80 – 84.

掌握得越好，评价越高。问卷编制好之后，采取某种抽样方式对被试进行问卷调查，回收，然后对问卷的信效度进行检验，获得质量较高的问卷之后，将呈现调查结果。

再次，现状分析。这部分将围绕研究问题对教师知识现状进行报告，如报告不同年级的师范生专业知识的发展水平等。

最后，提出建议。基于研究的结论提出具体的教育建议，如"师范生培养阶段，仍应以学科专业知识培养为主""加强教学实践、反思与合作交流，促进师范生学科教学知识的生成"等。

从以上环节可以看出，该模式中对教师的评价方式主要采用自陈式的问卷调查，这种评价工具省时省力、能便捷地获取被试的数据，但存在被试选项的趋同效应。尤其是专业知识是教师内隐的特质，这种评价较难真正测量出教师真实的知识水平。

2. 幼儿园教师学科教学知识评价模式

自舒尔曼 1986 年提出学科教学知识（Pedagogical Content Knowledge，简称 PCK）以来，引起了国内外大量研究者的关注，学前领域对学科教学知识的关注主要集中于幼儿园教师教学领域学科教学知识的评价。纵观已有研究，对幼儿园教师科学教学知识的评价一般遵循以下模式："梳理学科教学知识结构—确定基于视频的 PCK 问卷/访谈 + 概念图的评价工具—工具质量检验 - 现状分析 - 提出建议"。

首先，梳理学科教学知识结构。基于舒尔曼及其研究者对科学教学知识结构的界定，国内的研究者结合学前教师的工作特点，进一步确定了幼儿园教师学科教学知识的结构，如有的研究者认为幼儿园教师的数学学科教学知识应该是以儿童为中心，以活动为背景实现的儿童发展知识、学科内容知识、教学法知识的互动与整合，具体包括学科相关的儿童发展知识（儿童如何学习某一学科内容知识）、儿童相关的学科内容知识（儿童应该学习哪些学科内容知识）、活动中的学科内容知识（某一活动能够帮助儿童学习哪些学科内容知识）、教学法知识（教师如何教某一年龄的儿童学习某一学科的内容知识）。[1] 也有的研究，直接从

---

[1] 潘月娟，王艳云，汪苑. 不同发展阶段的幼儿园教师数学学科教学知识的比较研究 [J]. 教师教育研究，2015，27（3）：56 – 62.

学科教师数学知识的三维结构确定幼儿园教师教学领域教学知识，即"关于内容的知识""关于幼儿的知识"和"关于方法的知识"。❶❷

其次，确定基于视频的问卷调查/访谈＋概念图的评价工具。评价学科教学知识的方法一般可以分为两类：一类是采用自陈式的量表、访谈、概念图、图片排序等方法来进行内容认知的外化，因为学科教学知识是教师内隐的实践特质，使用这类方法进行测量可能会出现教师虽然已经形成并且能应用某些学科教学知识，但无法用言语清晰表述的现象；另一类是通过课堂观察由外在行为进行推论，这种评价方法将学科教学知识与教学行为之间建立简单的线性关系，然而很多研究发现教师的知识和行为之间关系复杂，如果建立这种简单的线性关系，可能出现推论的错误，也具有一定的主观性。鉴于以上两类评价方法的优缺点，目前的评价综合了基于视频的 PCK 问卷调查和概念图两种方法来测量幼儿园教师的学科教学知识。

基于视频的 PCK 问卷调查主要参考了埃里克森儿童研究院设计的 9 个题目，题目均为开放性问题❸，具体问题见表 6－3。

表 6－3　PCK 各要素所涉及的问题

PCK 的构成要素	各要素所涉及的问题
教学内容的知识	1. 这个活动想教给儿童哪些核心概念或经验（知识点） 2. 在这个活动中还体现了哪些其他的相关概念（知识点） 3. 儿童如果要参与这个活动，需有哪些知识准备
教育对象的知识	4. 基于您看到的录像，您认为儿童是否明白这个活动涉及的知识？请提出能支持您观点的儿童行为 5. 如果是您教这些儿童同样的概念（知识点），下一步您会如何教？为什么 6. 学习这些关键概念（知识点）时，儿童容易出现哪些理解方面的错误？会面临哪些挑战

❶　黄瑾，汤杰英. 学前教师数学教学领域知识研究［J］. 教师教育研究，2016，28（2）：101－104.

❷　黄瑾，张宁. 幼儿园教师数学教学信念、领域教学知识与教学行为的关系研究［J］. 教师教育研究，2019，31（5）：16－22.

❸　汤杰英. 学前教师领域教学知识研究［D］. 上海：华东师范大学，2013.

PCK 的构成要素	各要素所涉及的问题
教学方法的知识	7. 录像中教师使用哪些语言以及出现了哪些行为,来帮助儿童提高对该活动中涉及的关键概念(知识点)的理解?(您可以从材料、环境布置、课堂设计、教师语言、互动等方面描述。)这些做法有效吗? 请说明理由 8. 教师可以如何调整这一活动以适应能力较弱的儿童的需求?(参考:材料、环境布置、课堂设计、教师语言、互动等)请说明理由 9. 教师可以如何调整这一活动以适应能力较强的儿童的需求?(参考:材料、环境布置、课堂设计、教师语言、互动等。)请说明理由

从表6-3中可以看出,教学内容的知识、教育对象的知识、教学方法的知识分别均涵盖3个问题。幼儿园教师观看完视频后,需要她们独立回答以上问题,视频观看次数和问卷回答的时间不受限制。问卷回收后,研究者依据编码手册进行评分,每道题目的最低分是1分,最高分是7分,其中1~2分为第一等级,表现为教师几乎不能或者只能粗略地理解PCK的构成要素;得3~5分为第二等级,表现为教师笼统或有限地理解PCK的构成要素;得6~7分为第三等级,表现为准确理解,并能延伸对PCK构成要素的理解。编码手册又针对奇数段进行了具体的说明和描述,见表6-4。它对奇数段的分数又分为3个水平:水平1,作答与否;水平2,与领域的相关程度;水平3,对PCK的理解程度。

表6-4 PCK评分标准维度一览表

	几乎不能或只能粗略理解 PCK 构成要素		笼统或有限理解 PCK 构成要素			准确理解,并能延伸对 PCK 构成要素的理解	
	1	2	3	4	5	6	7
水平1:作答与否	1.1 不能作答		3.1 笼统作答		5.1 具体地作答		7.1 具体地、延伸地作答

续表

	几乎不能或只能粗略理解 PCK 构成要素		笼统或有限理解 PCK 构成要素		准确理解，并能延伸对 PCK 构成要素的理解
水平 2：与领域的相关程度	1.2 不相关		3.2 大致相关	5.2 直接相关	7.2 与核心概念直接相关
水平 3：对 PCK 的理解程度	1.3 没有评判性的证明或分析性思考	3.3 有过程性的理解		5.3 有一些评判性的证明或分析性思考	7.3 能够将过程与概念联系起来理解

编码手册中规定，想要获得相应的某个分数，教师的作答必须能反映在这个奇数分数以下的所描述的全部特征。以水平 3 为例，只有教师的作答包含了 1.3～3.3 的所有特点才能得 3 分。由于是国外的评价工具及计分的编码手册，为了保证编码的一致性，国内研究者主要通过认真学习、研讨编码手册，进一步明确相关领域的评分标准，以及报告评分者信度等方面，以确保编码的一致性。

基于视频的访谈工具主要由美国的研究者麦考瑞·杰尼弗和陈杰琦开发的，该工具也广泛适用于评估学前教师的数学学科教学知识。[❶] 基于视频的访谈工具中的视频来自幼儿园的两个活动情境：一个是角色游戏区，另一个是建构活动区。首先，教师需要观看这两个场景中的视频，之后研究者围绕着情境中的材料、儿童的行为、所涉及的数学概念、儿童的数学问题以及教师可采取的互动行为等对教师进行提问，研究者根据教师的回答情况进行评分。以角色游戏区发生的情境为例：

布列塔尼（Brittany）和雅各布斯（Jacobs）正在角色区扮演角色游

---

❶ JENNIFER M S, CHEN J Q. Pedagogical Content Knowledge for Preschool Mathematics：Construct Validity of a New Teacher Interview［J］. Journal of Research in Childhood Education，2012，26（3）：291－307.

戏，他们想把他们的五个宝宝哄到床上睡觉。角色游戏区没有婴儿床，所以他们用三个鞋盒做"婴儿床"。雅各布斯说："但宝宝床不够。"布列塔尼回答说："这些宝宝更小。"他把三个没有头发的宝宝挑出来，放在鞋盒附近。她抱起两个头发浓密的宝宝，说："这些宝宝不需要再睡觉了。"然后把他们放在一边。雅各布斯说："好吧，但这个宝宝需要最多的地方"，然后把最大的且没有头发的宝宝放进最大的鞋盒里。布列塔尼看着他，然后把中等大小的宝宝放在中等大小的鞋盒里，把最小的没有头发的宝宝放在最小的鞋盒中。雅各布斯说："现在睡觉吧，宝贝们。"

接下来，研究者会提出以下问题："你在这个游戏中看到哪些数学知识""你在哪个情节中看到了哪个数学概念""你会说一些什么来帮助孩子们发现其中的数学呢"等。该工具的评分参考 2000 年美国数学教师协会（National Council of Teacher of Mathematics，NCTM）颁布的学校数学的原则和标准（Principles and Standards for School Mathematics）。先由领域专家列出视频情境中涉及的学科教学知识，确定内容效度，再将三位教师的访谈结果呈现给专家，供专家确定计分。接下来向专家呈现六位教师的访谈结果，通过讨论确定了 6 位教师得分范围在 12 ~ 34，标准差为 7。这种评估工具不仅能将数学问题情境化，使其更接近于教师在课堂中会面临的困境，而且它更接近于自然发生的学科教学知识，故这种评价更具有真实性，但它存在评分标准确定过程比较复杂、呈现不够清晰等方面的问题。

概念图这一评价工具最早是由美国教授诺瓦克（Joseph D. Novak）于 1984 年提出，他依据奥苏泊尔（David P. Ausubel）提出的有意义学习和概念同化理论来探究学生是如何通过建立概念间的多层关系来形成认知结构的。他将概念图最早应用于视听辅导教学模式下学生学习知识特征的探索研究。[1] 随着概念图进入教师教育者的研究视野，很多学者采用概念图的方法对教师的知识结构进行研究。例如，有些研究者采用概念图对比了四组职前教师在参与一学期教学方法课后知识结构产生的

❶ NOVAK J D, GOWIN D B. Learning How to Learn ［M］. New York：Cambridge University Press，1984：15 – 40.

变化，研究者要求职前教师在教学方法课开始前和结束后基于某教学主题进行概念图创作。通过对比前后测试中概念的数量、层级关系以及分支多少，来揭示职前教师学科教学知识结构的变化。研究发现四组职前教师根据所作的概念图不仅有关键概念数量上的增长，同时所展现出的层级关系愈见复杂，说明通过教学方法课的提升，职前教师的知识结构在不断丰富且完善。同时，研究发现概念图这一研究工具不仅可以帮助教师教育者了解职前教师教学知识的储备，还能使教师知识结构所产生的变化可视化。● 在学前领域，也有研究者将基于视频的 PCK 问卷调查与概念图结合起来，共同评价不同发展阶段的幼儿园教师学科教学知识的共性和差异。● 该研究从数量、层次、关系、领域和年龄适宜性五个维度请幼儿园教师绘制概念图，主要目的在于考察教师对特定年龄段儿童应该学什么知识或关键经验的全面理解和认识。因为研究需要比较不同发展阶段的教师学科教学知识的差异，所以该研究对概念图进行了相应的编码，这与以往仅仅绘制和呈现概念图的方法不同，但该研究中对于概念图如何编码和计分缺少全面的介绍。

最后，工具质量检验，现状分析，提出建议。幼儿园教师学科教学知识评价工具确定之后，接下来需要对工具质量进行检验，这部分主要报告工具的信度、效度指标，信度指标主要用内部一致性系数、评分者信度报告，如在基于视频的访谈工具中，研究者报告了两个情境的克隆巴赫系数为 0.76，两名研究人员对访谈结果的评分者间信度为 92.8%。效度指标主要报告专家效度、内容效度等，如情境 1 和情境 2 的得分均能反映出数学内容领域的 PCK，且呈显著相关（$r = 0.616$，$p < 0.001$）等。评价工具具有较好的信效度，意味着工具质量较高，接下来需要对幼儿园教师学科教学知识的现状进行分析，一般对比分析学科教学知识各要素的得分，或者不同类型教师在学科教学知识各要素得分上的差异，最后从职前培养、职后培训模式等方面提出较有针对性的建议。

● MORINE-DERSHIMER G. Pre-service Teachers' Conceptions of Content and Pedagogy: Measuring Growth in Reflective, Pedagogical Decision-making [J]. Journal of Teacher Education, 1989, 5 (1), 46-52.

● 潘月娟，王艳云，汪苑. 不同发展阶段的幼儿园教师数学学科教学知识的比较研究 [J]. 教师教育研究，2015，27 (3)：56-62.

3. 幼儿园教师实践性知识评价模式

实践性知识是教师在应对幼儿教育场域中所生成的关于"如何做"的相对稳定的策略性知识体系，它是教学知识的重要组成部分，能有效地指导教师的教学实践，是教学知识的落脚点。[1] 目前对于教师实践性知识的评价方法主要有问卷调查法、视频分析法等。

幼儿园教师实践性知识的评价模式与以上两类知识的评价模式基本相似，不同点在于评价工具的开发和介绍。下面重点介绍如何运用视频分析评价教师的实践性知识。已有的研究主要梳理了实践性知识的特点和表征类型。实践性知识作为一类特殊的知识，缄默性和内隐性使其内嵌于教师的教学情境和行动中，因此需要借助知识表征让教师言明处在情境中的自我，它是教师呈现教学信念的有效途径。"知识表征"就是使用一些符号或者符号集对知识进行指代。[2] 实践性知识表征分类有多种：有的学者将形象、实践原则、惯例、个人哲学、比喻等作为教师实践性知识的表征；有的学者借助陈向明对教师实践性知识表征的分类，将职前师范生的实践性知识分为：标签类表征、符号类表征、图示类表征、行动类表征和言语类表征五个方面。

研究者基于对实践性知识表征的类型，运用视频分析的方法对其进行评价，视频的选取主要来自师范生录制的课堂教学情境。对视频的编码流程如下：首先，研究者初步观看视频，了解师范生教学的思路、安排等基本情况，标记课堂教学环节的关键点和需要反复观看的部分；其次，基于以上情况结合实践性知识的表征类型，初步设计编码表；最后，进一步观看视频并完善编码表（见表 6 - 5），重点观看已经标记的环节，基于编码表对视频中的实践性知识进行赋值。视频的编码采取 0/1 计分，例如关于师范生在课堂上设计学生活动环节的具体情况，"有所体现"则得 1 分，没有体现或者完成欠佳则得 0 分。[3]

---

[1] 黄友初. 职前教师实践性知识的缺失与提升 [J]. 教师教育研究，2016，28 (5)：85 - 90.

[2] 艾森克，基恩. 认知心理学 [M]. 高定国，译. 上海：华东师范大学出版社，2004：66.

[3] 魏戈，吕雪晗. 从实践性知识反思教师教育课程改革——基于师范生教学视频的实证研究 [J]. 教师教育研究，2021，33 (4)：76 - 85.

表6－5　师范生实践性知识在课堂教学中的表征一览

表征类型	表征	表征的表现	操作性定义
标签类	教育信念	建立自我效能感	在课堂上体现出自信力
		明确学生学习的需求和动机	顺应并尊重学生的想法，因材施教
		充分吸引和引导学生	以引导者身份出现，而非教导者
		充分启发学生	问询引导，给学生表达的机会
		加强师生互动	避免出现教师"一人独大"的情况
		加强生生互动	设置课堂活动、同桌互动等环节
	个人哲学	关注学生感兴趣的话题	紧跟时代和学生思维，在课堂素材中呈现
		有效使用学生接受的方式	在课堂教学和管理中灵活多变，具有人性化
		联系生活实际	认真倾听和思考学生的想法，结合现实生活，引发学生思考
	教学风格	追求个性化课堂	在课堂呈现方式上有自己的想法，体现在授课方式和课堂设计上
		板书设计出色	书写美观且有逻辑性，简单明了
符号类	口语/身体语言	建立自我概念	使用教师习惯性用语、动作、手势
	情境符号	使用有效辅助教学资源	使用学生喜欢的教学资源，既贴近学生的年龄又符合课堂主题
		完善教学内容情境	设计有趣的情境帮助学生理解问题
		渗透传统、学校或班级文化	尽可能使课堂具有独特的教学特色
		精心设计知识呈现方式	结合课堂内容设计教学、习题或角色情境
		精心设计活动内容	结合活动方案设计活动情境

续表

表征类型	表征	表征的表现	操作性定义
图式类	意象	关注学生的差异性	对性格、性别等不同的学生采取不同方式
		关注学生整体情况	提问课堂参与度不高的学生
		关注学生参与度	以提问和追问的方式引导学生参与课堂
		了解学情	充分了解学生水平及学习情况并能够将学生学过的知识融入课堂
行动类	行动规则	有效利用学科知识	将学科知识以高效的方式教授给学生并进行充分的练习
		有效利用课程知识	在课堂中渗透跨学科知识，具有综合课程的能力
		有效利用学科教学知识	能够游刃有余地控制课堂并熟练运用教学法知识
	实践原则	合理把控课堂环节	能够控制并引导课堂环节顺利进行

编码和评分确定之后，接下来对视频进行数据分析，报告师范生实践性知识的整体情况，不同学科实践性知识的差异，以及不同表征形式的特点等，最后从教师教育类课程的设置、教学方法的改革、教育实践的完善等方面提出改进的建议。

（二）幼儿园教师专业能力评价的模式

随着国内课程游戏化、安吉游戏理念和实践的不断深入，幼儿园教师的儿童观察能力越来越成为衡量教师专业能力的重要能力体现。国外的引导游戏（guided play）也倡导幼儿园教师对儿童游戏的支持和引导。❶ 鉴于此，目前国内外对教师专业能力进行评价的研究主要围绕儿童观察能力和情境性能力评价开展。此外，保教结合是我国幼儿园教育的基本原则，因此，有一些研究者对幼儿园教师的保教能力进行评价。下面重

---

❶ TOUB T S, RAJAN V, GOLINKOFF R M, HIRSH-PASEK K. Guided Play：A Solution to the Play Versus Learning Dichotomy ［M］. Evolutionary Perspectives on Child Development and Education. Springer：Cham, 2016：117 – 141.

点阐述幼儿园教师的儿童观察能力、情境性能力和保教能力的评价模式。

1. 幼儿园教师儿童观察能力评价模式

对幼儿园教师儿童观察能力进行评价的关键是评价工具的开发。已有研究主要采用非参与式观察、自陈式问卷调查和情境判断测验等方法对幼儿园教师情境判断测验进行评价。由于幼儿园教师的儿童观察能力也属于教师的实践智慧，因此自陈式的问卷和非参与式的观察均较难有效测量教师的观察能力，而情境判断测验（Situational Judgement Tests，SJT）在考察教师的实践智能和内隐特质上凸显出优势。下面主要介绍基于情景判断测验的教师儿童观察能力评价的基本模式，这方面具有代表性的研究成果主要是蒋路易等的研究。❶ 基本的模式为：厘清儿童观察能力的内涵和结构—开发情景判断测验—分析儿童观察能力的现状—提出反思与展望。

首先，厘清儿童观察能力的内涵和结构。儿童观察能力的内涵比较丰富，已有的研究主要从研究方法、教育行为、评价方法三种不同的视角来剖析儿童观察能力。从研究方法的角度来看，观察是教师研究儿童的方法，强调教师要有明确的目标、严密的计划，观察并记录儿童在特定情境下的言行变化，基于科学的结果分析得出研究结论，教师必须明确观察的目的、熟悉记录的方法，解释记录的信息，❷ 但这并不是教育实践中最常用的观察。从教育行为和评价角度来看，多数教师普遍将观察作为教师了解儿童发展特征和水平的一种基本教育行为，认为它是教师收集有关儿童能力发展状况信息并进行价值判断的过程，其最终目的是判断原有支持策略或活动计划是否有效，进而调整支持策略以实现儿童更高水平的发展，即教师观察儿童是"发现值得关注的事件—与教学计划建立联系—解释这一事件"的过程。❸❹❺ 通过对儿童观察能力结构

---

❶ 郭力平，蒋路易，吕雪. 幼儿园教师"儿童观察能力"的情境判断测验——中国8省市幼儿园教师测评的实证研究 [J]. 教育测量与评价, 2018 (10)：26-33.

❷ 罗秋英，周文华. 儿童行为观察与研究 [M]. 上海：复旦大学出版社, 2014：2.

❸ SHARMAN C, CROSS W, VENNIS D. 观察儿童：实践操作指南 [M]. 单敏月, 王晓平, 译. 上海：华东师范大学出版社, 2008：92.

❹ SMIDT S. Observing, Assessing and Planing for Children in the Early Years [M]. Psychology Press, 2005：18-20, 12.

❺ SHERIN M, VAN Es E. Using Video to Support Teachers' Ability to Notice Classroom Interactions [J]. Journal of Technology and Teacher Education, 2005, 13 (3)：475-491.

的梳理，蒋路易等学者确定了儿童观察能力的三要素，见表6-6。

表6-6　幼儿园教师"儿童观察能力"的基本要素一览

要素	具体要求
收集分析信息	基于科学儿童观，在众多信息中提取核心、有意义的信息进行分析
解释并判断儿童发展水平	基于儿童发展阶段和序列的理论知识或实践经验，对儿童发展水平进行分析、解释和判断
反馈支持	提供教育计划或策略支持儿童发展

其次，开发情景判断测验。情境判断测验的开发一般遵循以下流程：确定测验的情境—收集情境的可能反应—确定提问方式—确定计分方式。幼儿园教师"儿童观察能力"情境判断测验中的情境主要来自幼儿园一线实践，由教师提供，情境采用"文字＋图片"的形式呈现一名儿童的表现片段。情境下面呈现的并非教师的行为反应而是儿童不同的发展水平。借鉴最近发展区理论，研究者设置了情境下面的四个选项，包括1项已有水平，1项最近发展区和2项干扰项（高于或低于最近发展区），要求教师基于题干信息从选项中选出儿童的最近发展区，以此预测教师基于观察对儿童提供有效支持的可能性。需要说明的是，该研究中虽然将幼儿园教师的"儿童观察能力"界定为表6-6中的三个要素，但是该测验主要考查教师分析、判断儿童发展序列的潜能，依此预测教师的支持能力，但未能真正考查教师能否基于观察对儿童提供有效的支持，即支持能力。该工具中的选项基于最近发展区理论，也要求教师选择符合最近发展区的选项，因此计分确定采取0/1计分，即选出符合最近发展区选项则得1分，其他则得0分。该工具由20道描述儿童在特定情境下活动行为的单项选择题，每道题目有4个选项，答对一题得1分，答错不得分，满分20分。

再次，分析儿童观察能力的现状。工具确定之后，在全国8个城市范围内对幼儿园教师施测，检验工具的信度、效度、难度、区分度等指标，经过检验发现该工具质量较好。研究发现，幼儿园教师的儿童观察能力存在明显的地区差异，表现为经济发达地区得分均明显高于经济欠发达地区；教师的最高学历和有无编制情况是影响其儿童观察能力的敏感变量，职称的影响程度相对较小；从职业生涯发展来看，教师的儿童观察能力呈现"倒 U 型"发展，20~25 年教龄段能力表现最佳。

最后，提出反思和展望。基于研究结果及情景判断测验的特点，研究者肯定了该评价工具的客观性、有效性，同时提出了今后可以改进的方面，如可根据教育观念和科学研究的进步，不断更新并扩展测题内容。未来，在测评形式上可以尝试开发计算机自适应系统等。

2. 幼儿园教师情境性能力评价模式

所谓情境性能力（situation-specific skills），是指教师对儿童表现的关注/感知（noticing/perception）、理解（interpreting）与回应/计划的能力（responding/planing）。[1] 目前国外对教师情境性能力的评价研究主要关注职前和在职教师情境性能力的现状，少数研究关注了学前教师，也有一些研究分析了职前和在职教师、新手和专家型教师情境性能力之间的差异。这些研究对教师情境性能力的评价遵循以下模式：厘清情境性能力的内涵—开发评价工具—工具的编码—统计分析—提出建议。以下重点介绍评价工具的开发与检验的环节。

关于职前教师情境性能力的评价研究，杜克等研究者运用视频+问题（video-based assessment）对德国学前职前教师的情境感知（the skill to perceive situations）和计划教育活动的能力（the ability to plan educational activities）进行评价。[2] 研究者选择了建构游戏、规则游戏和自由游戏三个情境中儿童关于"数与运算（涉及教师与儿童的互动）""测量、数量与关系（涉及同伴互动）""图形（独自游戏）"的视频。依次向参与者播放视频，看完视频之后，研究者会向参与者呈现与视频有关的图片，帮助参与者回忆，然后请参与者回答关于"情境感知能力"和"计划教育活动能力"的一些开放性的问题，如"请描述情境中涉及的至少三个方面数学教育的内容，并进行说明""请基于该情境，提

---

[1] CHAN K K H, XU L H, COOPER R, et al. Teacher Noticing in Science Education: Do You See What I See? [J]. Studies in Science Education, 2021, 5 (19): 1-44.

[2] DUNEKACKE S, JENßEN L, BlöMEKE S. Effects of Mathematics Content Knowledge on Pre-school Teachers' Performance: A Video-based Assessment of Perception and Planning Abilities in Informal Learning Situations [J]. International Journal of Science and Mathematics Education, 2015, 13 (2), 267-286.

供两种策略或者做法。"

每个视频仅播放一次。教师每次的回答有时间限制，一般为6分钟左右。编码采用0/1计分，由专家小组、参与者共同确定答案，评分者信度良好。研究发现，学前职前教师的"情境感知能力"处于中等水平，"计划教育活动能力"水平较弱。还有的研究采用视频＋访谈的形式调查了职前学科教师的情境性能力的水平。研究者向参与者播放视频，看完视频后，对参与者围绕情境性能力的几个维度进行访谈，然后对访谈内容进行编码赋分。研究发现，职前教师倾向于通过教学内容和全班学生的反应，推断学生对学习内容的思考程度，但只能提出模糊或缺乏科学内容的反应，职前教师以学生为中心的教学行动的能力仍然有限。❶

关于在职教师情境性能力的评价，评价工具的形式基本与职前教师情境性能力评价工具的形式一致，即采用视频＋图片＋问题、学生探究性作品或视频访谈等形式。如有的研究开发了班级视频分析（Classroom Video Analysis，CVA）评级工具，对不同教龄教师的情境性能力进行了评价。有五段视频短片，内容涉及二到六年级学生关于整数的运算，每段视频长为1~3分钟，教师在网络平台上观看视频，然后按照提示写出以下四个方面的评论：①教师是如何注意、解释学生的思维并进行教育决策的；②学生的数学思维和学习是如何进行的；③提出改进的建议；④教师和学生是如何围绕教学内容进行互动的。评分采用0/1/2三级计分。由两名研究人员对教师的评论独立打分，评分者信度在0.84~0.88。为了保证结果的有效性，研究同时运用访谈和课堂观察对视频分析的数据进行三角佐证。研究发现，基于视频的评价是测量教师情境性能力的有效工具，可以捕捉教师情境性能力的变化。随着教学经验的增加，教师的情境性能力也随之提升。同时，通过关注学生的思维和学习方式，教师了解了大量关于学生和数学教学的知识，并推动了学生对数

---

❶ CHAN K K H, YAU K W. Using Video-based Interviews to Investigate Pre-service Secondary Science Teachers' Situation-specific Skills for Informal Formative Assessment [J]. International Journal of Science and Mathematics Education, 2021, 19: 289–311.

学学习的思考。❶ 还有的研究也开发了基于视频＋图片的标准化计算机测验工具，调查了有无资格证小学数学教师的反思与反应能力。视频主要围绕学生典型的错误概念、学习特定主题的困难以及学习和成功教学的重要内容，全部来自真实的课堂教学实例，共确定了 11 个视频，视频的时间在 30～120 秒，共有 11 个视频。图片主要呈现学生对数学问题的解答过程，尤其呈现学生的错误做法。视频和图片测验均采用描述加提问的方式，教师有 60 秒的时间回答问题，可以口述回复也可以打字，口述回复进行录音。研究者根据教师们的回答进行编码，编码的标准会考虑解释的清晰性、适当性，基于学生的思维分析的全面性等，最后依据编码的情况，研究者制定了三级计分标准，即充分回答、部分充分回答和不充分回答，分别给予 2 分、1 分和 0 分。评分者信度为 0.74～0.94。研究发现，有资格证的教师反应能力的得分显著高于无资格证的教师，而在反思能力上，两类教师没有差异。研究也证实了基于视频的评价工具测量教师的某些情境性能力是比较恰当的。❷ 还有一些研究运用定性的方法对教师的情境性能力进行了描述，如有的研究通过对视频片段中教师话语的分析，调查了在科学或数学教学活动中，教师支持儿童发展的情况。研究发现，教师不愿意或缺乏信心，在全班教学中让孩子拥有更多地表达自己想法的机会，教师往往无法对儿童的回答做出更丰富的反应，教师的反应更多地指向正确答案的获得，从而实现特定的课程目标。❸

关于不同类型教师情境性能力的比较研究，已有的研究主要比较了职前与职后、职前与其他群体、新手和专家型教师的情境性能力，既有定量的评价也有定性的评价，还有混合方法的评价，定量的评价主要运用视频＋图片＋问题的评价工具，定性的评价主要采用学生探究性作品

---

❶ SANTAGATA R, YEH C. The Role of Perception, Interpretation, and Decision Making in the Development of Beginning Teachers' Competence [J]. ZDM Mathematics Education, 2016, 48: 153–165.

❷ KNIEVEL I, LINDMEIER A M, HEINZE A. Beyond Knowledge: Measuring Primary Teachers' Subject-specific Competences in and for Teaching Mathematics with Items Based on Video Vignettes [J]. International Journal of Science and Mathematics Education, 2015, 13: 309–329.

❸ MYHILL D, WARREN P. Scaffolds or Straitjackets? Critical Moments in Classroom Discourse [J]. Educational Review, 2005, 57 (1), 55–69.

或视频访谈等形式，也有两者间的结合。如有的研究采用定量和定性的方法，评估了 36 位准教师、31 位教龄 1 年、31 位教龄 2 年和 33 位教龄 4 年以上的 K－3 年级教师对儿童思维的关注、解释和反应的能力。研究采用视频短片和学生作业分析的方法，视频片段只有 9 分钟，围绕一个问题："我们有 19 个孩子，有 7 份热的午餐（hot lunch），那么有多少份冷的午餐（cold lunch）？"该视频截取自一节完整的 40 分钟的教学。选择三份学生的作业，作业中的问题是"Todd 有 6 袋 M&M's 糖，每袋中有 43 个，请问 Todd 一共有多少个 M&M's 糖？"研究者向参与者提供视频和作业，然后请参与者回答关于他们对学生思维关注、解释和反应的问题。关于关注能力的评价，主要请教师回答以下问题："请详细描述您认为每个孩子对这个问题的反应。"基于教师的回答，将教师的关注归为：有关注策略（1 分）和无关注策略（0 分）。关于解释能力的评价，请教师回答："请解释你从孩子的理解中学到了什么？"根据教师的回答，将教师的解释分为：有效解释（2 分）、有限解释（1 分）和无效解释（0 分）。关于回应能力的评价，请教师回答："假如您是这些孩子的老师，接下来您会提出什么问题？"根据教师的回答，将教师的反应分为：有效反应（2 分）、有限反应（1 分）和无效反应（0 分）。研究发现，职前教师在关注、解释和反应能力的得分均低于在职教师，在职教师中，关注、解释和反应能力随教龄增加而增加，且工作 4 年以上教师的解释和反应能力获得了很大的提升。[1] 还有的研究通过向新手和专家型教师呈现"学生中心"和"教师主导"两种理念下的教学视频，然后对他们围绕以下问题进行访谈：①这些课程的特点是什么？②为什么你认为它们是独特的或令人印象深刻的？③如果有的话，你对改进这些课程有什么建议？④在你看来，如何最好地教和学数学？⑤你认为在评价数学教学有效性时，哪些维度是重要的？对访谈结果进行编码、赋分。研究发现，专家型和新手型教师都非常重视连贯地发展学生的数学知识，发展学生的数学思维和能力；他们还关注学生的自我探索学习、学生的参与和教师的教学技能。此外，与新手教师相

---

[1] JACOBS V R，LAMB L L，PHILIPP R. Professional Noticing of Children's Mathematical Thinking [J]. Journal for Research in Mathematics Education，2010，41（2）：173.

比，专家教师更注重发展数学思维以及高阶思维和能力，协调发展数学知识，而较少重视教师的指导。[1]

总之，对于教师情境性能力的评价，既有定量的方法也有定性的方法，还有两者的结合。对于定量的研究来说，目前运用视频＋图片＋提问的评价工具被证明是有效的，因为视频更接近教学情境的复杂现实，教师通过观看视频，并回答相关问题，能比较客观地反映教师的情境性能力。但同时基于视频的评价工具存在一些问题：一是视频如何才能具有典型性与普遍性，尤其是学前阶段，课程是整合的，游戏形式是多样的，那么视频如何才能比较全面地反映幼儿园教师的情境性能力？二是视频的数量和时长的问题，要保证测验的信效度，这就需要考虑视频的数量和时长。从已有的研究来看，视频的数量不多，仅能提供少数情境，但是教师回答的时间一般在 30 分钟左右，那么有限的视频和长时间的测验，如何保证测验的信效度？三是可推广性的问题，如何快速、全面地获得教师的情境性能力？基于视频的测验中的编码和赋分往往比较复杂，费时耗力。因此如何开发更加具有标准化的情境性能力测验也是需要考虑的问题。

3. 幼儿园教师保教能力评价模式

实施保教结合是我国幼儿园教育的基本原则，保教能力是幼儿园教师专业素养的核心成分，直接影响着幼儿园教育质量和儿童的学习与发展。我国对幼儿园教师保教能力进行评价的研究主要由华东师范大学郭力平教授领衔，该研究团队在梳理保教能力内涵的基础上，创造性地开发了幼儿园教师保教能力的情景判断测验，并对我国幼儿园教师保教能力的水平进行了现状分析，提出了分层培训的构想。[2] 下面重点介绍幼儿园教师保教能力的情境判断测验工具。

第一，确定情境判断测验中的情境。该测验中初步的情境来源于一线教师的提供、研究者入园的观察以及儿童教育类期刊中的保教案例筛

---

[1] HUANG R J, LI Y P. What Matters Most: A Comparison of Expert and Novice Teachers' Noticing of Mathematics Classroom Events [J]. School Science and Mathematics, 2012, 112 (7): 420-432.

[2] 郭力平，孙佳玥，李丽. 幼儿园教师保育与教育能力情境判断测验——基于 2304 名教师的实证研究 [J]. 学前教育研究，2021 (11): 46-57.

选等。在此基础上，研究者团队成员组织学前教育领域专家、幼儿园骨干教师在教研或者工作坊中背靠背筛选出具有典型性和普遍性的40个案例，这些内容包括教师在游戏活动中的支持与引导、一日生活的组织与保育、教育活动的计划、环境创设与利用以及家园沟通与合作这五种类型的保教工作情境与儿童行为。情境案例的描述均采用"文字+图片"的形式。

第二，确定问题与作答形式。为保障幼儿园教师在作答过程中能够充分理解案例情境，以及更加全面地反映教师的保教能力，研究从"认同""拒斥""现实考虑"三个层面提出了三个相应的问题，即"最理想的做法""最不认同的做法"及"实际首选做法"。三个问题均采用单项选择的作答方式，请幼儿园教师根据自身情况进行勾选。

第三，建立并优化教师行为反应项。情境下教师行为反应项的确立主要通过随机访谈和开放性问卷进行收集。请教师回答"您认为面对此情境可行的做法"与"您认为面对此情境不妥的做法"两个问题。参考教师的回应，研究者依据"理解儿童""科学保教"两项标准从"观念""策略"的角度对教师的行为反应项进行筛选，最终确定了4个反应项。确定案例情境内容与反应项后，初步形成《幼儿园教师保育与教育能力情境判断测验（样题）》。测验呈现形式以"牙齿是骨头吗？"案例为例，如图6-2所示。

第四，确定计分方式。该研究综合采用了专家评判、理论计分、实践计分三种方式确定了计分方式，即"最理想选项"计1分、"最不认同选项"计-1分、其余两个选项计0分，其中问题2为反向计分。如上文呈现的"牙齿是骨头吗？"的案例，根据教师作答数据统计、访谈结果反馈与相关理论研究，此案例中教师C的做法既体现了教师具有恰当解决问题的自信与关注儿童需求的观念，又具备支持儿童讨论的策略，故计1分；教师B的做法因教师缺乏基本常识且采用直接告知儿童答案的策略，未给予儿童思考和成长的空间，故计-1分；教师A与教师D做法则计0分。为进一步检验计分的合理性，研究采用德尔菲法，向4名具有丰富理论及教研经验的高校专家、4名在幼儿园一线工作超过20年的园长进行咨询。经过两次评议，8名专家的评分标准与预设评分标准相关程度处于中等偏高的关系（$0.684 < r < 0.894$，$p < 0.01$）。

【指导语】下面是一些保教情境案例，每个案例下有三个问题，均为单项选择（只勾选一个答案）。请您根据自己的情况进行勾选，谢谢！

【案例及反应项】四月的主题活动是"奇妙的身体"，中一班的儿童已经初步了解人体的骨骼。某天，钱老师正在向全班儿童介绍正确刷牙的方法，这时童童突然站起来，问老师："牙齿是骨头吗？

下面是几名教师针对此情境的做法：

教师A：表扬童童的问题很有趣，提议她可以回家和爸爸妈妈查一查资料，明天和大家分享一下。

教师B：表扬童童是个爱思考的孩子，并回答："牙齿硬硬的，长在身体里，它就是骨头吧。

教师C：装作被难倒的样子，求助班级儿童的想法，请他们共同讨论一下牙齿是不是骨头。

教师D：表扬童童爱思考，请她说一说自己的想法，引导她从骨头、牙齿的特征进行对比思考。

【问题】

问题一：相比较而言，您认为上述哪位教师的做法最理想？

问题二：从四种做法的有效性来看，您最不认同哪种做法？

问题三：在实际工作中，您首选的做法是哪一种？

图6-2　测验中案例、行为反应项及问题的具体表现示例

在上述研究的基础上，研究者再次随机发放了538份样题，对不同职称、不同受教育水平教师的选项进行分析，从40个案例题中优选出20个存在显著性差异的情境案例题，最终形成《幼儿园教师保育与教育能力情境判断测验（初版)》的正式评价工具。

确定了幼儿园教师保教能力情境判断测验的评价工具之后，研究者开展了全国范围内的调查，研究发现，幼儿园教师的保教能力与其教龄、职称、受教育水平存在相关；公办园教师的保教能力总体上优于民办园教师；幼儿园教师普遍存在"知道不应做什么，但不知道应该如何做"的困惑，特别是在面对儿童在游戏和教学中出现的一些问题时。最后，研究者提出，为促进幼儿园教师保教能力的科学评价与教师保教水平的提升，应关注情境判断测验的开发与运用。

三、信息技术支持教师专业发展的模式

新时期幼儿园教师专业发展是一个自主学习与外部支持相结合的过程，而大数据则凭借思维方式和实践手段的双重属性变革了传统幼儿园

教师培训的基本模式及其支持体系，其对教师专业发展的支持从补缺走向了促进教师的自主和卓越发展。[1] 因此，构建信赖、开放、协作与支持的学习共同体，越来越成为幼儿园教师专业发展的基本支撑手段。[2]

已有的研究主要从理论和实践两个方面构建信息技术支持教师专业发展的模式。在理论方面，研究者构建了在大数据背景下幼儿园教师培训体系，如利用大数据准确了解幼儿园教师的培训需求，使培训更为精准化；利用大数据构建幼儿园教师培训资源库，满足教师专业学习的多样化需求；利用大数据构建合理的教师培训方案和培训课程，实行分层培训，提高培训的适切性和有效性。[3]

在实践层面，研究者一方面围绕专业发展的某些方面构建信息技术支持的教师专业发展模式，如基于领域教学知识构建了参与式工作坊培训模式，聚焦儿童观察与支持的"技术增强、基于研究、教学、评价与专业发展"拓展模式（Technology-enhanced，research-based，instruction，assessment，and professional development，简称 TRIAD），另一方面围绕教师专业发展的手段或方式进行构建，如基于视频教学案例课程资源的教师培训模式、"社群陪伴式培训提升模式"等。

（一）基于领域教学知识的参与式工作坊培训模式

基于领域教学知识的参与式工作坊培训模式是由华东师范大学黄瑾教授团队提出的。该模式构建了以学前数学领域教学知识（PCK）为主要培训内容、以参与式工作坊为主要培训形式的"四核一体"化（暑期学校、合作式学习社区、视频图书馆和课堂实践反馈）学前教师培训模式。该模式的具体结构见图 6-3。下面从培训形式、评价方法、培训效果三个方面介绍该模式。

1. 培训形式

第一，暑期学校。暑期学校主要在线下开展，每年的 7 月份在参与

---

[1] 黎勇，蔡迎旗．基于核心素养的幼儿园教师专业促进路径［J］．集美大学学报（教育科学版），2019（6）：1-6.

[2] 曲铁华，王凌玉．我国学前教师培训政策的演进历程及特点——基于 1978—2016 年政策文本的分析［J］．河北师范大学学报（教育科学版），2018（6）：24-31.

[3] 葛晓英，王默，杨冬梅．大数据时代背景下幼儿园教师培训体系的重构［J］．学前教育研究，2020，309（9）：69-72.

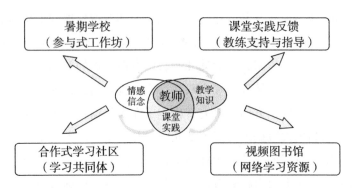

图6-3 参与式工作坊培训模式结构示意

培训的幼儿园教师工作的园所进行，每次培训持续2~3天，暑期学校开展了2年。教师在参与暑期学校期间会集中通过专家讲座的形式学习有关科学教学知识方面的课程。此外，在暑期学校中也会对参与培训的教师配上教练员，形成一对多的交流小组。教练员可以及时了解参训教师在学习过程中遇到的问题，也可以及时给予指导和帮助。

第二，视频图书馆。视频图书馆不仅是参训教师可以在线上学习PCK资源的网络平台，也可以促使教师和培训者之间、教师之间及时沟通和交流资源的平台。视频图书馆包含课程学习、BBS讨论、工作坊活动、我的作业及学习动态五个模块，教师可随时随地登录网络平台，学习知识要点、完成课后作业、发布问题与反思、与教练员等互动。

第三，合作式学习社区。合作式学习社区的成员主要由参与培训的教师、教练员和专家等组成，其中参与培训的教师既有本园的也有跨园区、跨地区的，这打破了园所的限制，扩展了教师与更多群体交流、学习的机会。在合作式学习社区中，学前领域专家、教练员带领整个学习共同体，以课题组为活动单位，每个幼儿园根据各园自身的园所特点和现阶段实际需求展开小组学习，重点分析儿童学习案例，理解儿童并思考合适的教育支持策略，聚焦教师相互支持，分享经验，提升专业自信。

第四，课堂实践反馈。课堂实践反馈要求教师基于日常教学活动中发现的问题、存在的困惑等，以案例、视频等形式与园内其他教师共享，或者发布在网络平台寻求其他地区教师或者教练员的帮助。该研究中的教练员大多来自示范园的特级教师或优秀教师，兼具丰富的理论储备和扎实的实践功底。教练员在每周的线上学习及互动中为参与培训的教师答疑解惑，同时进行每学期一次的进园辅导。

2. 评价方法

该模式以何氏四级培训评估模型为基础，从教师学习的反应层、学习层、行为层和效果层四个层级建立了学前教师 PCK 培训效果的评估模式，具体的评估内容和方法如表 6 - 7 所示。

表 6 - 7　学前教师 PCK 培训效果评估的结构模式

层次	评价内容	评价方法
反应层	接受培训的教师对所提供培训的满意度，包括对培训者、培训内容设置、培训方法以及培训组织管理的看法和意见	问卷调查为主，结合访谈。包括对培训内容、培训方式和培训效果的满意度调查等
学习层	对接受培训的教师的学习活动进行评价。其核心任务是评价受训教师所达到的认知水平和技能水平，测量其对理念、核心经验、教育技能等的掌握程度	结合受训教师 PCK 前后测数据报告，以及教师对核心经验的实际应用案例进行评估，考查接受培训教师对领域核心经验的理解与应用的能力
行为层	用来评价接受培训的教师在日常工作中运用培训所学到的知识和技能并将其转化为工作的改进程度	行为层评价将结合《幼儿园教师专业标准（试行）》的有关内容以及受训教师 CLASS 前后测数据报告，对师幼互动等教学行为进行评价
效果层	从教师自我反思材料、网络学习平台互动信息、教师访谈以及案例集等质性材料，推测教师在教学信念、PCK 认知、儿童理解等方面的进步	收集教师自我反思文本，以及实操案例，用质性资料分析方式，探析教师在 PCK 内容认知、对儿童的观察与理解、教学信念、意识形态等方面的改进

第一，在教师反映层方面，研究主要设计了教师满意度问卷。问卷除了教师的基本信息，主要涉及两个板块，第一板块主要针对教师对培训系统整体满意度的调查，具体包括：幼儿园教师参与培训前后对 PCK

知识的了解情况、培训帮助其解决日常教学困惑的情况、培训起到的主要指导作用等内容。第二板块主要涉及教师对四种培训形式的满意度调查，具体内容包括：四种培训方式的总体满意程度；四种培训方式内容设置的合理性、丰富性及其与实践结合的程度；四种培训方式中教练员与参训教师的互动频率；四种培训方式的培训效果及其对实践教学困惑的解答程度；培训教练员的教学态度、知识储备、对参训教师的关注度等。

第二，在学习层方面，研究主要运用了基于视频 PCK 问卷的评价工具。工具包括视频、基于视频的 PCK 问卷和 PCK 评分编码手册。视频主要分为两段幼儿园数学活动教学视频和两段幼儿园社会活动视频，其中两段幼儿园数学活动教学视频分别来自中国和美国。来自中国的幼儿园教学活动视频时长为 6 分 2 秒，涉及的数学核心经验为"自然测量"，对应的 PCK 问卷编码为"数学 A 问卷"；来自美国的幼儿园数学小组活动视频的时长 6 分 34 秒，涉及的数学核心经验为"数的分合"，对应的 PCK 问卷编码为"数学 B 问卷"。两段幼儿园社会活动视频均来自中国的幼儿园，其中一段时长为 2 分 36 秒的日常生活视频，涉及的社会核心经验为"社会交往"，对应的 PCK 问卷编码为"社会 A 问卷"，另一段时长为 3 分 9 秒的社会活动视频，涉及的社会核心经验为"自我意识"，对应的 PCK 问卷编码为"社会 B 问卷"。

参与培训的教师在观看视频之后，回答 PCK 问卷上的 9 道开放性问题，其中 1~3 题对应数学 PCK 和社会 PCK 的学科内容知识维度，4~6 题对应数学 PCK 和社会 PCK 的儿童发展知识维度，7~9 题对应数学 PCK 和社会 PCK 的教学策略知识维度。

PCK 评分编码手册将幼儿园教师的回答分为 7 个分数段、3 个水平。其中，1~2 分对应低水平，该水平教师"几乎不能理解 PCK 构成要素或只是粗略理解"；3~5 分对应中等水平，该水平教师"笼统或有限理解 PCK 构成要素"；6~7 分对应高水平，表示教师"明确理解并能延伸对 PCK 构成要素的理解"。同时，手册对 1~7 个分数段有明确的概念界定和界限描述，根据教师的 PCK 问卷回答性描述，可以明确判定教师的 PCK 分数水平。

第三，在行为层方面，研究主要采用课堂互动评估系统（Classroom

Assessment Scoring System，CLASS）对参与培训教师的集体教学活动的师幼互动情况进行观察和评分。CLASS 评价工具包含：教师教学活动视频、CLASS 评分细则以及针对视频的手动评分。CLASS 从三个维度考察教师的课堂质量，分别为情感支持、班级管理和教育支持。其中，情感支持包含积极氛围、消极氛围、教师敏感性和尊重儿童四个领域；班级管理包含行为管理、课堂效率、教育学习安排三个领域；教育支持包括概念发展、反馈质量和语言示范三个领域。每个领域又具体涵盖不同的行为指标。该评价工具在近十几年的使用、反思、改进的过程中，得到了足够的验证和检验，其信效度已经得到了众多研究的认可。

CLASS 的评分采取［1，7］级计分，最低分1分，最高分7分。根据 1 至 7 级计分又将教师课堂教学质量分为 3 个等级。其中，1~2 分对应低互动质量等级，3~5 分对应中等互动质量等级，6~7 分对应高互动质量等级。同时，评分手册对 1~7 个分数水平等级有明确的界定和描述，根据 CLASS 评分细则，可以明确判定教师的课堂互动质量的水平。研究者对参与培训的幼儿园教师的一次集体教学活动进行现场观察和录像拍摄，教学活动的时间在上午 9~11 点进行，每段观察录像为 20 分钟（由于某些客观原因，一小部分视频录像时间在 16~19 分钟）。录像观察过程中，研究者对参训教师的现场表现进行纸笔记录，作为辅助数据。

第四，在效果层方面，研究主要运用文本分析法对参与培训教师的过程性资料进行分析，如教师的反思与总结、教师在网络学习平台的互动信息，以及教师在培训过程中产生的教学活动案例等。研究者共回收教师个人反思 130 份，教学活动案例 39 份，以及教师在网络互动平台留下的即时而零碎的反馈性文字。通过对这些资料的分析挖掘信息背后的深层寓意，解读幼儿园教师的特定立场、观点、价值等。

3. 培训效果

通过以上四种形式的培训，研究发现教师的学科教学知识在以下三个方面取得了很大的进步。

第一，幼儿园教师对核心经验的理解更加系统和透彻，开始重视学科知识的重要性。幼儿园教师在学科课程的学习以及职后培训中对学科知识的重要性及关注度不够，加之幼儿园课程强调主题活动、融合课程等，导致幼儿园教师学科知识的掌握不够系统，因此在组织与实施教学活动时往往会因为学科知识的欠缺或者不足，造成活动流于表面和形式。访谈发现，大多数幼儿园教师认为自己的数学知识零散、概念模糊，对核心概念的掌握缺少连续性等。究其原因，主要是教师没有系统地学习相应的学科知识，在设计相关活动时就无法做到心中有学科知识。因此，要求教师基于不同儿童的发展需求去设计更加有针对性的教学活动显得勉为其难。"教师无法教授他都不懂的知识"，舒尔曼的这句名言为我们揭示了学科知识的重要性，想要成为一名更好的教师，必须不断提升自己的学科专业知识和技能。PCK 培训帮助教师们弥补了专业学科知识方面的缺憾，通过观察和分析教师的个人反思等可以发现，该培训模式"让教师厘清了数学各大模块的核心经验、核心知识点，以及各个模块之间的联系；也明确了儿童数学领域发展的轨迹与特点，针对不同儿童应该如何分解模块知识；同时，了解了各模块知识在集体活动与个别化活动中不同的支持策略"。

第二，幼儿园教师的教育观和儿童观得到了提升，看待问题的角度发生了变化。基于 PCK 的参与式培训，帮助教师更新了自己的教育观和儿童观，看待一节活动课的视角发生了变化，教师眼中的儿童也与以前不同了。她们开始从孩子的角度出发，设身处地地从孩子们可能出现的问题去考虑过程。例如，上海 L 幼儿园课题组长在访谈中提到这样一个案例：

数学个别化活动室新投放了一个积木拼块，涉及颜色、图形、数字，摄像机拍下了一个孩子跟这个材料的几次互动情况。

这个孩子平时表现不太突出，在老师眼里是属于默默无闻、容易被忽略的孩子，但是在拍下的这段影像中，老师却惊讶地发现这个孩子的学习表现非常好，他对材料的观察、试误、反思、修正到最后的完成都很成功。他第一次玩的时候发现拼图材料颜色不一样，经过老师简单提醒后，立即修改了错误；第二次玩的时候就不需要老师提醒了，当看到同样的错误时很快做出了调整；第三次总结前两次的经验，不仅没有犯错误，还很快完成了拼图。这个孩子的"学习—反思—建构知识"的过程是非常迅速的，从一次错误中吸取的教训，能够在下一次碰到同一个错误的时候很快地修正自己的行为。

可见，并不是儿童"不会学"，只是教师们还不够理解儿童的学习。经过基于 PCK 参与式培训，之前认为"不会学"的儿童现在也变得"会学"了，是因为教师的儿童观发生了改变。教师愿意相信儿童是天生的、有能力的学习者，只不过每个儿童的性格不一样、习惯不一样、兴趣不一样、内心需求的外化表现形式不一样，因此每个儿童的学习方式都是独特的、个性化的。

第三，幼儿园教师设计活动的能力得到了提升，从关注活动材料转变成关注活动中的儿童。基于 PCK 参与式培训帮助幼儿园教师重新认识活动重心，更好地把握活动设计的核心。过去教师在设计活动时总是更加聚焦活动材料，参与培训后慢慢转变为聚焦活动中的儿童。一方面，教师从研究数学活动中目标的适宜性、材料的适切性、教师提问的有效性等，转向研究儿童的数学学习特点和需要等；另一方面，教师从研究备课转向研究教育实践情境，即从关注数学学习内容转向关注儿童的数学学习过程。就像浙江 C 老师在访谈中提及的，"以前设计数学活动课偏向于教案的流畅性，不注重重点和儿童对数学知识的掌握，现在首先要考虑核心经验，以及是否在儿童能理解的范围内。"在这个过程中，教师的观念、行为模式、习惯、实践等均发生了变化。

（二）技术增强、基于研究、教学、评价与专业发展拓展模式

该模式是在 2008 年由美国学者朱莉·萨拉马（Sarama J.）等针对如何基于学习路径进行教学，提高学前数学教学的效果而提出。[1] 之所以提出该模式，是基于克莱门茨等研究者对于学前儿童学习路径的研究。他们认为学习路径是"对儿童思维和学习的描述……以及通过一系列教学任务的相关推测路线"。[2] 它有三个组成部分：第一，学习目标，即学生应该学习的相关主题的内容；第二，学习与发展的进程，描述了学生思维由简单到复杂的路径，学生们的思维沿着这条路径通向越来越

[1] SARAMA J, CLEMENTS D H, STARKEY P, et al. Scaling up the Implementation of a Pre-kindergarten Mathematics Curriculum: Teaching for Understanding with Trajectories and Technologies [J]. Journal of Research on Educational Effectiveness, 2008（1）: 89 –119.

[2] CLEMENTS D H, SARAMA J. Learning Trajectories in Mathematics Education [J]. Mathematical Thinking and Learning, 2004, 6（2）: 83.

复杂的层次；第三，教学任务和策略，由教师提供，以帮助学生沿着学习路径获得发展。这三个组成部分相互联系，互相促进。以克莱门茨为首的研究团队深入揭示了学前儿童在数学领域的学习路径，并在此基础上提出了促进教师专业发展的模式。2008 年，克莱门茨等研究团队首次提出 TRIAD 模式，并在此之后的十年间，不断地完善了该模式在教学实践中的应用。以下从实施原则、实施流程、实施效果等方面对该模式进行介绍。

1. 实施原则

TRIAD 模式强调通过增强技术和基于对学习路径的研究，开展教学和评估，进而促进教师专业发展。实施 TRIAD 需要遵循以下 10 条原则。

原则 1：项目实施者应参与和促进教师、管理者、家长等关键群体之间的交流，并要基于课程目标、国家和州标准以及社会需求之间联系的考量建立起儿童发展目标。项目团队成员需要与管理者和教师交流，明确这些目标和所有参与者的责任。

原则 2：项目实施者应通过分配资源、课程安排以及教学策略等形式来促进教育公平。

原则 3：项目实施者应使用动态、多层次、反馈和自我纠正策略来制定长期的执行计划，并让教师清楚地认识到儿童的变化是一个过程。

原则 4：项目实施者应专注于促进儿童深度思维的教学改革，将基于标准和研究的学习路径置于教师 – 儿童 – 课程三位一体的核心，以确保课程、材料、教学策略和评估等与学习路径保持一致。

原则 5：项目实施者应扎根教室、学校，以特定课程材料为基础，为教师提供持续、有目的、反思性的、具有目标导向性的专业发展方向，重点关注内容知识和儿童思维。对内容知识的关注包括为教师和儿童提供准确和充分的学科知识。关注儿童的思维，强调学习路径的发展过程及其在形成性评价中的教学应用。

原则 6：项目实施者应建立与关键参与者的期望和友谊，并以多种方式促进多方参与，最终形成多方面的共识。

原则 7：项目实施者应确保学校领导是支持创新的核心力量，并向教师提供持续反馈。

原则8：项目实施者应给教师和学校适当的自由，但要保持持续的跟进和诚信。

原则9：项目实施者应为所有参与者提供激励，包括项目工作相关的内在和外在激励。

原则10：项目实施者应保持频繁和反复地沟通、评估，并跟进工作。在每个学区内保持频繁和反复的沟通、评价（或检查），并在各学校开展后续工作。

2. 实施流程

一般而言，TRIAD 的实施流程主要包括设计专业发展课程和课堂辅导两个环节。

完整的专业发展课程一般是以两年为周期，会在每学年的第一学期开始后进行。最初的课程包括对研究的简要描述、整合课程及其目标的概述。之后的大多数课程会包括对某个主题的学习路径的简短介绍、实践经验以及围绕课程与同事和研究者互动。对于学习路径的介绍，主要围绕学习路径的三个组成部分：学习目标、儿童发展进阶，以及教学任务和策略。例如，在培训过程中，让教师学习每一个主题的核心数学概念和教学流程，以掌握不同主题的教学目标。

第一学年的专业发展课程会有线上部分，时长为 1 小时，由项目全体研究者和全体教师参与。课程先由一名研究者介绍了即将推出的数学内容以及该内容的教学与学习的相关研究，然后分组讨论课程演示中出现的问题，之后请教师们介绍并讨论他们自己的课堂经验。第一学年的线下课程是基于儿童经验的实践课程，在学校内对教师进行专业发展培训。教师轮流在小组、集体中进行教学任务设计的练习，并运用专业的计算机软件了解"积木建构学习路径（Building Blocks Learning Trajectories，BBLT）"的三个要素。因此，在培训过程中也配备了网络技术指导员，他们解决教师在操作过程中遇到的软件、硬件或网络问题等。需要特别说明的是，该研究团队开发了围绕学习路径的网络学习平台，平台上提供了供教师教学、反思等方面的资源（如图 6-4 所示，详细请见：http://www.learningtrajectories.org）。这些资源非常便捷地帮助教师获得儿童数学方面的学习路径，以及帮助教师思考如何基于学习路径设计教学任务等。

图 6 - 4　学习路径的学习资源示意

最后，教师讨论并实践如何将学习路径用作形成性评估——解释学生的思维，并为班级和个人选择适当的教学任务以适应个别儿童的发展水平。第二学年，在项目研究顾问的带领下，教师将参与 5 天的专业发展课程。期间，教师们将讨论他们是如何在第一学年开展各种课程活动的，分享课堂上发生特殊情况的案例，并进行小组成员之间的讨论。

课堂辅导环节在整个学年均会出现，辅导对象是从参与项目的教师中招募的。这些教师会首先参加半天的培训，并分配教练和技术导师，其中教练又分为项目教练和同伴教练。项目教练主要是项目的研究人员，在对教师进行指导之前，项目教练会接受 2 天的培训，并平均每个月与教师至少交流一次，交流内容包括一对一的咨询、规划、反思和强化、监督提醒教师关注研究项目。项目教练每年会完成 3 ～ 4 次教师教学实践忠诚度的评价并向教师反馈，教师也可以使用评价量表进行自我评估。同伴教练是项目所在学校自愿参与的教师，他们是项目工作人员的联系人，并在教师实践时提供校内或课堂支持。技术导师则解决教师在操作过程中遇到的软件、硬件或网络问题等。

3. 实施效果

在 TRIAD 的实施过程中，研究者主要从教师观念、教师实践以及对儿童学习成就的影响等几个角度，评估了该模式的实施效果及其对教师专业发展的后续影响。

第一，对教师观念的影响方面。研究发现，基于学习路径的专业发展课程是让教师们对儿童数学学习能力的观念产生变化的主要因素，当教师参与基于学习路径的专业发展和教学指导之后，三分之二的教师对学前儿童的数学学习能力有新的认识。例如，教师们发现学前儿童不仅有能力学习复杂的数学概念，而且能进行数学推理和解释问题，还能在两者之间建立联系。

第二，对教师实践的影响方面。研究发现，与接受专业发展课程和数学课程，但没有接受学习路径培训的教师相比，TRIAD 对教师的数学教育实践产生了更加积极的影响，并且能让他们对数学教学表现出乐趣、好奇心和热情。因为经过基于学习路径的教师专业发展课程的培训，教师们能更加自主地注意并精确定位儿童在学习路径上的位置，以及相应的教学活动和最终的目标，这为教师提供了连贯的教学计划，而这导致教师实施更加高质量的教育实践。例如，对于接受了专业发展课程的教师来说，他们改变了以往的教学模式，倾向于更加专注儿童发展的教学实践模式，并在实践中始终保持这样的模式。当项目结束之后，研究者又调查了六年之后参与 TRIAD 教师的专业发展情况，研究发现，这些教师教学的准确性越来越高。❶ 因为他们似乎已经将培训获得的知识内化在教学实践中，他们对这样的实践越来越熟练，且即使随时间的推移，他们也不会偏离这样的实践模式。❷

第三，教师观念与实践变化对学生数学成就影响方面。研究揭示了教师这部分的改变部分解释了学生的学业成就。教师在活动中表现出的愿意倾听儿童想法、理解儿童思维、支持儿童表达、经常与儿童互动等方面的做法支持了儿童数学学习的发展。❸ 课堂文化、数学活动的数量等对儿童的数学学习成就起到了调解作用。

总之，TRIAD 模式中强调关键群体之间的合作，并致力于运用信息

---

❶ TIMPERLEY H，WILSON A，BARRAR H，et al. Teacher Professional Development：Best Evidence Synthesis Iteration ［BES］. Wellington，New Zealand：Ministry of Education. Available at www. educationcounts. govt. nz/goto/BES.

❷ SARAMA J，CLEMENTS D H，WOLFE C B，et al. Professional Development in Early Mathematics：Effects of an Intervention Based on Learning Trajectories on Teachers' Practices ［J］. Nordic Studies in Mathematics Education，2016，21（4）：29 – 55.

❸ BORKO H. Professional Development and Teacher Learning：Mapping the Terrain. Educational Researcher，2004，33（8）：3 – 15.

技术建立和维持基于学习路径的学前数学课程，从而加强和维持教师专业发展。随着教师逐渐了解儿童可能的发展路径，教师对儿童的错误概念和教学策略也会变得更加熟练，进而教师的教学实践可能会变得更加扎实和稳固。

（三）幼儿园教师网络培训模式

1. 社群陪伴式培训提升模式

该模式是三门峡市教育局为了探索如何利用信息技术构建低成本、大规模、高质量的培训，实现快速提升幼儿园教师综合素质而建构的。该模式主要包括"目标、课程框架、运营团队的招募与管理"、网络平台的选择与引用、培训课程规划与制定、优秀教师遴选与团队组建、网络课程社群学习运营、培训效果等方面。[1]

基于信息化的网络平台建构培训模式，主要是通过管理团队运营虚拟社群空间，采用激励、评价、分享、传播等方式全程陪伴，保障幼儿园教师的学习热情，聚焦学习效果的一种专业成长模式。该模式中的主要目标、课程框架与运营核心见图6-5。

该模式中的网络平台使用了CCtalk进行在线课程培训的同时，还利用了各种网络软件，如微信公众号、微信群、极简技术（简述、美篇等）进行幼儿园教师职业理念、职业道德、专业能力等方面的课程信息分享和课后学习心得、感悟、反思的分享等。课程培训的团队主要聘请高校、省内外学前领域的专家进行网络授课，授课的内容主要基于对全市300余所幼儿园教师的培训需求调查，确保培训的质量。此外，为了保证网络学习的效果，该模式还组建了运营团队对网络学习进行管理。运营团队主要通过招募课程管理人员，包括助讲师、主持人、宣传员等，一方面负责课程预告、课程宣传、课程助教、课程学习情况检查，提交课后心得与反思等，另一方面鼓励学员在群内分享、跟帖互动等，然后选出优秀学员带动更多学员，以此激发学员内在的学习热情，共同获得专业成长。通过为期一年半的网络培训和学习，社群式培训显著提高了幼儿园教师的综合素质，取得了显著的效果。

---

[1] 金锐，苑玉洁. 信息技术促进区域幼儿教师综合素质发展模式探究［J］. 中国电化教育，2019（8）：116－122.

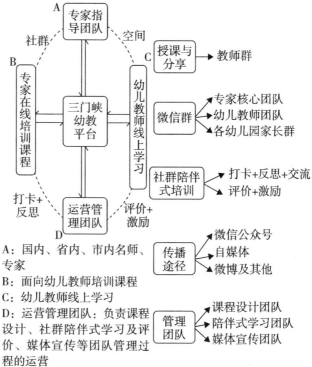

主要目标

1.打造三门峡市幼教整体品牌，在专家引领下，促进教师综合素质提升
2.搭建平台，建构培训课程及陪伴式学习应用模式
3.建立运营管理机制，保障培训效果
4.打通三门峡市各幼儿园间屏障，彰显办园特色，展示名师风采，相互学习，促进学前教育整体水平提升

A：国内、省内、市内名师、专家
B：面向幼儿教师培训课程
C：幼儿教师线上学习
D：运营管理团队：负责课程设计、社群陪伴式学习及评价、媒体宣传等团队管理过程的运营

图 6-5　社群陪伴式培训提升模式的目标、课程框架、运营核心示意

2. 视频案例式教师培训模式

在信息技术广泛使用的今天，视频教学案例是一种动态生成性资源，更具有直观性、情境性、真实性和启发性，能帮助教师更有效地感受课堂进程，有利于教师多角度、全方位地重复捕捉教学信息。[1] 下面从视频教学案例课程资源使用的对象与研制的原则、课程资源的基本框架、开发与设计等方面具体介绍该模式。

在该模式中，视频教学案例课程资源不仅需要满足不同地区、不同学历、不同发展阶段幼儿园教师的专业发展需求，也可以为幼教教研员提供一手研究资料。在研制课程资源时，需要全面考虑幼儿园五大领域

---

　[1] 李少梅，王慧. 面向幼儿教师培训的视频教学案例课程资源的设计开发研究 [J]. 中国远程教育，2013（11）：88-92.

课程中幼儿教师需要掌握的专业理论和活动实践，针对教育活动中可能出现的问题与困惑设计内容，紧密结合教育实践活动，围绕真实的教学案例，引导教师积极参与学习等，这些体现出了系统性、针对性、实践性和参与性原则。

在课程资源的基本框架方面，该模式中视频教学案例课程资源包括专业理论学习和教学实践研讨两个维度，每个维度由若干学习模块组成，每个模块又分为不同的主题，每个主题的内容通过 DVD 媒体光盘的形式出版（详见表6－8）。

表6－8　视频教学课程资源的框架示意

课程	模块	主题	基本形式	课时
专业理论学习	模块一：学前教育的最新动态和发展趋势	主题1：学前教育发展的最新趋势	讲座＋PPT	2
		主题2：学前教育课程改革	讲座＋PPT	2
	模块二：学前教育的基础理论	主题1：学前教育专业的基础理论	讲座＋PPT	2
		主题2：学前教育课程改革	讲座＋PPT	2
		主题3：学前儿童的营养与健康	讲座＋PPT	2
教学实践研讨	模块一：如何做好教育活动设计	主题1：教育活动设计的流程及教案编写	2、3人座谈	2
		主题2：教育活动设计的主要策略	2、3人座谈	2
		主题3：教育活动案例分析	案例＋分析	10
	模块二：教育资源在教学活动中的有效应用	主题1：多媒体资源在教育活动中的应用策略及案例分析	2、3人座谈＋案例分析	5
		主题2：教具、玩具在教育活动中的应用策略及案例分析	2、3人座谈＋案例分析	5
		主题3：区角环境在教育活动中的应用策略及案例分析	2、3人座谈＋案例分析	5
	模块三：健康类活动的组织策略与方法	主题：活动案例分析（小中大）	案例分析	10
	模块四：科学类活动的组织策略与方法	主题：活动案例分析（小中大）	案例分析	10

课程	模块	主题	基本形式	课时
教学实践研讨	模块五：社会类活动的组织策略与方法	主题：活动案例分析（小中大）	案例分析	10
	模块六：语言类活动的组织策略与方法	主题：活动案例分析（小中大）	案例分析	10
	模块七：艺术类活动的组织策略与方法	主题：活动案例分析（小中大）	案例分析	10
	模块八：特色课程案例示范与分析	主题1：探究活动课	案例+分析	5
		主题2：综合活动课	案例+分析	5

以专业理论学习为例，理论学习包括两大模块，五个主题，以讲座形式呈现，配合 PPT 演示文稿说明，共 10 课时。通过这些课程的学习，教师可以不同程度地了解学前教育发展的最新趋势和课程改革的近况，学习学前教育的基础理论，解读儿童发展规律，了解学前儿童的营养与健康常识，提升教师的专业理论素养。

在视频教学案例课程资源设计方面，首先组建了一支包括幼儿园教师、相关专家学者和技术人员的队伍，其中视频教学案例录制的对象是幼儿园教师，视频录制之后由领域专家对视频案例进行指导和提出建议。技术人员主要负责教学视频的录制、后期设计与编排等。其次，确定课程方案，具体包括课程目标、课程内容、每个模块中主持专家的人员及拍摄计划，其中课程内容选取时考虑到案例的代表性，选取了理论学习点评案例、优秀教师示范案例、技能示范案例和教育机智示范案例。

在视频教学案例课程资源开发方面，主要围绕着课程资源整合和实践两个方面开展。课程资源整合中主要基于学前教师培训计划建立了一个以"强化核心能力，打造专业师资"为主题的幼儿教师培训资源库，尤其将幼儿教师教学视频案例刻录成光盘（DVD）出版发行。为了实现教师专业的持续发展，该模式中的课程资源实施了三年行动计划。每一年行动计划的对象和目的不同，体现了一定的渐进性。例如，第一年，主要针对入职 1~3 年的新手型教师，为这些教师提供一批与视频案例配套的实操性教育教学与课堂管理的教师用书，帮助新手教师提高教学观察与指导儿童生活的能力，打下扎实的基本技能功底。第二年，主要帮助趋于熟练的老教师完善其知识结构和能力结构，设计充满新意的教学活动，增强老教师的教学灵活性和教育机智，制定适合本园发展的园本课程。第三年，在已有两年不同层次的教师教育能力提升实践基础上，通过优秀教学视频案例的培训，给本省甚至全国广大幼儿园教师提供示范、指导与评估，帮助他们更快地形成自己独特的、受儿童欢迎的教学风格。

总之，基于教学视频的案例课程培训模式，为幼儿园教师研修搭建了更广阔的现代化平台，提高了教师的专业素养，受到了越来越多幼儿园教师和专家的认可。

第三节　幼儿园教师信息素养评价

2018 年教育部发布的《教育信息化 2.0 行动计划》中要求，大力提升教师信息素养，推动教师主动适应信息化、人工智能等新技术变革，积极有效开展教育教学，实现信息技术与教育教学深度融合。[1] 教育信息化时代给幼儿园教师专业发展带来了新的机遇和挑战，信息素养越来越成为教师专业发展的重要内容之一。因此，厘清幼儿园教师信息素养的基本内涵，了解幼儿园教师信息素养的现状，探讨提高幼儿园教师信息素养路径等成为幼儿园教师信息素养评价的重要关注点。

一、幼儿园教师信息素养的内涵

教师的信息素养在工业时代、信息时代和人工智能时代都表现出不同的价值内涵，它经历了一个从外延式发展向内涵式发展转变的过程。[2] 在教育信息化和人工智能时代，对于幼儿园教师信息素养的界定也有两种观点。一种看法认为信息技术素养即信息技术，如有的研究者认为幼儿园教师的信息技术素养是教师一日生活、教育教学、保育与管理以及自身专业发展中积极合理地使用信息技术，并且遵循信息技术使

---

[1] 中华人民共和国教育部．教育信息化 2.0 行动计划［EB/OL］．［2020 - 10 - 10］．https://etc.hzu.edu.cn/2018/0420/c877a156035/page.html.

[2] 乔莹莹，周燕．人工智能时代幼儿园教师信息素养的内涵与培养［J］．学前教育研究，2021（11）：58 - 61.

用的伦理道德和规范，形成一种稳定的信息技术思维与行为习惯。[1] 另一种看法认为信息技术素养是一种综合的素养，如教师有意识地使用信息技术，有效获取有关教学和工作评价的信息并合理组织信息，以及选择性地使用与儿童发展水平相适应，能使儿童得到发展的信息的能力。[2] 还有的研究者认为，信息素养是在互联网环境下教师基于对信息的检索、获取、分析和处理等进行智能教学、管理和教研等方面的素养。[3]

基于以上对信息技术素养内涵的界定，一般而言教师的信息技术素养可以分为不同的结构。幼儿园教师信息素养常见有三结构、四结构和多结构等，其中三结构说认为教师的信息素养包括信息素养、信息技术应用能力以及教学设计能力或者信息化意识、信息化知识与技能和运用信息技术的能力；[4] 还有的研究基于人工智能时代发展的需求确定了教师的信息素养包括智能教学素养（如个性化教学、人机协同教学及创设智能教育生态等）、智能管理素养（如协同管理、精细管理、人本管理和风险管理等）和智能教研素养（如智能教学评价、智教融合）。[5] 四结构说认为教师的信息素养包括信息技术意识、信息技术知识（如教师应了解信息技术的特性及其对儿童身体健康、认知和社会性等方面影响的知识，了解与信息技术使用相关的儿童年龄发展特点和领域教学特点等方面的知识。）、信息技术应用能力（如技术操作能力和技术教学能力等）和信息技术应用道德或伦理（如教师在教育教学中应用信息技术时不损害儿童身心健康，保护儿童隐私，抵制不良信息，保证儿童有

[1] 朱书慧，汪基德. 幼儿园教师信息技术素养及其模型构建研究 [J]. 电化教育研究，2019（6）：121–128.

[2] 耿霞. 幼儿园教师信息素养调查分析 [J]. 幼儿教育，2011（10）：35–37，42.

[3] 刘洋. "互联网＋教育"新常态下学前教育教师信息技术素养调查与提升策略 [J]. 中国电化教育，2018（7）：90–96.

[4] 刘珍芳. 幼儿教师信息素养现状调查与分析 [J]. 现代教育技术，2010，20（11）：64–68.

[5] 于开莲，曹磊. 教育信息化2.0时代幼儿园教师信息技术素养评价指标体系构建研究 [J]. 电化教育研究，2021，42（8）：51–58.

平等接触信息技术资源的机会，对儿童技术伦理意识的培养等），❶❷ 或者信息技术使用的意识态度、知识技能、应用实践和行为习惯四个方面。❸ 多结构说中，有的研究者认为信息素养包括意识态度、知识技能、应用实践、行为习惯四个层面以及技术认同、技术态度、知识技能、应用实践、一日生活相融合、责任道德六个维度，❹ 还有的研究者认为信息素养包括信息化环境、信息意识和态度、信息技术知识和技能、信息技术与教育教学活动整合、信息技术促进家园互动、信息技术促进个人终身学习和自主发展、参加信息技术培训七个维度。❺

总之，从已有研究的成果可以看出四结构说，即信息技术意识、信息技术知识、信息技术应用能力和信息技术道德或伦理，是目前幼儿园教师信息素养较为常用的分类。

二、幼儿园教师信息素养的评价

对幼儿园教师信息素养进行评价的基本前提，是构建信息素养评价的指标体系。一般而言，幼儿园教师信息素养评价指标体系常用的方法包括模糊综合评价法、文本分析法、德尔菲法、问卷调查法和层次分析法等。

1. 综合方法评价

综合方法评价是指在对幼儿园教师信息素养评价时采用文本分析法、德尔菲法、问卷调查法、层次分析法等多种方法构建幼儿园教师信息技术素养评价指标体系。

第一，文本分析法。运用该方法主要先通过对国内外幼儿园教师信息素养研究的文献对核心概念的内涵与外延进行界定，确定一级指标，

---

❶ 梅剑峰．基于模糊数学及数据挖掘的幼儿教师信息素养评价研究［J］．宁波大学学报（教育科学版），2012，34（5）：89－93．

❷ 余悦粤．幼儿园教师信息技术素养研究［D］．重庆：西南大学，2020．

❸ 卢长娥，冯桢石．幼儿教师信息素养调查与思考［J］．早期教育（教科研版），2012（4）：26－29．

❹ 朱书慧，汪基德．幼儿园教师信息技术素养及其模型构建研究［J］．电化教育研究，2019（6）：121－128．

❺ 白恩唐．青岛市幼儿教师信息素养的现状调查与培训对策研究［D］．济南：山东师范大学，2015．

然后对国内外关于幼儿园教师信息素养具有典型性和代表性的相关文件、典型标准进行分析和解读，再结合幼儿园教师的工作特点，确定二级和三级指标，如有的研究通过对《中小学教师信息技术应用能力标准（试行）》《全球媒体和信息素养评估框架》等文件进行解读，抽取文件中多次出现的关键概念，又结合幼儿园教师的工作特点，确定了相应的二级指标（详细见表6-9）。❶

表6-9 政策文件中关键概念抽取的基本情况

政策文件	关键概念及其频次（次）
《教师信息与通信技术能力框架》	解决问题（4）、信息化知识与能力（3）、情境（3）、合作（3）、网络资源（2）、评价（2）、软硬件操作（1）、平等获取（1）、学习环境（1）、灵活应用技术（1）、合作（1）、持续学习（1）
《全球媒体和信息素养评估框架》	信息内容（49）、信息检索（10）、信息需求（7）、有效道德的方式（6）、信息交流分享（6）
《美国国家教师教育技术标准》	交流协作（5）、多样化学习需求（4）、数字化学习资源及工具（3）、自主学习（3）、批判性评价（3）、公平获取（1）、安全道德地使用（1）、发现和分享（1）、数字化学习环境（1）
《中小学教师信息技术应用能力标准（试行）》	数字资源（10）、合作（6）、信息化教学评价（5）、信息道德（2）、主动运用（1）、环境（1）、意识（1）、学生自主（1）、软件（1）、信息化教学（1）、合作交流（1）、平等（1）、信息技术与专业发展（1）

第二，德尔菲法。运用该方法将初步构建的评价指标体系改编成相对应的专家咨询问卷，例如向专家呈现征询一级、二级、三级指标的征询意见表。意见表包括两项内容，一是对指标的修改、调整或者完善等意见；二是对指标的重要性程度进行判断，采用5点量表计分，从"非常不重要"到"非常重要"，分别计1~5分。

第三，问卷调查法。基于以上结果，将专家修订后的指标体系改编为幼儿园教师信息技术素养评价问卷。利用回收的问卷进行评价指标体

❶ 于开莲，曹磊. 教育信息化2.0时代幼儿园教师信息技术素养评价指标体系构建研究[J]. 电化教育研究，2021，42（8）：51-58.

系信效度检验。问卷分为两部分：一是幼儿园教师的基本信息；二是幼儿园教师信息技术素养评价，共 45 道题目。采用 5 点量表计分方法，从"非常不符合"到"非常符合"，分别计 1~5 分。然后运用 SPSS 和 AMOSS 软件对问卷进行探索性和验证性因素分析、信度分析等，进一步确定幼儿园教师信息素养的指标。

第四，确定评价指标的权重。基于最终的问卷包含的指标数量，借助 yaahp 软件的智能算法计算出一级指标、二级指标和三级指标的权重。

2. 模糊综合评价法

基于模糊综合评价的方法对幼儿园教师信息技术素养进行评价主要遵循以下步骤：

第一，确定评价的主体和客体，即由谁来评，以及评价的对象是谁。显然，评价的客体是幼儿园教师，主体可以是幼儿园教师的领导，或者研究者等。

第二，构建幼儿园教师信息素养评价指标体系。评价指标体系的构建一般是基于概念的内涵与外延梳理的基础上先确定一级指标。

第三，确定评价指标的权重。确定指标权重的常用方法有专家会议法、两两比较法、德尔菲法等。如有的研究采用德尔菲法，通过电子邮件的方式将研究设计的评价指标体系发给相关信息技术专家，在综合各位专家意见的基础上确定各级指标的权重。

第四，形成量化表。把设计好的一、二级指标分别放入量表中，并将各项指标的权重分别填在各指标项目下，就形成了量化评价表（详细见表 6-10），利用表中提供的数据，就可以对幼儿园教师的信息素养进行量化评价。

第五，使用模糊综合评价法评定结果。该方法首先按照每个因素单独评价，然后按所有因素进行综合评价。

模糊综合评价法能比较好地解决幼儿园教师信息素养评价中由定性评价转化为定量评价的问题，对评价结果给出了一个较为清晰、准确的回答。但它仍然存在评价结果的可信度问题：信息素养的评价是一种主体性很强的活动，评价者的态度将直接决定评价的最终结果。如果评价者不能认真对待评价活动，或者评价者对评价客体认识上存在偏差，都有可能使评价数据中出现异常或极端的数据，从而使评价活动无法得到真实的结果。因此，在评价活动中还应尽可能地采取措施，找出评价数据中的无效数据，提高评价结果的准确性、可靠性。

表 6-10　幼儿园教师信息素养量化评价❶

评价因素				评价等级			
一级指标	一级权重	二级指标	二级权重	优秀	良好	中等	差
1. 信息 意识	0.20	1.1　有强烈的信息需求，能主动、积极地去获取信息	0.40	0.60	0.30	0.10	0
		1.2　能积极、主动地学习新的信息技术	0.40	0.70	0.20	0.10	0
		1.3　对信息素养有全面的了解和充分的认识	0.20	0.80	0.20	0	0
2. 信息 知识	0.30	2.1　熟练掌握电脑的基本操作	0.20	0.90	0.10	0	0
		2.2　熟练掌握 Office 办公软件的使用	0.20	0.80	0.10	0.10	0
		2.3　熟练掌握即时通信工具、电子邮件、博客、论坛的使用方法，并能将其运用于教育教学	0.20	0.70	0.30	0	0
		2.4　能制作简单网页，对单位网站、网页做简单维护	0.15	0.60	0.30	0.10	0
		2.5　具有对图像、声音、视频、动画等多媒体素材的采集和初步处理能力	0.15	0.80	0.20	0	0
		2.6　能用 PPT 制作用于教学的多媒体课件	0.10	0.60	0.20	0.20	0

❶　梅剑峰. 基于模糊数学及数据挖掘的幼儿教师信息素养评价研究 [J]. 宁波大学学报（教育科学版），2012，34（5）：89-93.

评价因素					评价等级			
一级指标	一级权重	二级指标		二级权重	优秀	良好	中等	差
3.信息能力	0.30	3.1 信息的获取，能为解决教育教学问题而去积极获取可用信息		0.30	0.80	0.10	0.10	0
		3.2 信息的评价，能正确地评价信息，能对获取的信息进行分析、筛选和批判性的思考		0.25	0.80	0	0.20	0
		3.3 信息的加工和利用，能有效地加工、处理信息，利用信息解决教育教学的实际问题，并能在已有信息的基础上创造出新的信息		0.20	0.90	0.10	0	0
		3.4 信息的表达和交流，乐于与人分享和交流信息，能熟练运用多种信息技术工具与儿童家长、同事等进行交流，为教育教学服务		0.25	0.80	0.20	0	0
4.信息道德	0.20	4.1 不复制、查阅、传播色情、暴力等有害信息		0.60	0.60	0.20	0.10	0.10
		4.2 不制作和传播计算机病毒		0.40	0.70	0.10	0.10	0.10

注：评价等级下面对应的数据，以 1.1 为例，如果 10 个评价主体中，有 60% 的人认为她"优秀"，30% 的人认为她"良好"，10% 的人认为她"中等"，没有人认为她"差"，则她这项的结果就为 [0.60, 0.30, 0.10, 0]。

三、幼儿园教师信息素养的培养

目前，提高幼儿园教师的信息素养，推动学前教育信息化已经成为促进学前教育改革与发展的重要着力点。幼儿园教师信息素养的提升并非一蹴而就，需要职前职后一体化的培养，下面主要从职前培养和职后培训两个环节探讨幼儿园教师信息素养培养的基本路径。

1. 职前幼儿园教师信息素养的培养

作为未来的幼儿园教师，学前师范生信息技术素养的培养质量在一定程度上决定了职后幼儿园教师信息技术素养培训的成本和效益。因而，变革学前师范生信息技术素养的培养模式，对提高学前师范生信息技术素养具有重要的理论与实践意义。

已有的研究重点关注了学前师范生信息技术素养中某个能力的基本现状，并在此基础上提出改进建议。例如，有的研究通过问卷调查的方法，❶ 揭示了学前教育专业本科生的信息化教学意识和情感态度的整体状况比较理想，如大多数教师能够意识到信息化教学能力的重要性，也认同信息化教学能力对开展儿童教学工作所发挥的重要作用，但是信息化教学设计与实施能力较低，缺乏一定的信息化实践能力，信息化教学评价能力表现一般。基于以上结果，研究者从优化高校的信息化教学环境、增加信息化教学方面课程、制定明确的信息化教学培养要求等方面提出了改进的建议。还有的研究从理论分析的层面，剖析了目前学前师范生信息技术能力培养存在的问题，并提出了改进的建议。例如，研究发现：

（1）学前师范生培养目标的定位缺乏针对性。以《现代教育技术》这门课程为例，该门课程主要培养师范生将信息技术应用能力运用于工作中，但是这种定位往往忽略了学前师范生未来工作环境的信息化特点，尤其是对信息技术在学前五大领域课程中的应用缺少必要的理论和实践指导，不能真正帮助学前师范生在职后开展依托信息技术支持的幼儿园教育教学活动。

（2）学前师范生能力培养缺少独特性。例如，《计算机应用基础》和《现代教育技术》的教学内容没有因专业不同而分别设置，忽视了学前师范生信息技术能力培养的独特性，缺少对信息技术在幼儿园教育教学活动中应用的深度挖掘，导致很多幼儿师范生不了解目前信息技术在幼儿园中的应用范围、应用方式，没有较好地掌握主流多媒体技术的处理方法，更不会利用信息技术促进儿童的认知与发展、培养儿童的信息素养等。

（3）相关课程教学方法缺少灵活性。信息技术课程一般作为高校的公共课，目前面临学生人数多、课时量少等问题，这导致教师不得不

---

❶ 房俞彤. 学前教育专业本科生信息化教学能力调查和培养研究［D］. 长沙：湖南大学，2018.

采用讲授为主，学生简单操作为辅的教学方法，学生的自主、合作、探究等学习方法被忽略，导致学生难以将知识灵活运用。

（4）课程评价比较单一，缺少多样性。目前信息技术类课程尽管兼顾形成性评价和结果性评价采用了"平时成绩＋考试成绩"相结合的方式对学习成绩进行评定，但是评价内容依然侧重于概念记忆和简单技能操作，对信息技术如何运用于幼儿园教育教学活动缺少指引性评价。

基于以上问题，研究者探讨了混合式学习的培养路径，即将师范生课前、课中、课后三个阶段的学习活动有效衔接起来，充分发挥网络学习与课堂讲授结合的优势，在课前和课后利用网络教学平台有效拓展学习与交流的空间，在课中合理利用网络教学平台或其他信息技术工具支持课堂学习活动，使课前自主学习成为课中知识内化的重要推手，并通过课后学习活动达到知识巩固、提升之效果。❶ 学前师范生信息技术能力培养的具体路径，如图 6 - 6 所示。

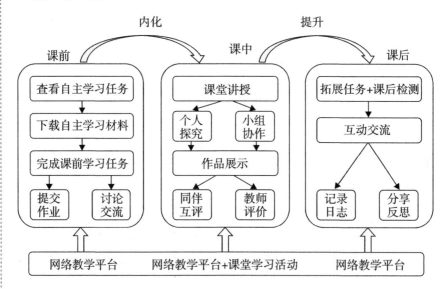

图 6 - 6　学前师范生信息技术能力培养路径

---

❶　王阳. 基于职后需求导向的幼儿师范生信息技术能力培养研究 ［J］. 教育评论, 2015 (6)：88 - 91.

从图6-6中可以看出，学生在课前从网络教学平台查看自主学习任务，下载教师提供的视频、课件等自主学习材料，完成课前学习任务并通过网络教学平台提交。借助讨论区，学生可对自主学习过程中遇到的困难，与同伴或者教师等进行交流；教师可在课前收集学生提出的问题，为课堂做针对性的讲解与操作示范奠定基础。在这个过程中，教师要扮演好"导演"的角色，真正做好学生学习的引导者、帮助者与促进者：一是自主学习任务设计要合理，难易适中，避免因任务过难导致学生不愿意学或任务过易让学生觉得索然无味而不能有效激发学生自主学习的兴趣与热情；二是在课前活动的评价设计方面可要求每个学生至少在讨论区提出有效问题或有效回答他人问题并给予相应的分数，以鼓励、吸引学生完成课前学习任务，启发学生思考；三是要对学生的提问和交流给予及时、积极的反馈。教师通过设计课前学习任务，引导学生积极参与自主学习并给予有效的学习支持，使学前师范生的自主学习能力、运用信息技术解决问题的能力等得到一定程度的锻炼和提升。

课堂上教师针对教学的重难点以及网络教学平台收集的学生自学有困难或真正感兴趣的内容，进行重点讲授与操作演示，组织学生依据学习内容进行个人自主探究或小组协作学习活动，对活动结果进行作品展示，引导学生之间依据教师提供的评价量表开展同伴互评或教师评价。首先，在教学形式方面，由于信息技术能力的培养涉及的软件学习内容较多，知识点比较零碎，因此教师可采用任务驱动、合作学习、作品展示的形式将零碎的知识点串起来，让学生不仅掌握信息技术知识与技能，而且能够达到对知识的深度理解与灵活运用；其次，可设置"幼儿园简介海报设计""幼儿一日活动安排表""班级幼儿信息表"等真实情境的主题任务，激发学前师范生的学习兴趣，促进学前师范生学习的主动性和积极性；最后，在作品展示环节引导学生对照自己的作品进行反思。通过这些活动学前师范生的合作能力、沟通能力、评价能力等均能在一定程度上得到提升。

在课后学习任务的设计要强化学生知识掌握的广度与深度，教师可组织实践类、探究类、拓展类等方面的主题任务让学生自主探究，提升他们的信息技术操作技能，如 PowerPoint 中的动作路径设置、向 PPT 中添加声音、视频，剪辑视频，在视频中添加文字等。课后任务布置之后，为了检测学生的学习效果，教师可设置课后及时反馈的小测验，要求学生借助网络教学平台的日志进行记录并分享学习收获、遇到的问题与困惑、期望的帮助与支持等。研究发现，课后类似提升活动的设计和实施之后，学前师范生利用信息技术解决问题的能力得到了提高，形成了主动学习与反思的意识和习惯。

2. 在职幼儿园教师信息素养的培养

随着信息技术的不断发展，特别是"互联网＋教育"已经成为教育发展的必然趋势，提高在职幼儿园教师的信息意识、信息知识、信息技能和信息道德等信息素养，不仅是教师自我发展的要求，也是学前教育发展的"新常态"。

已有的研究一方面运用实证的方法，如问卷调查法、访谈法等调查幼儿园教师信息素养的现状，然后基于教师信息素养的现状提出改进的具体建议；另一方面在其他研究的基础上，构建一种提高教师信息素养的具体培训模式。例如，相关研究主要运用问卷调查法，编制了《幼儿园教师信息素养调查》问卷，揭示了幼儿园教师信息意识较强，多数幼儿园教师能较好地认识信息素养的重要性，具有一定的信息道德和安全意识；多数幼儿园教师对信息基础理论知识掌握较少，信息技能水平，以及运用信息技术进行教学的能力较低，尤其表现为对多媒体素材的获取能力，对声音、图像和视频的处理能力较弱；❶❷❸ 究其原因主要是幼儿园办公软硬件设备不足、信息技术相关内容的培训陈旧。❹ 幼儿园教师自身的教龄、年龄等因素也会影响其信息素养水平。❺ 基于幼儿园教师信息素养存在的问题及原因，已有的研究主要从政府、幼儿园、教师自身等层面提出了相应的对策，如在政府层面应该加强幼儿园教师信息

---

❶ 刘珍芳. 幼儿教师信息素养现状调查与分析 [J]. 现代教育技术，2010，20（11）：64 - 68.

❷ 冯芳，田霖. 南昌市民办幼儿园教师信息素养的现状调查与分析 [J]. 教育观察，2019，8（34）：110 - 113.

❸ 罗楠艺，欧亮. 幼儿教师信息素养现状调查与分析——以重庆市部分幼儿教师为例 [J]. 教育观察，2020，9（48）：43 - 45.

❹ 刘洋. "互联网＋教育"新常态下学前教育教师信息技术素养调查与提升策略研究 [J]. 中国电化教育，2018（7）：90 - 96.

❺ 万超，冯璐，卢阳. 幼儿教师信息素养现状及影响因素实证分析——以沈阳市为例 [J]. 沈阳大学学报（社会科学版），2018，20（3）：261 - 267.

化素养提升项目的政策倾斜力度，提供更加全面的信息技术设备和技术操作层面的支持等；在幼儿园层面需要强化园本教研，建立信息化教学的创新团队，开展基于实践应用的项目式园本培训活动等；在幼儿园教师自身层面，一方面幼儿园教师自身需要从根本上转变认知，主动适应大数据、人工智能等技术变革所提出的教学要求，另一方面幼儿园教师自身还需要不断提升幼儿园课程的整合能力，如在教育教学活动中，将信息技术深度融入教学设计、教学方法运用、教学媒体选择、教学实施与评价反思之中，从而实现教育技术、教学内容和教学方法的深度融合。

除了以上实证研究的成果，在个别研究梳理中已有学校教师信息素养培养模式的基础上，从幼儿园层面提出了集中培训与园本培训相结合的信息素养培养模式，❶该模式包括了培训目标、内容的组织、实施的途径与方法、评价与考核等方面。培训的目标是：幼儿教师通过培训，学习和体验教育信息化的基本理念，了解信息化教学的理论和方法，能利用计算机和网络技术获取相关儿童教育教学信息，能创造性地开发、丰富幼儿园教育资源，具有合理、灵活运用多种信息资源解决实际问题的能力。为了实现这些目标，培训的内容分模块主要围绕信息化意识、信息化知识与技能和运用信息技术进行教学的能力，每个模块涉及的学时不同，具体详见表6-11。

表6-11　幼儿园教师信息素养培训课时安排

学习模块	主要内容	讲授学时	实践课时
模块一：信息化意识	教育信息化重要性的认识 学习信息技术的态度 应用信息技术的热情 信息道德和安全的意识	2	0
模块二：信息化知识与技能	计算机与网络基本原理	2	4
	系统及常用办公软件操作	2	6
	网络获取与信息交流	2	4
	现代教学媒体使用	2	6
	多媒体素材获取与处理	4	8

❶ 刘珍芳. 幼儿教师信息素养培养模式研究［J］. 中国电化教育，2011（5）：106-108.

续表

学习模块	主要内容	讲授学时	实践课时
模块三：运用信息技术进行教学的能力	多媒体课件设计与开发	2	4
	儿童教育课件设计实例	2	4
	多媒体辅助儿童教育活动研究	2	6
	合计	20	42

基于以上课程安排，园本培训的实施包括培训环节、幼儿园的职责、培训教师职责、受训教师职责和培训环境，具体安排详见表6-12。

表6-12　园本培训实施过程一览

培训环节	幼儿园职责	培训教师职责	受训教师职责	培训环境
任务布置	制订计划	下达任务	明确任务	网络 多媒体教室 儿童活动室 教学资源库 视频库 技能库 ……
集中讲授	组织落实	讲解相关知识点	听讲、记录、理解	
操作演示	提供设施	操作示范要点讲解	听讲、记录、理解	
分组操作	检查记录	指导、纠正	相互协作、实际操作	
小组讨论	总结推广	组织分析、提出问题	交流、讨论、解决问题	
考核	制订、落实考核方案	评价、分析	互评	

该模式中的评价与考核，主要在培训结束后对参与培训的每位幼儿园教师的信息素养水平进行综合测评。评价主要采用"理论+操作+教学"的方式，即对学习模块一的内容进行卷面理论考核，对学习模块二的内容进行上机操作考核，对学习模块三的内容以多媒体优质课评比形式进行考核，三个学习模块在考核中所占比例分别是20%、50%和30%。

总之，对幼儿园教师信息素养的培养是一个系统工程，需要各方面的相互配合、协同工作，尤其是幼儿园教师自身需要结合学前教育的多学科性及儿童思维的具体形象性特点，让多媒体成为五大领域教学的常态，促使儿童成长取向的教育更加落在实处，更好地达成学前教育的目标。

第七章 信息技术应用于幼儿园教育实践案例

第一节 遇见 AI 多"彩"课堂——人工智能机器人在幼儿园爱国教育活动中的应用案例

一、案例背景

随着人工智能的普及，我园自应用 AI 淘云智慧幼教系统之人工智能机器人以来，一直在积极探索教育教学活动与人工智能的有机结合。我园围绕《泾县智慧学校达标提升项目》这一方案，致力于提高教师基于人工智能的教学能力和儿童学习兴趣，以便进一步激发儿童的自主探究能力。

我园通过游戏化以及人机交互的形式，将 AI 技术应用于对儿童的爱国主义教育中，这样不仅能够激发儿童的参与感和自豪感，更能培养儿童正确的国家观、历史观与世界观，为未来他们接受更深层次的爱国主义教育打下扎实的基础。

在传统教学活动中，发现儿童在接受爱国主义教育过程中存在以下问题：第一，爱国主义教育活动比较单一，很难使儿童产生共鸣并激发他们深度探究与学习的欲望；第二，在爱国主义教育活动中，儿童的互动性不强；第三，教师对于儿童的学习成果无法进行及时评价。基于人工智能的普及，我们将人工智能机器人运用在爱国主义教育过程中，并以此展开了一系列的活动。

二、认识 AI 爱国

AI 爱国课程内容体系完整，课程通过 AI 技术 + 机器人等创新教学工具，将与爱国主义教育有关的历史观、民族观、国家观、文化观等，以孩子最易吸收的游戏形式传递给他们。从河山大川到中华文化再到创新中国，课程形式多样，儿童的认知从具象延伸到抽象。通过绘画、分组比赛、手工制作、舞蹈创编等多种方式，以人机互动的游戏化呈现爱国主义教育，以 AI 为媒介，在孩子心中播下爱国的种子。

三、应用实践

（一）第一阶段：走进 AI 世界

1. 初识 AI 机器人

教师通过魔术的形式将 AI 机器人小点点、小水滴分别展示给儿童，当小机器人以这种奇特的方式出现在儿童面前时，引来了儿童强烈的好奇心，纷纷参与讨论：

瑶瑶：这是什么？怎么还会动？萱萱：它们还会说话呢！帆帆：它们还在跳舞呢！阳阳：好神奇！我太喜欢它们了……

教师看儿童讨论如此激烈，迅速抓住教育契机，引导儿童观察小机器人，组织儿童说一说这是什么？

希希：我感觉它像水滴一样。函函：我觉得它像一支笔。教师继续引导儿童仔细观察。嫣嫣：我觉得它们像玩具呢！诺诺：我感觉它像玩具机器人。教师通过引导儿童观察，让儿童发现这些有着奇怪造型的物品是机器人，让儿童对机器人萌发好奇心。

2. 我心目中的 AI 机器人

经过激烈的讨论后，儿童画出了自己心目中的机器人，如图 7 - 1 所示。

（二）第二阶段：AI 机器人在爱国主义教育活动中的初步应用

1. 别开生面的爱国主义教育活动

传统教学模式当中，我发现爱国教育活动很难让儿童产生共鸣，不

图 7 – 1　画一画 AI 机器人

能激发他们强烈的探究欲望，于是我将 AI 智慧幼教机器人技术引入爱国主义教育活动当中。在进行《国庆节》这一主题活动中，教师首先通过视频导入的形式，让儿童观看并了解国庆节的相关知识，然后以人机互动的形式，让儿童操作 AI 机器人小点点进行游戏问答。儿童的学习成果可以通过小点点实时传输至一体机大屏幕当中，当儿童看到自己的成果出现在一体机大屏幕上时，这不仅能极大地培养儿童的学习兴趣，而且能激发他们强烈的爱国之心。同时，教师通过一体机大屏幕可以看到儿童的作答情况，这也能帮助教师实时了解每位儿童的学习情况，便于及时进行评价。

2. 我们的创想

（1）我们的创想——纸编画

自从儿童通过 AI 智慧幼教机器人上了一次别开生面的爱国主义教育课之后，他们对 AI 爱国主义教育课程保持着浓郁的学习兴趣和探究欲望，强烈地想表达自己的爱国之情。在上述纸编画活动中，我无意间听到这样一段对话——希希：函函，我想做纸编画机器人，想让更多的人可以通过大屏幕看到我的纸编画。函函：可以看到吗？

《幼儿园教育指导纲要》中指出：教师应成为儿童学习活动的支持者、合作者与引导者。作为教师，需要支持儿童的想法，给予儿童一定的创造条件，鼓励儿童大胆表达自己的想法。我告诉希希和函函，有想法就可以去尝试。于是，我在材料区为他们提供了充足的材料，希希和函函的做法引来了其他小朋友的围观，他们都想加入其中，于是纸编画的队伍越来越大了。当纸编画机器人完成后，开始出现了一些问题。

孩子们你一言我一语，在激烈讨论之后，希希点开小水滴开始拍照，拍完照后，为什么大屏幕上没有照片呢？瑶瑶看小朋友们不知所措，于是找到我说明了情况，我看孩子们的活动无法推进下去，于是组织他们开展了一次讨论活动。在讨论活动上，我一步步引导孩子们发现问题、思考问题、解决问题。在我的引导下，孩子们发现原来小水滴的网络连接不成功，这就导致拍照后在大屏上不显示照片。于是，解决了问题后，孩子们成功地将自己的纸编画机器人拍照并传送到大屏幕上。

（2）我们的创想——红歌热舞爱祖国

在学习歌曲《说唱中国红》时，孩子们对这首歌非常喜欢，好一段时间都在哼唱。见孩子非常喜欢，我决定组织一次讨论活动。在讨论活动中有这样一段对话——萱萱：听到《说唱中国红》，我就想跳舞呢！瑶瑶：我也想跳舞。听到孩子们的讨论对话，我对他们说，大家是不是都非常想跳舞呀？那我们就以《说唱中国红》来创编舞蹈吧。孩子们都非常欣喜。歌曲确定后，孩子们就使用什么道具展开了讨论。就在他们左右为难的时候，我提醒道，我们可以自己设计道具呢！设计后的作品由大家投票决定，最后使用票数最多的道具。于是孩子们开始了他们的设计……孩子们一致投票使用灯笼，他们觉得灯笼和歌曲搭配效果非常好。道具设计好了，孩子们开始创编动作。新的问题又出现了，孩子们发现跳出来的舞只有自己可以看到，他们希望更多的人可以看到这支舞。希希：我们上次做纸编画用机器人小水滴拍照，这次我们也可以使用小水滴拍照呢！大家都非常赞同希希提出的意见。孩子们通过AI爱国主义教育机器人小水滴进行拍照后，拍完的照片可以实时传输到大屏幕上，当孩子看到自己的照片出现在大屏幕上时，别提有多开心了。

四、运用成效

（一）AI智慧幼教成为新型教学模式

过去，在爱国主义教育活动教学中，教师的活动形式较为单一，与儿童的互动性不强，这就导致儿童对爱国主义教育活动的理解不够深入，很难与其产生共鸣；现在，AI 智慧幼教运用到爱国主义教育活动教学中，人机互动，不仅极大地增加了儿童的学习兴趣，还在他们小小的心灵中萌发了爱国之心。未来，将是 AI 时代，一种全新的教学模式将会在学前教育领域中广泛运用。

（二）AI 智慧幼教提升儿童的探究能力

教师通过 AI 智慧幼教给儿童展开教学活动，在活动过程中，教师通过小机器人展示相关知识，这些知识以图片、视频的方式呈现在儿童面前。当儿童与机器人面对面互动时，他们的兴趣很容易被吸引。这一系列的学习活动大幅提升了儿童的探究能力、学习能力和创新能力。

（三）AI 智慧幼教使儿童的学习成果得到及时评价

在传统教学中，教师对于儿童的评价往往以口头形式为主，这就导致儿童的兴趣度不高。而运用 AI 智慧幼教后，活动评价能够通过小机器人及时上传至大屏幕上，当儿童看到自己的作品在大屏幕上出现时，他们的兴趣点将凸显。

（四）新设备、新技术的出现让幼儿教师有了更明确的方向

新设备、新技术的投入与运用，让幼儿教师进入全新的教学模式。未来是 AI 时代，也将是信息化时代，教师将开启新的旅程，继续朝着 AI 与信息化方向不断地努力、摸索与创新。

五、教师反思

教师借助 AI 爱国主义教育机器人进行教学，让儿童通过游戏的形式掌握爱国主义教育课程。爱国主义教育课程的活动氛围浓厚，体现出师幼互动、幼幼互动、人机互动的关系。而教师将朝着全面掌握现代化信息技术继续努力，不断改革与创新，以此促进教育事业的发展。

案例来源：安徽省宣城市泾县榔桥中心幼儿园 章微

第二节　幼见 AI　乐在儿童·安全号码守护我

——幼儿园 AI 游戏化安全教育应用案例

一、活动背景

幼儿园走廊消防栓上的张贴图引起了小宇的注意，他一边欣赏一边说："我认识数字 119。"月月说："这好像是报警电话。"彤彤说："妈妈说遇到危险就要打电话报警。""老师，119 这个号码能拨打吗？"小朋友对这个特殊的电话号码有了兴趣。《幼儿园教育指导纲要》明确指出"环境是最重要的教育资源，应通过环境的创设和利用，有效促进幼儿的发展"，"幼儿园必须把爱护幼儿的生命和促进幼儿的健康放在工作的首位"。抓住这一契机，我决定在班级开展一次特殊号码 AI 游戏化的安全教育活动。

二、内容与过程实录

（一）初识 AI 幼教助手阿尔法蛋机器人

老师：今天我们班来了一位神奇的客人，我们看看是谁？彤彤：这是啥？西西：萌萌的，好可爱。乐乐：是机器人吗？洋洋：老师，它是干嘛的？欣欣：它会说话吗？小朋友们七嘴八舌地议论着……

分析：传统的教学模式是通过故事、图片等来激发孩子兴趣。但少数孩子对此不太感兴趣，而形似蛋蛋的机器人出现，立刻吸引了所有孩子的目光。

（二）互动环节

趁着孩子的兴趣未减，我让孩子和蛋蛋近距离接触。欣欣：它的形状像蛋。佳佳：这是玩具吗？讨论还在继续中……

（三）我心目中的蛋蛋

孩子对蛋蛋有了浓厚的兴趣，不仅想说一说，还想要画出这个来到班级的好朋友。孩子在说一说、看一看、画一画中了解蛋蛋，如图 7-2 所示。

图7-2　画一画机器人蛋蛋

（四）幼教助手蛋蛋播放动画，趣味导入

教师：蛋蛋来到地球上的时候，得到了一部手机，它能用手机和好朋友聊天和视频。蛋蛋觉得手机特别神奇，但是它对有些电话号码感到很奇怪，我们一起看一看。

三、根据动画内容提问，引发儿童讨论

①遇到危险的场面，有什么样的办法能最快地找到帮助的人（打电话）。②教师提问：110、119、120 都是干什么用的？③儿童讨论。④根据动画内容，让儿童了解特殊电话的用途。

四、游戏巩固，加深儿童对特殊号码的印象

传统的教学模式只能通过图片让儿童了解特殊的电话号码。本次活动，蛋蛋通过动画与数字相结合的方式让儿童轻松掌握所学内容，如图7-3所示。活动中教师成为儿童学习活动的支持者、合作者与引导者。

情境游戏：

①儿童模拟拨打急救电话（120）。儿童通过 AI 安全教育课后，能在报警时说出自己的姓名，所在的位置，以及发生了什么事。②安全演练。③教师小结：一定要记住这些报警、急救的电话号码，它们是我们国家规定的，没有紧急的事情绝不能随便拨打。

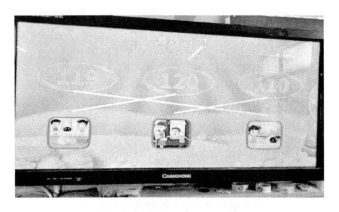

图 7-3　儿童区角活动个别化操作

五、活动的特点及价值所在

活动通过 AI 幼教助手阿尔法蛋，让孩子了解 110、120、119 这些特殊电话号码的作用以及和人们的关系。在设计这节课之前，我让孩子们说说这些电话号码都是在遇到什么情况下才能拨打的，孩子们虽然大多数知道，但并不能很准确地说出来。我在想怎样才能让这节课不枯燥而且有趣呢？中班孩子主要还是以直观思维和游戏为主，所以我在本节课中应用了智慧幼教助手，将蛋蛋运用在幼儿园安全教育中，让蛋蛋和孩子有了互动。孩子在游戏中能很好地掌握本节课所学内容。在整节课中，课堂氛围都非常浓厚，整个环节也体现了师幼互动、生生互动的关系。

六、运用成效及反思

我园已经配备了相关的智慧学前教育应用设备，并能运用人工智能开展学前教育活动。AI 智慧幼教目前一直在使用和摸索创新阶段，毋庸置疑，它已经成为一种新型的教育手段，不仅给教师带来了便利，还提升了教师的信息技术运用能力。老师们能运用现代信息技术进行全面深入的教学，这样不仅能开阔孩子的眼界，还提升了孩子的探究、创新和思维能力，使他们的学习氛围更浓，更能促进教育改革和发展。

案例来源：安徽省宣城市泾县榔桥中心幼儿园　张银华

第三节　幼儿园 AI 编程活动案例分析
——以大班数学活动"国王的宝箱"为例

一、课前分析

（一）课程缘起

游戏是孩子们生活必不可少的一部分，游戏的自主与生成因其符合儿童的年龄特点和学习方式，被放在了越来越重要的位置。在一次区域活动中，涵涵和小玉米正在玩之前投放在科学区的线路图，根据线路图标识，帮助动物小记者们找到自己的采访工具。一张格子图中，被孩子们画满了箭头符号，涵涵一边画一边指出小玉米的箭头方向有误，对于提示卡上指出的左右，双方各执一词。小玉米突然对我说："为什么我转个方向，我左边的东西就变了？""老师，哪一边是左啊？"对于"方向"这个词，它是一种空间方位认知，虽然没有实物指证，但是可以通过参照物来进行知识的讲解。

（二）教材分析

《幼儿园教育指导纲要》中指出 3～6 岁是儿童发展的关键期，教育内容的选择要贴近儿童的生活，充分选择儿童感兴趣的话题。此次活动来源于儿童日常区域游戏活动中对方位认知的延伸和拓展。"国王的宝箱"借助 AI 编程技术赋能教学活动，让儿童在游戏中主动感知方位的变化以及对不同路线的设计编程。在体验中了解，在操作中感知，在合作中创新，这为儿童的身心发展打下良好的基础，有助于拓展儿童的经验和视野，适合大班儿童探索与学习。

《3～6 岁儿童学习与发展指南》中科学领域的核心是：激发探究兴趣，体验探究过程，发展初步的探究能力。活动应注重引导儿童通过直接感知、亲身体验和实际操作进行科学学习。结合本次活动设计，"国王的宝箱"内容的选择既充分考虑到儿童游戏的自主性，创设了路径多样化，又体现了儿童学习的主动性，根据路线图编设小鹰行驶路径的程序。

活动目标是活动设计的重要环节，它既是教育活动设计的起点，又是教育活动设计的终点。依据《幼儿园教育指导纲要》的要求，结合

263

儿童的认知基础和本次活动的内容，拟定了认知、能力、情感三方面的活动目标：①能通过线索推断出偷宝箱的嫌疑人，帮助小鹰找回国王丢失的宝箱；②能够根据条件完成地图中的路线重建，并尝试对重建的路线进行编程；③愿意与同伴合作，共同寻找线索并完成挑战。

（三）学情分析

对于大班的孩子们来说，对方向知识的了解，已经在大班的上学期有过明确的认识了，但还是会存在一些小朋友对于口令中和镜面中的方向指令存在认知混淆。大班孩子的自我意识已经萌芽，他们对于他我的认识还是会有一些迷茫。站在别人的角度看问题，正是我们引导孩子们从自我逐渐向他我慢慢转变的一个进阶的过程。本次活动旨在让孩子们能在游戏中转变自身角度，从小鹰的方向寻找正确行驶路线图，并运用方位知识编设程序。

二、活动开展

（一）AI 编程活动"国王的宝箱"

1. 情境设疑，导入新课

提问：①发生了什么事情？②图片上有没有留下线索？（脚印）

设计意图：图片展示，可以更加形象细致地向孩子展示故事的丰富画面，引导孩子进入故事情境之中。利用图片制作的动画动能，可以直接向孩子展示问题的发生，课件中的声音和动画更能吸引孩子的注意力。《3～6岁儿童学习与发展指南》指出"成人要善于发现和保护幼儿的好奇心，充分利用自然和实际生活机会，引导幼儿通过观察、比较、操作、实验等方法，学习发现问题、分析问题和解决问题"。在情境的设置中，教师引导孩子根据故事情境在观察和发现中初步感知科学活动的兴趣。

2. 线索寻找，推理发现

回顾现场，引导孩子根据线索，找到小偷。

设计意图："兴趣是最好的老师"，通过推理小游戏请孩子根据三位嫌疑人的脚印来判断国王宝箱被盗的真正小偷。教师引导孩子回顾之前的情境，孩子经过记忆的再现，对比国王房间中留下的有用线索，对嫌疑人进行有效排查，实现物与物的对比认知。这一环节，也是孩子主动参与对比发现的导向环节，利用电子白板图片的放大功能，孩子能快速找到真正的小偷。

3. 侦探加入，小鹰出动

认识新成员——淘小鹰。

设计意图：在这一环节中，通过认识小巧灵便的淘小鹰机器人，让孩子的探索兴趣更加浓厚。它既是孩子们日常区域游戏中的玩伴，又是我们教育教学活动中的得力助手。通过给小鹰链接背景语音，提示孩子接下来的活动操作，让孩子能够更好地完成寻找宝箱的任务。如图7-4所示。

图7-4 编程机器人

4. 宝箱追踪，探秘森林

（1）儿童根据小鹰提供的地图块，完善路径地图，并画出行驶路线

设计意图：一体机屏幕上的拖拽排列，能让课堂中的儿童直观明了地看到操作展示，灵活地运用所学知识来解决问题。儿童可以根据自己的实际情况，选择不同数量的地垫来铺设小鹰前行的路径，这也便于教师的分层指导和因材施教，如图7-5所示。一体机上出现不同数量的地垫图片，方便儿童根据提示，快速将场景图复刻在接下来的编程操作环节中。儿童将行进路径铺设完成后，再用笔画出小鹰前进的路线图，为第三步按照预设的路线图编设指令程序奠定基础。

（2）认识指令卡片；教师示范按照设计的路线，编设指令路径

录入卡、前进卡、原地左转卡、原地右转卡、运行卡。

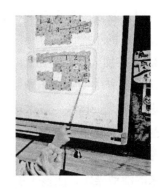

图 7-5　儿童在屏幕上画路线图

设计意图：方向指令卡的认识与了解，让儿童能够更快掌握小鹰的行动要点，与小鹰机器人进行合作。儿童在接下来的环节中会通过不同方向的行进指令卡进行路径编程。

（3）儿童编设指令路径并用点控笔识别路径程序，找到藏宝箱的地点

设计意图：在这一环节中，通过观察、比较、操作等方法，解决了重难点目标，训练了儿童进行初步判断和创编的能力。儿童分组带领小鹰机器人进行程序创编操作，这大大提高了课堂活动的效率，也能让每个孩子都能参与其中，验证自己编程的路径。

（二）活动延伸

设计意图：孩子介绍自己给小鹰编设的行动路径程序，说明方向前进特点。这一环节通过分享、倾听和设计表述等方法，使活动的重难点目标得以突破提升。活动中教师拍摄孩子游戏场景图及编程指令图，运用电子白板技术投屏到一体机上，让孩子能够同步分享自己的游戏想法和体验，让倾听的孩子也能直观地看到同伴的设计与自己的相同或不同之处。

三、活动反思

（一）活动中的反思

1. 针对儿童

游戏中的儿童对于情境化的问题探究模式更加感兴趣，大班儿童对

于想要突出自我能力方面的展示，有着迫切的表现欲。让儿童通过实践探索，知道排除法在寻找线索中的有用之处。通过对比能更加清晰地懂得数学学习中模型的复刻与识别的科学认知。对比不同的脚印，快速掌握嫌疑人脚印的特点。其实，教学活动的目的不止于此，在这个环节中，我们更注重的是保持儿童的好奇心，激发他们主动探索知识的欲望，提升他们实践操作的能力，让儿童真正感受到数学学习的魅力，热爱数学，达到有意义、有价值的教育目的。

2. 针对教师

我们常说，相对于儿童游戏的组织者，在更新的儿童教育理念中，教师更要做好儿童游戏的支持者、合作者、引导者，支持儿童游戏的整体活动。在教育教学活动中，教师更倾向于做一名引导者，引领儿童去发现，去主动探究和学习。教师要尊重儿童，站在儿童的视角，去发现孩子们所需要的。情境的设计、环节的组合、重难点的突出等方面，都体现了教师对在儿童的视角下、能力提升中需要的知识储备条件。

（二）活动后的反思

1. 对教学设计的感想

苏霍姆林斯基说过，求知欲与好奇心——这是人的永恒的、不可改变的特性。哪里没有求知欲，哪里便没有学校。教学设计亦是如此，它要具备能够引发儿童探究欲望、吸引儿童的关注特点。教学设计的价值就在于它的层层递进性，结合大班儿童的年龄特点，教学知识点不用设置很多，哪怕只是一个点。但从这个知识点出发后，儿童尝试进行发散思维，就像一个知识网络图，儿童能在这张"网"中找到融会贯通之处。此节活动的"点"就是排序，怎么排，按照什么样的方式，有着哪种规律特征，这都是孩子们在实践探索中得到的经验总结。

2. 教学中师幼互动的效果

良好的师幼互动，能有效推动课堂进程的持续开展。"国王的宝箱"这节课在开始部分借助电子白板中图片的动画功能，利用课件中视觉和听觉的变换来吸引儿童，激发儿童的学习兴趣和探究欲望。让儿童自己主动说出帮助国王找出嫌疑人、找到宝箱的想法，体现出儿童乐意帮助他人解决问题的品质。

大班儿童的自主性意识增强，他们迫切地需要证明自己能够解决问题的能力，在师幼互动中，要更加彰显儿童能力的提升。在接下来的环节中，我们设计了新成员小鹰的加入、合作寻找国王的宝箱这一情节。为了更好地验证儿童对方位认知的了解，我们运用新媒体技术 AI 编程手段，引导儿童根据小鹰的行进路线进行规划。我们提供不同数量的地垫图，在小鹰机器人的操作提示下，先让儿童分组讨论，在电子白板上画出小组设计的路线，进行地垫铺设操作，再根据故事情境——小鹰行驶需要程序指令，让儿童给小鹰编设行驶路径程序。儿童再根据小组设计的不同路线图，设置编程指令。这样既发展了儿童的逻辑思维能力，又充分体现了儿童与同伴之间合作探索的社会交往能力。这里更加突出的是运用电子设备，提高师幼互动的效率，以此达到本次活动预设目标的完成度。

3. 以儿童为中心的课程再推动

《幼儿园教育指导纲要》指出，要将教学渗透在儿童的一日生活之中，开展有效教学。我们的教学课程是用以支持、激发、促进和引导儿童顺利开展学习和达成有效学习结果的过程。在以儿童为主体的基础上，只有创设出属于本班孩子身心特点的游戏化课程，才能更加有效地促进班级孩子的知识经验体系的架构。本次活动延伸环节的设置，结合此次游戏课程活动中本班儿童的收获和体验，可以让儿童尝试去设计小鹰行驶路线中障碍物的位置，让儿童重新设置小鹰的路径。这样不仅锻炼了儿童的空间思维能力，也能促进儿童对最优路径的持续探索。

四、结语

本节课为儿童创设了一个材料丰富、可操作的环境，使儿童既能够独立操作，又能进行合作交流探索，并大胆地表达自己的想法。通过一系列的游戏活动，儿童的自主性、选择性得到了体现，达到了活动总目标的预设要求。孩子们在一次次的尝试中积累了经验，学会了自主探索。

案例来源：广德市中心幼儿园　黄梦云　徐丽

第四节　中班 AI 游戏化体能活动
《老鹰抓小鸡》案例分析

传统体育游戏是民间传下来的一种游戏形式，它的内容丰富多样，趣味性强，简单易学。在幼儿园中开展民间体育游戏，能激发儿童参与运动的兴趣，让他们掌握动作技能、增进身心健康。体育游戏具有培养儿童规则意识、体能锻炼、合作交往等多种功能。但传统体育游戏由于器材单一、玩法简单，以及存在的一些弊端，难以推动儿童持续的学习兴趣和教师的连续观察。因此，我们将现代 AI 人工智能加入传统体育游戏中，在创新传统游戏形式的同时，也对传统体育游戏器材进行优化。我们通过传统游戏与现代信息技术相结合的方式，为传统游戏赋能，在创新中助推儿童深度学习，助力教师专业发展。

一、案例背景

3 月的春日，我园开展了名为"忆传统游戏　享快乐童年"的传统体育游戏节。一个个有趣的传统体育游戏走进孩子们的世界，跳房子、滚铁环还有丢沙包等，其中最受孩子们欢迎的当属"老鹰抓小鸡"了。

看，操场上光光老师扮演的"老鹰"和悦悦老师扮演的"鸡妈妈"以及一大群鸡宝宝正在进行激烈的追逐。"老鹰"突然一个急转弯，突破了"鸡妈妈"的防线，"鸡宝宝"因队伍太长躲闪不及，摔倒在地，"老鹰"趁机抓住了最后面的几个"鸡宝宝"。如此反复，不一会儿，好多"鸡宝宝"被关在了"老鹰"的笼中，不能再参加游戏了。"老师，一直跑来跑去的，我们不想玩了！""老师，我已经在笼子里待很久了，什么时候可以再去玩？""老师，我刚刚摔得好疼呀，我不想玩了！"不一会儿，大部分孩子已经不想再玩这个游戏了，没过几天，孩子们就淡忘了这个传统游戏。

二、案例创新与应用

如何再次激发孩子们对传统游戏的兴趣，让传统游戏能够在幼儿园内持续开展，并让孩子们在游戏中得到动作等多方面的发展，那必须要有"闹闹"小助手的鼎力相助。

跟着"闹闹"做热身运动，孩子们的每一个运动细胞都被"闹闹"唤醒了。"老师，我想当老鹰""老师，我想当小鸡"，刚刚热身完，孩子们就迫不及待地想要开始游戏。经过石头、剪刀、布的角逐，仔仔获得了当老鹰的机会。孩子们齐声念儿歌"天上老鹰飞呀飞，地上小鸡跑呀跑。老鹰老鹰心眼坏，想把小鸡当小菜。小鸡小鸡别害怕，快快跑回鸡舍里。"儿歌念完后，孩子们迅速地分散跑到由呼啦圈代表的"鸡舍"里，轻拍"闹闹"。有了"闹闹"的激励，孩子们能够在儿歌的指令下迅速地四散奔跑，并能躲避他人的碰撞。

"太好玩啦！""耶！我没有被老鹰抓到！""我也是，我也是！"

第一轮游戏结束，"鸡宝宝"都能快速地返回"鸡舍"，"老鹰"一无所获，"鸡宝宝"体会到了从未有过的成功感。

快乐不停，游戏继续。这一次，"老鹰"集中精力，儿歌结束后快速地抓到了琪琪。根据创新后的游戏规则，这次换琪琪来做"老鹰"继续游戏。经过多次的游戏，孩子们不仅熟练掌握了四散奔跑的技能，能在游戏中控制自己身体的平衡，还对游戏中的儿歌进行了创编："天上老鹰飞呀飞，地上小鸡跑呀跑。老鹰老鹰心眼坏，想把小鸡当美食。小鸡小鸡真聪明，快快跑回鸡舍里。"或"天上老鹰飞呀飞，地上小鸡跑呀跑。老鹰老鹰你真坏，想把小鸡当美餐。小鸡小鸡跑得快，快快跑回城堡里。"

快乐的体育课转眼结束，孩子们却意犹未尽。"老师，我还想玩，我刚才跑得很快，闹闹说我才用了 17.5 秒！""老师，我喜欢那个圈圈做的鸡宝宝家，再多玩几次吧""我还想和闹闹玩老鹰抓小鸡的游戏"。"闹闹"的加入，极大地激发了孩子们对传统体育游戏的兴趣，兴趣的小种子已经在他们的心里悄悄发芽了。

三、案例分析与反思

（一）游戏规则清晰化

传统游戏规则下，由于"鸡宝宝"数目较多，队伍排成的一路纵队很长，"鸡妈妈"一动，队尾的"鸡宝宝"就有很大幅度的位移，如此反复变向摆动，就会形成很大的惯冲力，易使"鸡宝宝"脱散、摔倒，从而造成安全事故。但加入"闹闹"和相关器械后，游戏从原来简单的游戏规则到以儿歌为游戏口令，以"呼啦圈鸡舍"为四散奔跑目标地，整个游戏规则更加清晰，游戏也变得有序、安全。同时，儿童在游戏中能自觉遵守游戏规则，相互配合，他们的社会意识得到了显著提升。在儿歌环节中，儿童加入了自己的想法，他们运用生活经验、阅读经验对儿歌进行创编，他们的创编能力、表达能力和想象力都得到了发展。

（二）游戏锻炼持续化

传统游戏中，要求脱散和被抓的"鸡宝宝"下场并被关在"鹰笼"中，这样大部分儿童参与的游戏次数较少，儿童很容易丧失对游戏的兴趣，他们的动作技能和体能也得不到持续的训练与发展。运用 AI 技术创新游戏后，儿童渴望多次与"闹闹"互动，得到"闹闹"的肯定，因此儿童能够以积极主动的状态投入游戏中。通过不断的游戏，让儿童四散奔跑的动作技能得到强化，体能得到发展。

（三）游戏评价科学化

传统游戏教学中，过多强调了"老鹰"捉的成分，同处于主体地位的"鸡妈妈"和"鸡宝宝"只能疲于奔跑，完全处于被动状态。这就导致了教师容易主观臆断，以"强者更强，弱者更弱"的观念评价游戏的成功与否，而忽略了对儿童本身动作发展等方面的评价。现代 AI 技术可以为教师提供客观的评价依据。我们从"闹闹"后台反馈的数据中，可以清晰地看到每个孩子参与游戏的次数以及体能成绩，并能从数据中看到孩子之间的体能差异和动作发展差异，如图 7-6 所示。这样能为评价提供科学的依据，并为个别化指导儿童、因材施教提供方向。

以"闹闹"及相关器材为依托的 AI 游戏化体能活动与民间传统体育游戏相结合后，能拥有更加有趣的游戏情景。它能充分调动儿童的积极性，让儿童化被动为主动，充分体验玩的乐趣，在"玩"中不断发展动作技能和体能，充分体验到运动的快乐。同时，它能为教师的客观、科学评价提供依据，助力教师的专业成长与发展。运用现代技术赋能传统游戏，在传承中求创新，在创新中求发展，将进一步从"信息化"的视角入手，关注儿童发展、开阔教师视野，从而推进我园的信息建设与应用。

图 7-6　儿童后台游戏数据可视化

案例来源：广德市中心幼儿园　陈琛　徐丽

第五节　最美不过下雨天
——AI 阅读联动下的课程新体验

缘起："真讨厌，怎么又下雨了？""对呀对呀，好想出去玩自然游戏场啊！"

又是一场春雨至，孩子们靠在窗边看着绵绵的细雨抱怨着不能出去玩耍，雨也变得令人讨厌了起来。怎么会讨厌下雨天呢？下雨天也很好玩哦，我们一起去绘本馆找一找答案吧！最近绘本馆来了一群新朋友——AI 阅读机器人阿尔法蛋，如图 7-7 所示。

图 7-7　幼儿园 AI 绘本机器人

一、AI 赋能自主阅读

儿童带着问题自主选择关于下雨的绘本：《青蛙的好天气》《大雨哗啦哗啦下》《七彩下雨天》《一个下雨天》等。有了阿尔法蛋，每个孩子都可以集中注意力进行自主阅读，感受一个又一个富有趣味诗意的绘本故事，绚丽迷人的画面和欢快有趣的情节在阿尔法蛋的讲解下跃然纸上。儿童能够根据兴趣，使用阿尔法蛋耳机功能实现个人阅读，使用外放功能实现小组阅读和多人阅读。

二、AI 支持策略

绘本阅读真正的意义是让孩子享受阅读过程并爱上阅读。儿童正处于读图的年龄阶段，好的陪伴引导在这时显得十分重要。阿尔法蛋是一款培养儿童阅读习惯、拓展儿童思维的阅读辅助机器人。阿尔法蛋的趣味性、新颖性能在第一时间吸引儿童的关注力。AI 阅读通过其核心图文识别技术精准扫描孩子们选择的绘本图书及阅读画面，在阅读过程中可随儿童的阅读进度实时跟进，实现儿童的自主可持续性阅读。在之前的绘本阅读中，阅读时间的可持续性是孩子们经常遇到的问题，阿尔法蛋的趣味陪伴突破了传统阅读的枯燥，激发了儿童的阅读兴趣，阅读时间的可持续性也得到了很大的改善。孩子们有了阿尔法蛋，阅读变得不再枯燥、被动，从此爱上了阅读。

（一）AI 智能互动阅读

"如果下起彩虹色的雨，会是什么样的啊？""下起彩虹色的雨，人们会怎么想呢？""动物们会怎么样呢？会高兴得手舞足蹈，还是害怕得东躲西藏？"

儿童阅读绘本时，阿尔法蛋能够及时像老师一样为儿童提供支架性问题。通过一次又一次的深入思考让儿童拓展了思维，从此下雨天也开始充满诗意与遐想。孩子们能够在阿尔法蛋的有效提问下明确阅读目的，增强观察力、提高阅读专注力，在一次又一次的互动中深度理解绘本内容。

AI 支持策略：阿尔法蛋内嵌互动式功能，能够根据不同的绘本及时产生问题互动，同时捕捉儿童的回应，零基础的儿童也能实现自主阅读。在智能互动引导下，儿童细致观察画面信息，大胆推测、想象故事情节发展，形成持续性深度阅读。阿尔法蛋的提问有趣且精准，不是盲目无效的互动，哪怕是之前内向的孩子也愿意和阿尔法蛋进行互动。此时的阿尔法蛋从一个智能阅读机器人变成了孩子们的玩伴和朋友。同时，有别于传统的阅读方式，阿尔法蛋可以捕捉孩子们遇到的每一个可深度学习的精彩阅读瞬间，实时满足孩子的阅读陪伴需求，解决了老师和家长们以往人手不足、没有时间等问题。有了陪伴互动的深度阅读，孩子们的阅读日记也变得越发生动有趣。

（二）AI 阅读数据研读

阿尔法蛋阅读数据后台，精准记录每一个儿童的阅读时间和阅读取向，根据每个儿童的阅读情况进行数据分析，形成阅读报告，如图 7-8 所示。在这次主题阅读活动后，通过绘本报告，我们发现孩子们这次的阅读体验更多倾向于和下雨有关的绘本。根据每个孩子的个性化发展，我们发现他们有的喜欢有色彩感、画面唯美的《七彩下雨天》，有的喜欢情节幽默、有趣味性的《青蛙的下雨天》……

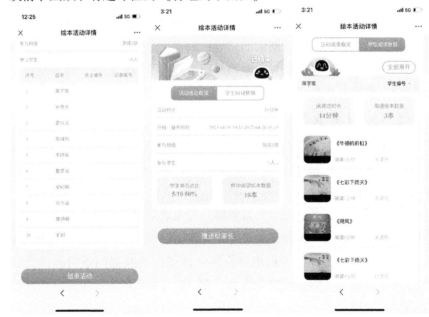

图 7-8　AI 绘本机器人后台数据

在家里，家长也能在家长端观看幼儿园里产生的自己孩子的综合阅读报告，精准分析自己孩子的阅读取向，从而有效推进亲子阅读活动。AI 数据分析促进家园互动，定期把读书报告反馈给家长，也给家长在家中的亲子阅读给予了助力与支持。有了数据分析，家长知道孩子现在喜欢什么，能有方向地选择孩子感兴趣的绘本进行亲子阅读。同时，这也能鼓励孩子沉浸式持续性阅读，提升他们深度学习的能力。

AI 支持策略：阿尔法的后台支持功能集管理系统和公众号于一体。一次好的阅读离不开绘本本身，日常的儿童阅读数据其实十分珍贵有用，但是由于数据采样广、时间跨度大等原因一直难以采样。

AI 技术量化阅读时代。阿尔法蛋针对这一问题研发了后台数据可实时记录跟进儿童的阅读报告。通过大数据采集、分析、反馈儿童的阅读取向、阅读时间等情况，使这些数据有了具象化呈现，儿童的成长清晰可见，如图 7 - 9 所示。

图 7 - 9　AI 绘本阅读后台数据

（三）AI 户外阅读游戏

"你想带着阿尔法蛋去哪里阅读?""草地上"。

275

AI 支持策略：户外阅读把自然与阅读相连接，阿尔法蛋的便携性使儿童的户外阅读有了更多的可能。阿尔法蛋强大的绘本数据库涵盖了市场上大部分的高品质故事绘本，涉及各大主题，舒适、温馨、开阔的室内外阅读场景能满足儿童趣味阅读的同时，又能拓宽儿童的视野。

（四）AI 阅读游戏拓展

"在大雨倾盆的日子里，我们除了宅在教室，还能做些什么呢？"

前期的 AI 阅读支持，熏陶了儿童的艺术情感，孩子们对下雨产生了浓厚兴趣。基于孩子们的阅读积累，孩子们对于下雨天也有了各自的了解。把问题抛给孩子，孩子们有什么想法呢？

玩一场雨，快乐的小脚丫在雨里撒欢。画一场雨，我也想下一场属于我的七彩下雨天。

了解一场雨，去幼儿园气象站看一看雨量收集桶，看看最近下了多少雨。

近年来，随着绘本阅读在幼儿园的推进，越来越多的人了解到阅读对于孩子们的正面影响，而 AI 阅读技术能够借力新科技实现儿童自主深度阅读。随着人工智能朝着更高端、更深入的领域发展，儿童阅读变得更加便捷、更加多元化：①借助智能玩伴阿尔法蛋开展多种形式的新阅读；②借力人工智能数据系统科学构建个人阅读书单；③提升线上、线下以及虚拟读书场景的互动式、沉浸式阅读体验。

AI 科技引领下，以互动阅读和深度、可持续性阅读为核心，围绕特定主题"下雨天"，开展听读、跟读、品读、趣读等读书活动，真正实现知识、能力、品格、趣味的融合。在幼儿园永远没有坏天气，与你相约，最美不过下雨天！

案例来源：无锡市观山实验幼儿园　　李梦飞

第六节　AI 游戏化教学活动《时钟滴答滴》

一、课前分析

（一）课程缘起

爱玩是孩子们的天性，丰富多彩的户外体育活动是孩子们健康成长的源泉。饭后散步期间，孩子们和老师玩起了"老狼老狼几点了"的经典民间游戏。游戏前，老师像往常一样向孩子们介绍游戏规则：一名孩子当老狼，其余孩子当小羊。小羊要问老狼老狼几点了，老狼随机回答一个整点时间。听到几点，小羊就需要走几步，当听到 12 点了，小羊需要跑到安全区域以避免被大灰狼捉住。大家正玩得开心，浩浩突然问："老师，什么是整点？"整点是什么？时间又是什么？对于大班的孩子来说，时间是一个抽象的概念，它看不见又摸不着，犹如长河之水转瞬即逝。但时间会说话，"滴答滴答"就是它的声音，它就在我们身边，只要善于发现，就能找到它的秘密。

孩子的话语引发了教师的思考，对于大班儿童来说培养良好的时间观念非常重要，而且时间管理也是幼小衔接的重要内容。为了解答儿童的困惑，借此契机，我们决定把抽象的时间具体化。依托 AI 智慧幼教，我在班级开展 AI 游戏化数学活动《时钟滴答滴》，以此助力儿童的深度学习。

（二）教材分析

数学是一门系统性、逻辑性很强的学科，它有着自身的特点和规律，同时与儿童的生活有着密切联系，这就要求教师需结合儿童生活实际和知识经验设计数学活动。此次 AI 游戏化活动的选材来源于生活，引导儿童辨认整点是儿童建立时间概念的初次尝试，也为今后对"时、分"的认知奠定基础。正如《幼儿园教育指导纲要》中所说："教育活动既要贴合幼儿的现实需要，又要有利于其长远发展；既要贴近幼儿的生活，选取他们感兴趣的事物或问题，又要有助于拓展幼儿的经验和视野。"一般来说，儿童每天上学、吃饭和活动都会按照规定的时间进行，他们就这样在生活中潜移默化地感知到了时间这一抽象概念的存在。

活动目标是教学活动的起点和归宿，根据教材内容和儿童的实际情况，以及大班儿童的年龄特点和心理发展规律，本次活动确立了认知、能力、情感三方面的目标：①认知目标——认识时钟，感知时钟在生活中的用途；②能力目标——了解时针和分针的运行方向和运转规律，学习辨认整点和半点；③情感目标——感知日常作息时间，知道要珍惜时间，养成按时作息的好习惯。

（三）学情分析

大班的儿童好奇心重，求知欲望强烈。这时候的儿童产生了初步的抽象思维萌芽，他们对周围环境的时间和空间产生了浓厚的兴趣，建立了数的概念。《3—6 岁儿童学习与发展指南》中明确指出，大班儿童要能认识时钟，会看整点和半点。本次活动利用 AI 人工智能，能够帮助儿童进一步扩展数学思维。

二、活动开展

（一）AI 数学活动《时钟滴答滴》

1. "趣"在情境，"创"在媒体

小豆机器人有着圆圆的小脑袋、黄色的外衣，它既是孩子们日常的玩伴，也是幼儿园的教学助手。课程结合《3～6 岁儿童学习与发展指南》，在生活化的情景中，以机器人小豆豆为媒介，让孩子们走进人工智能的神秘领域，同时能让他们开发大脑潜能、发展逻辑性思维、激发探究欲望、提高专注力、发展综合能力，将数学学习变成一场"探索之旅"。

导入环节中，教师播放视频动画，通过小豆机器人和好朋友的猜谜游戏引出本次活动的主题——时间。

2. 知识探索，师幼互动

"滴答滴答，滴答滴答，会走没有腿，会说没有嘴，它会告诉我，什么时候睡，什么时候起。你们知道谜底是什么吗？""我知道，是太阳！""不对，不对，是时钟。""我也觉得是时钟，太阳没有滴答滴答的声音。"大班的孩子虽然各方面的能力都提高了不少，但对时间的认知还是相对模糊。感知、了解时间的特点是时间管理的基础。于是，老师首先引导小朋友观察教室里的时钟，了解时钟的钟面结构，通过"你说我拨"的游戏，感受时间的神奇。同时，课程结合游戏卡片进行师幼互动游戏，帮助孩子初步辨认整点，孩子们在游戏中开拓思维，在游戏中感受快乐。

3. 动手操作，让数据"说话"。

AI 智慧幼教以情感体验为平台，以信息技术为载体，让儿童在游戏中轻松快乐地学习与成长，展示了具有生活性、活动性的数学活动与信息技术的融合成果。以本次活动为例，在动手操作环节中，孩子们根据钟表的指针，选择相应的数字时间；根据画面中的钟表时间，将正确的时间数字放在操作板上；在一分钟的时间内记住所有出现的物品等。儿童通过操作材料在游戏中具体感知和动手操作，探究数学核心经验。教师可以通过智能终端，组织儿童认真观察，通过单人游戏等方式帮助儿童巩固对整点的认知。趣味横生的教学方式，让儿童在游戏中不断地获取数学核心经验。

尽管儿童的数学核心经验发展各有差异，但机器人小豆能实时记录儿童的操作数据，并及时反馈至教师端。教师通过这些数据，既可以了解全班儿童的掌握情况，也可以关注每个个体的发展差异。这种模式不仅能帮助教师更好、更及时地调整集体教学活动中的方式方法，也能尊重儿童发展差异，开展个性化指导。

4. 总结分享

"我可喜欢小豆了，它很可爱，还总是和我们一起做好玩的游戏。""小豆总是送给我小红花，真好玩。""我喜欢 AI 活动！"这是小朋友活动后的真实感受和分享表达。AI 游戏化课程是现代科技智能课程，在幼儿园开展 AI 智慧幼教活动，不仅能让儿童与机器人亲密接触，感受机器人的科技魅力，让孩子们在玩中学、学中做，还能增强他们的好奇心，启迪智慧，体验科技创新带来的快乐。活动能够促进孩子从实践中体会自我成就感，锻炼他们的意志、韧性，同时促进了儿童的全方位思考能力、发现和解决问题的能力。

（二）活动延伸

1. 连接家长，家园共育

班级有几十名儿童，与每个家长一对一交流，教师工作负担重；家长们在学前数学的引导上容易陷进"小学化"的误区……对此，我们的解决方案是通过物联网大数据技术，将儿童学情自动生成活动报告，同步至教师端及家长端，如图 7-10 所示。

通过活动报告，帮助家长了解儿童在园学情，同时报告中给出科学的亲子小建议，让家长在家园共育中更有抓手。这不仅可以增进亲子感情，也减轻了教师在家园沟通中的负担，帮助儿童继续巩固数学核心经验的探索。例如本次活动，引导家长鼓励儿童尝试制作一日生活作息时间表，不仅进一步促进儿童数学核心经验的探索，也能帮助儿童感受数学作为工具性学科，可以帮助他们解决实际生活中的问题。这样就激发了儿童不断探索的兴趣，促进他们良好学习品质的发展。让我们来看一看孩子们是如何安排自己的一日生活的？

2. 一分钟可以做什么？

"老师，一分钟有多长呢？""一分钟，我应该可以叠好被子了。""一分钟，我肯定可以跳绳 100 下！"带着一分钟到底有多长这个疑问，我们开展

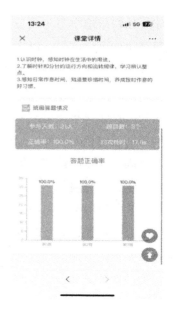

图 7-10　AI 滴答时钟后台数据

了"时间达人——挑战一分钟"的活动，小朋友制作自己的一分钟计划，并亲身去体验、实施，最后记录自己的感受。

大人们对于时间的感受是钟表，是催促，也可能是焦虑与压力。对于孩子们来说，他们感受时间的方式是非常多样与丰富的。孩子们联结自己的日常生活，在日常生活中用心感受时间的变化。时间的变化在孩子们眼中是有趣且神秘的，有各种不同的色彩与意义，如图 7-11 所示。

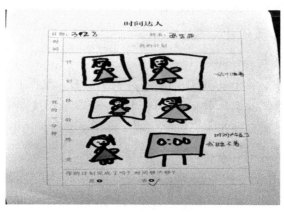

图 7-11　儿童对一分钟的计划和感受表达

一分钟虽短，但可以做很多事。通过"时间达人"的游戏，让孩子明白时间虽短暂，利用好却可以做很多有意义的事情，孩子在游戏中深刻感受时间的宝贵，更懂得珍惜时间。

3. 挑战自己——一分钟跳绳

时间和我们的生活有着密切的关系，你知道一分钟可以做些什么事吗？我们开展了"一分钟跳绳"比赛。一起来看看，孩子们在一分钟内能跳多少下吧！

案例来源：芜湖市湾沚区教师发展中心　麻菁菁

第七节　悦读　慧评　阅成长
——在信息化背景下的儿童个性化阅读评价

个性化阅读评价是记录每位儿童在阅读中的成长经历、评价儿童语言发展的方式之一，是儿童、教师、家长、管理者四方共同参与，借助人工智能，对儿童在阅读中进行有目的、有计划地收集儿童各方面信息和资料，并通过一对一个性化解读与分析、决策和行动，来促进儿童全面发展的评价方式。其主要目的是让阅读贴切于儿童的兴趣和需要，让每位儿童都能全面、和谐且富有个性地发展。

《幼儿园保育教育质量评估指南》强调："树立科学的评价导向，改进评估方式，突出过程评估，强化自我评估，聚焦班级观察。严禁用直接测查幼儿能力和发展水平的方式评估幼儿园保教质量。"在信息化背景下利用人工智能对儿童进行的阅读评价是一种强调过程性和发展性，尊重儿童个体差异性的新型评价模式。让儿童以愉悦的状态来阅读，教师针对其过程进行智慧评价分析，从而促进双方的阅读成长。它是一种多元综合性评价方法，由阅读建档时的评价、用阅读用档中的评价两个交互关联的阶段组成。通过初期调查建档，家长对亲子阅读的自我审视、儿童对自主阅读的尝试、教师进一步深入了解儿童；通过用档，借助人工智能一对一数据的记录进行分析、评价、使用，帮助家长精准亲子共读，激发儿童自主阅读兴趣，优化教师高质量阅读评价能力。

一、悦读——个性化阅读评价的多元呈现

兴趣是顺应儿童的基础，也是走向深度学习的隐形支持，儿童的真实状态是评价真实性的根本。因此教师应追随儿童的阅读兴趣，充分尊重儿童的阅读选择，使其在"悦"状态下进行真实可靠的阅读评价。《幼儿园保育教育质量评估指南》要求："教师认真观察幼儿在各类活动中的行为表现并作必要记录，根据一段时间的持续观察，对幼儿的发展情况和需要做出客观全面的分析，提供有针对性的支持。不急于介入或干扰幼儿的活动。"教师可以从个性化阅读记录的内容、个性化阅读表现的形式来作为儿童悦读状态下的支点，进行阅读评价的呈现。

（一）个性化阅读评价内容

信息化的工具可以为教师提供更便捷的观察记录工具，支持教师以图画、视频、语音、文字等多种形式，真实而快速地记录儿童在阅读中的行为表现，这些真实的记录是对儿童进行过程性评价的重要依据。儿童阅读评价的内容信息来源多元，在阅读中长期收集对儿童语言成长与发展有意义的事件和真实的素材。具体有以下四个方面的内容。

1. AI 绘本管理系统

该系统主要包括利用人工智能阿尔法蛋在儿童自主阅读后进行的数据统计反馈等，例如，儿童阅读绘本类型分布、阅读能力分布、儿童阅读时长等。

2. 儿童的作品

儿童的作品主要包括儿童在阅读绘本后的表达表现类作品（绘画、手工等表征方式）和口述记录。

3. 各种调查表、问卷

各种调查表、问卷主要包括调查表、核验表、累计表等，例如，儿童在家阅读情况调查表、儿童绘本兴趣调查表等。

4. 影音资料

影音资料主要包括图片和录音，它们能够提供直观的与儿童成长和发展相关的丰富信息，便于家长的参与。

（二）个性化阅读评价表现形式

对儿童的个性化阅读评价应当是建立在日常的、真实情景下的、连

续性观察的基础之上的，需要比较全面、持续地去观察与采集儿童阅读过程中的各种信息与数据，可以从以下四个方面来提供支持。

1. 教师观察

教师通过儿童在园一日活动中对于阅读的观察，结合区域活动、日常谈话以及关于语言的集中教学互动等手段，以 AI 绘本管理系统记录分析、作品呈现、图表评价等形式，对儿童进行综合记录、分析、评价，并及时对儿童的最近发展区进行针对性备注，如图 7 - 12 所示。

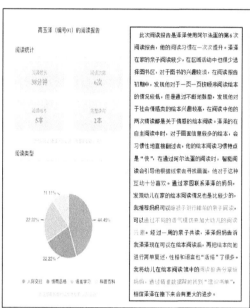

图 7 - 12　绘本阅读数据可视化报告

2. 父母手记

父母对儿童阅读的观察内容、记录不受限制，可以是共读下的记录，也可以是儿童自主阅读后进行图文表征后的聆听记录等，这是家园沟通互动的直接信息素材。

3. 儿童的表达

儿童的直接参与是阅读评价自主性的体现，儿童可以以自己擅长的形式记录自己在阅读中的发现、收获和问题等，儿童自己收集呈现的材料更能凸显其兴趣点，反映真实性需求。

4. 管理者统筹

管理者通过平台大数据的统筹和教研例会进行大数据的量化分析，以科学督导进一步引领教师的专业化分析。

二、慧评——提升个性化阅读评价的整合效果

在信息化时代背景下，儿童在使用阿尔法蛋进行阅读时，其数据的收集和分析是在科学维度的基础中进行的。当儿童自主进行阅读时，其对于阅读的学习和发展的轨迹是依靠观察获得的，教师可以依托人工智能为基础平台来捕捉儿童感兴趣的事物，为儿童后继的学习提供素材支持。阅读评价的建设需要长期且多元的素材，为每位儿童建设一份高质量阅读档案，需要花费教师大量的时间，因此我们不仅需要借助 AI 技术来弥补此短板，也要关注阅读评价的参与主体，确保阅读评价建设的有效性。

（一）儿童主体：儿童参与阅读评价的建设

儿童是一日生活的主体，阅读观察和评估是在一日生活的各个环节中进行的，例如儿童在看完绘本《大卫，不可以》后，在角色区域进行了表演，在美工区进行了记录，在餐后环节和同伴进行了绘本分析。这些都是可以作为阅读运用评价的参考，不能仅仅只将评价落足于儿童阅读绘本合页完毕后的总结性测评。我们将儿童利用阿尔蛋进行阅读后的个性化阅读报告作为观察之一，结合儿童在一日活动中对于阅读后的经验轨迹进行归纳梳理：首先，教师与儿童利用 AI 技术共同收集阅读信息；其次，教师对阅读后的数据进行统计和汇总，并呈现核心经验与最近发展区的补充；再次，儿童对阅读后的数据进行表征的记录；最后，教师通过倾听的方式帮助儿童进行"精读"的回顾，让儿童在获得的经验中慢慢感受自己的变化与成长。

（二）家长主体：家长参与阅读评价的建设

信息化技术的融合为家园共育提供了便捷，家长能有更多的机会参与了解自己的儿童的在园生活。家长参与可以让儿童在活动中拥有更亲近的体验，幼儿园与家长确立共同的育人目标，能使教育得到更好的连续性和互补性。为了让家长更加切实有效地主动参与到阅读评论建设工

作中来，在建设过程中更好地认识儿童的阅读基础，达成高质量的家园共育，我们在实践中是这样行动的：

第一步，调查。了解家长对于培养儿童阅读的已有经验、困惑、需求、优点等。

第二步，介绍。向家长介绍我们当前带领儿童使用的人工智能工具、儿童在园的阅读情况以及阅读现状等，帮助家长认识了解儿童需要获得的相关发展。

第三步，行动。针对阅读习惯和能力不同的儿童，教师和家长共同尝试不同的方法进行儿童阅读的跟进。

第四步，反馈。定期通过 AI 绘本管理系统的后台数据向家长进行定期反馈，通过分析汇总问题与收获。

第五步，分享。请擅长阅读习惯培养的家长和阅读专家进行育儿分享，以互动促进多方的交流沟通。

第六步，评价。家长可以通过数据趋势图来进行自我比对，发现家园合作对儿童成长的力量，加深对评价的量化。

三、阅成长——使用个性化阅读评价的有效策略

《幼儿园教育指导纲要》（试行）指出："教育评价是幼儿园教育工作的重要组成部分，是了解教育的适宜性、有效性，调整和改进工作，促进每一个儿童发展，提高教育质量的有效手段。"评价的方法和形式有自评、他评、随机评价、有组织的评价等，各种评价方法和形式有机结合、相互渗透。这些评价方法和形式的丰富与多元化，激发了教师参与评价活动的积极性，提高了评价的实效性。为更好地保证儿童个性化阅读评价的核心作用在于引导儿童认识自己，为促进儿童发展，我们通过实践积累了个性化评价使用的基本路径：

标准认同阶段——寻找理论评价标准（《幼儿园保育教育质量评估指南》《3—6 岁儿童学习与发展指南》《幼儿园教育指导纲要（试行）》）：制定阅读评价的方法，儿童阅读后图文表征记录的阅读档案，了解发展变化，自主参与讨论制定评价标准，"倾听"式记录，教师依据讨论内容及结果形成的评价标准与评价方法（自评与他评）。

标准实践阶段——用标准进行阅读评价：儿童通过翻阅图文表征、

285

影音资料、AI后台数据图内容进行自我评价。教师、家长、同伴与儿童共同回顾档案内容，统计阅读评价结果，形成评价阅读数据。

标准使用阶段——使用阅读评价结果：共同阅读评价结果，发现自己的优势和不足，用图文表征的方式进行发展计划的记录。

（一）细化儿童阅读自评，促进儿童自主阅读积极性

自评是一种认识自我的有效手段，阅读自评能帮助儿童萌发自主有效的阅读动机。在回顾儿童阅读中的活动经历、记录儿童阅读经验的自我观察中，从阅读点折射到儿童自我全面的认识是一个不断精准细化的过程。例如，活动开展初期我们以儿童的自主阅读为主体，经过一段时间的实践，逐渐有意识地让儿童参与AI绘本管理系统数据的个性化报告中，让儿童通过和同伴的他评，发现自己和同伴在同一个文字上的线性是不一样的曲线。儿童对于不一样的曲线有着很大的探究欲望，当儿童贴近了解曲线背后是不一样的阅读绘本数量和时间等，儿童就会产生和同伴比一比的竞争意识，侧面加深儿童的阅读兴趣。在阅读区里，我们也投放了相关的自评表，当儿童对一本绘本产生浓厚的兴趣，并拥有想要和同伴进行分享的意识时，我们鼓励儿童用自己的方式进行简单梳理，并对自我绘本阅读进行"自评"，以记下感兴趣的画面、喜欢的原因以及星级评定喜欢的程度等进行自评，教师定期做好汇总为优化绘本的集中教学埋下伏笔。例如，在《拜访春天》中我们以"春天"为主题，儿童先是以已有经验的回顾进行了分享交流，接着我们从数据中发现很多儿童在使用阿尔法蛋时会有意识地寻找春天有关的绘本。于是，借助春天绘本的延伸，我们捕捉到儿童对于绘本《遇见春天》有很多精彩的共同话题：他们会使用"光秃秃、灰色"这样的词语来发现自然的细节，描述春天即将到来的景象；他们会用"咚咚、嗒嗒、地震声"来模仿自然界中的动物之声；他们会观察绘本从灰到彩的画面来判断春天的到来；等等。结合共读绘本、多元阅读、亲子阅读等，孩子们完成对春天主题印象的自评，在自评中扩充了自主学习的方法，促进阅读积极性。

对于儿童自评的整体而言，教师可以提供分析经验为儿童自我发展提供适宜支架，结合《3~6岁儿童学习与发展指南》为儿童进行年龄阶段的目标制定，让儿童参与目标的了解，在自我认知中实现和保证师

幼互动的真实有效性。

（二）关注阅读他评，提升评价主体融合互通性

在推动教育高质量发展的时代下，评价主体已不再是单一的教师、同伴、家长、园所管理者都可以是评价的一员。评价主体的融合互通，也是评价个性多元化的重要体现。单一的评价只能呈现静态的轨迹，他评的参与能助力评价的动态发展，使阅读评价更立体地呈现儿童阅读的发展轨迹。正如《幼儿园教育指导纲要（试行）》中所规定的："幼儿园管理者、教师、家长和幼儿自身都是评价工作的参与者。"

聆听分享是当下幼儿园互动的一种有效方式，通过阅读分享可以让更多的同伴加入儿童的阅读话题，让互动来达成同伴的他评能深入阅读学习，推动阅读质量的持续提升。在一次关于《美丽的梦想》绘本分享中，一位儿童通过介绍绘本故事中动物们的梦想，带领大家进一步了解大自然和动物世界，同时生发了全班儿童对于梦想的解读。儿童通过调查和实践来了解各种职业，他们充分发挥想象，在与同伴、家长和教师交流中以"提出 + 解答"的方式，进行了"热门职业大投票、我的梦想介绍和梦想大比拼"等活动的他评。在各抒己见和大胆表述中，儿童知道了怎么可以独立达成自己的梦想。在阅读互评中创造儿童深度学习的机会，以活动课程为载体来加入阅读他评的参与，在自然流畅的评价中提升评价主体融合的互通性。

（三）调动家长参与的积极性，推波助澜家园合力

将个性化阅读评价落实到一日活动及与家长日常的交流沟通、专项的交流沟通等活动中时，家长关于阅读的教育观及育儿行为也受到了影响和转变。为了个性化需求充分发挥其阅读评价作用，基于每一个儿童的个体差异性，有针对性地做好家园合作，引导家长在共同记录儿童成长的过程中，由被动配合转为主动合作，我们形成了这样的三部曲：

一是，明晰主题家长会活动的目标——使家园双方围绕阅读主题构建育儿共同体，深入了解认识儿童，达到儿童最近发展区。

二是，借助 AI 绘本管理系统共享儿童个性化阅读报告——在家园共同收集阅读经验的基础性下，家园双方合力对儿童年龄阶段进行补充性了解，顺应儿童真发展。

　　三是，家园双向信息互通共享——在对儿童阅读兴趣点的持续性发现和观察后，针对儿童及行为表现进行信息的扩充性交流，将家长富有价值的教育行为进行迁移运用。

　　信息化背景下的个性化阅读评价是儿童阅读的真实过程的记录，教师在提供"悦"状态的支架中，来协同多方的参与进行汇总分析，深入挖掘智能工具的潜在功能，从而实现多方关于阅读的共成长。通过阅读评价，来使儿童的阅读教育落地生根、有迹可循，促进儿童的全面发展。

案例来源：浙江省湖州市长兴实验幼儿园　魏倩雯

第八节　在"AI 数学"游戏活动中快乐学习

　　儿童的科学学习是儿童在解决实际问题的过程中发现和理解事物本质和事物间关系的过程，主要包括科学探究和数学认知。儿童科学学习的核心是激发探究欲望，培养探究能力。发现和保护儿童的好奇心，充分利用自然和实际生活机会，引导儿童通过观察、比较、操作、实验等方法，学会发现问题、分析问题和解决问题，帮助儿童不断积累经验，并运用于新的学习活动，形成受益终身的学习方法和能力，是《3～6岁儿童学习与发展指南》的准则。结合中班 AI 游戏化数学活动《兔妈妈的菜园》情景式、任务式、问题启发式的课堂教学案例，来阐述儿童在游戏中感受数与量的关系，将抽象的数学知识融入有趣的游戏中，保护儿童的好奇心，激发儿童主动学习。

一、AI 游戏化体验，感知数和量的变化

　　在《兔妈妈的菜园》一节教学课例中，首先进行动画形式的故事导入，吸引儿童的注意力，增加兴趣感；然后，赋予儿童一定的任务，激发儿童主动学习探究的欲望。例如，尝试比较 7 以内的数量，感知数量变化，能用"添上或去掉的方式理解数与数的关系"。动画故事中兔妈妈要带领小兔子们去菜园重新种萝卜，就给与了小朋友任务"小兔子们应该怎么分队呢"，儿童带着问题在游戏《小兔子抱一抱》中获得发现。

《小兔子抱一抱》游戏过程中儿童积极参与，精神高涨。游戏时，小朋友先围成一个圈，一边拍手围圈走，一边说："小兔子小兔子种萝卜，小兔子小兔子种萝卜，几个兔子一起去？"老师点击遥控，屏幕上的兔妈妈会放出"三个兔子一起去"的语音，小朋友听后迅速三个人抱在一起，教师进行小组验证，检查每组抱在一起的数量是否正确。小朋友要学会正确数人数，人不够时懂得"增添"，人太多时懂得"去掉"。游戏继续几次，每次屏幕上播放的兔子数量不同，小朋友抱在一起的数量就要不断变化。以此，让小朋友深刻理解数和量的变化。通过游戏亲身体验并感知到数量变化，明白原来可以通过"增添"或"去掉"的方式，变成我们想要的数量。

整个游戏进行的过程，是儿童知识探索的过程，也是解决课堂重点目标学习的部分。通过儿童积极参与游戏，让儿童感知并学习游戏中蕴含的数量关系，从而为后面的深度学习与实际操作奠定基础。

二、教师主动观察，及时精准反馈互动

在 AI 游戏化数学活动操作中，实现儿童全自主，儿童与趣味机器人充分自主互动，在好玩、易懂中学习。在儿童操作过程中，当答案正确时，屏幕中即有"小红花"的显示。儿童游戏胜利的过程就是知识掌握的过程；当没有"小红花"时，儿童能自主进行观察并主动纠错改正。儿童游戏中尝试和试错的全部过程，不仅能帮儿童回忆，更能帮教师实现有针对性地教，精准识别到哪些儿童还未理解重点学习内容并及时给予儿童辅导与回应。每个孩子个体差异性不同，通过 AI 课堂，教师能够针对每个孩子的情况进行精准把握，保证差异性的引导。

例如《兔妈妈的菜园》一节，操作过程中，屏幕语音提出问题："兔妈妈要种 6 个萝卜，请你帮忙一起种一种"，操作板上已经种了 4 个，小朋友需要在操作板空白的位置进行添加，但是个别小朋友会直接在空白的框中放 6 个，把操作板上已有的 4 个忽略掉，从而导致答案错误；当屏幕语音提出："兔妈妈的土地种不下太多萝卜，只能种 2 个萝卜"，操作板上种了 4 个萝卜，需要小朋友用 2 把锄头除掉 2 个萝卜，个别小朋友锄头放的位置没有在萝卜上，而是放在了空白的框中，也会导致答案错误。老师在儿童操作没有出现小红花时，会及时走到孩子身

边进行互动和引导，"仔细看一看操作板，已经种了几个萝卜？兔妈妈要种几个？还需要再种几个呢？""兔妈妈的地里种不下很多萝卜，只能种几个？现在地里有几个？多不多？应该怎么办？"提问和引导，能够促进儿童正确理解问题，做出正确答案。

在所有儿童完成游戏后，教师会进行集体验证正确答案。屏幕上还会显示哪个小朋友是第一个完成游戏的，这样能积极调动儿童游戏的热情，增强儿童学习的专注力。如果错误率较多的题目出现，不能够全部个别化引导，就在集体验证环节由儿童集体探讨错误原因，共同发现问题、解决问题。

三、连接家庭，家园互动助力儿童个性发展

家庭对孩子的教育更加灵活，也更有针对性和个性化。每个孩子都有自己的特点和爱好，家长更了解孩子，也有更多的精力和方法途径投入孩子的个性化教育中。信息技术能够进行课后统计并分析全班每一个儿童知识掌握程度、班级知识的薄弱点分布，便于老师全面、高效地对下轮活动课进行知识点教授和课程的针对性调整。同时，家长可通过"淘云智慧幼教"中的学习报告，对儿童本次活动情况、课堂反馈情况、知识掌握情况、知识弱点等进行查看，了解孩子答题正确以及错误的地方，便于家长利用生活环境实施知识点的巩固和运用。以《兔妈妈的菜园》为例，参与儿童 29 位，答题 4 个，正确率为 92.2%，家长可从后台的精准数据学习报告中看到自己孩子的学习动态，如图 7-13 所示。

后台答题情况：绿色为正确，红色为错误，灰色为未答。家长可根据详情查看红色错误的题目具体错在哪里。根据后台数据显示，个别孩子没有正确理解操作板，会出现漏数、错数的现象。为此，家园可以共同采取一些小方法加强儿童对数量关系的理解，例如，可以利用进餐时间，让孩子根据人数来正确摆放筷子，加强孩子对数量的认知；教师在一日生活中，需要拿取定量物品时，例如拿 5 个篮球、10 个呼啦圈、6 个沙包等，有意选择课堂上对数量认知弱一些的小朋友去取，从日常生活中隐藏的数学锻炼孩子。同时，和孩子一起进行一些数学小游戏，也是提升数学认知及思维能力的好方法。手指游戏"数十歌——一九一九

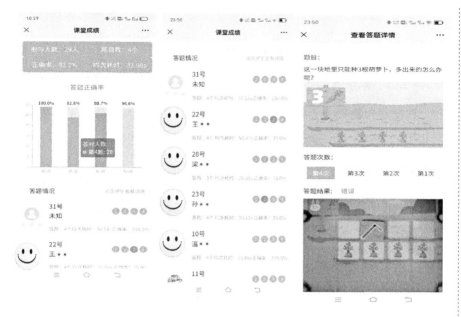

图7-13 儿童学习可视化数据

好朋友，二八二八手拉手，三七三七真亲密，四六四六一起走，五五凑成一双手""我们一起来凑5，我出4，你出几"从最简单的数字开始玩，由易到难，循序渐进。家长也可以在儿童回家后共同和孩子玩起来，加深孩子对知识点的理解与深度学习，家园共同搭建桥梁，促使孩子进步发展。

智能化生成教学不仅仅有教师和儿童的参与，更把儿童的每一步和教师的每一句引导，如实、及时地反馈给家长。家长通过及时观看和反馈，能够第一时间掌握自己孩子情况，利用家庭特殊的教育环境和家长的第一任教师的身份，继续引导儿童完成教育教学的目标，巩固教育学中的知识。

四、AI课堂活动反思

AI课堂每次授课前，平行组会集中进行教研活动，游戏化的流程具体是哪些内容，教师还需要做哪些补充与准备，在课前会完整地整理思路。课前的充足准备是为了儿童课堂的高效率完成目标，当然，课后反思环节也相当重要。在一节课中，儿童哪些方面得到了提升、发展了哪些方面的能力、对孩子养成良好学习品质有无促进、教师组织活动的能力和效果、课堂儿童个性化的体现、活动目标的达成，都需要一一反思，做出总结。

（一）活动目标的达成

根据后台数据，儿童操作正确率达到 92.2%，大部分孩子能够掌握利用"增添"或"去掉"的方式达到数量变化的知识点。

（二）个性化差异性的体现

从数据中可以发现，依然有近 8% 的儿童对知识点掌握得不够深入，或有不认真倾听，或者速度过慢，或者逻辑思维能力弱等，需要教师和家庭课后加强督促与巩固。

（三）教师活动的组织能力

活动中，教师能熟练操作信息技术，结合信息技术、游戏来吸引孩子的注意力。在游戏环节，调动孩子的积极性，让他们在游戏中探索学习。教师的引导语和总结语是一节数学课的关键。教师总结语过于啰唆，孩子容易含混不清。同时，在操作游戏中，儿童出现错误的原因，在于教师没有提前给儿童讲清楚操作，在课前教师应该把这个环节考虑进去，让孩子知道操作时应该注意的事项。

（四）儿童经验获得，能力提升

《兔妈妈的菜园》活动中，儿童在抱一抱游戏中，身体动作灵活性以及反应能力的发展都得以促进。儿童能主动大胆地表达自己的发现，语言能力也有发展。在操作游戏中，培养了儿童"爱思考""能专注""很认真"的良好学习品质。同时，孩子之间还会有社会性的交往与合作，共同查看是否错误，彼此纠错改正，共同感受成功带来的喜悦。

总之，AI 游戏化数学拓宽了儿童的学习方式，每节活动的知识点就藏在动画故事里。孩子听懂了故事，学会了倾听与观察，同时具备了良好的学习品质，这就增加了儿童的积极性和兴趣度。机器人丰富有趣的交互方式，让儿童爱不释手，愿意参与活动和游戏中，精准提升了每位儿童的能力。儿童乐意、喜欢自主，自主的学习模式让儿童愿意主动学，乐意学。它带给了孩子更多的快乐，孩子喜欢它，老师喜欢它，家长也看好它。

案例来源：河南省郑州市金水区第三幼儿园　尚俐伦 景园园 李丹

第九节 人工智能助力学前教育数字化建设

——区域智慧管理

一、数字信息化区域学前智慧管理条件

为贯彻落实《中共中央 国务院 关于学前教育深化改革规范发展的若干意见》，不断提高学前教育普及普惠水平，教育部制定了《县域学前教育普及普惠督导评估办法》。伴随《幼儿园保育教育质量评估指南》的颁布，中国学前教育迎来高质量发展，社会各界逐渐加强对幼儿园普及普惠水平、政府保障情况、幼儿园保教质量保障等实施状态的关注。如何有效发挥政府职能，落实各级人民政府和各有关部门的监督管理职责，通过解决方案促进幼儿园公益普惠和教育主管部门的有效动态监管，关键在于加强幼儿园保教质量。

教育主管部门针对园所的保教质量督导评估，不仅工作量大，而且时效性与客观性保障困难。依据区域园所的教育质量评估标准，实时获取多维度的过程性数据，提升评估督导智能化、科学化水平，这些都成为助力实现智慧化管理的新聚焦点。"人工智能＋学前教育"的解决方案，主要是通过人工智能和大数据技术，打造"数字化建设"一体化平台，助力区域智慧管理和园所科学保教的实施。随着学前教育的构建逐渐从"广覆盖、保基础"向"有质量"的教育服务体系迈进，"人工智能＋学前教育"更加需要把控三个方向："广覆盖"，做到政府的普及普惠监测；"保基本"，做到幼儿园的办园行为督导监测；"有质量"，做到学生的学前教育质量监测。"区域智慧幼儿园驾驶舱"，主要是通过将内容标准化、数据化和可视化等技术手段，实现区域教育管理部门对幼儿园的办园情况、保教管理、教师水平等内容的一目了然，使过程更加便捷，这突破了传统模式下使用线下表格的方式统计园所数据、计算评估指标等繁琐内容的限制。数据的分发、填写、收集、汇总、统计等非常耗时，通过数字化建设方式，实现了高效率、多维度、全流程、线上化等系统自定义统计指标，达成自动、实时的统计分析。

二、数字化区域学前智慧管理内容

区域大数据智慧驾驶舱依据《县域学前教育普及普惠督导评估办法》和《幼儿园建设标准》的要求，展示区域内各项评估指标的发展变化。学前教育大数据统计分析为园舍规划、教师培养，以及相关部门实现综合性治理提供决策依据。根据地方建园标准、教育管理需求，基于各类办园基础信息、园务保教数据，可定制区域大数据驾驶舱的具体板块内容。主要功能有以下六个方面。

1. 基本概况统计分析

园所统计：区域整体园所总数、公办园数、普惠园数、公办率、普惠率，以及各等级幼儿园分布。师幼统计：区域整体专任教师数、儿童数、师幼比。支持跳转查看各区县及幼儿园的详细统计数据。

2. 园所设施统计分析

建筑场地统计：区域整体占地面积、校舍建筑面积、室外活动面积、活动教室面积。建筑场地统计：区域整体图书阅览室数、科学发现室数、艺术美工室数、音体室数。支持跳转查看各区县及幼儿园的详细统计数据。

3. 区域幼儿园信息概览

以区域地图形式，展示区域内的各幼儿园的基本概况、AI 教学活动数据、考勤健康数据。基本概况：展示各幼儿园等级、是否公办园、是否普惠园。AI 教学活动数据统计：展示幼儿园各类 AI 游戏化课程教师教学场次和儿童参与次数。考勤健康数据统计：展示各幼儿园进园考勤、健康检查数据。支持跳转查看各区县及幼儿园的详细统计数据。

4. 考勤健康统计分析

进园考勤统计：区域整体儿童今日进园数、进园率，儿童今日病假数、病假率，儿童今日事假数、事假率，近 7 个工作日进园出勤率。健康检查统计：区域整体今日健康异常儿童数、各类症状的人数及较前一日的变化率、近 7 个工作日进园健康率。支持跳转查看各区县及幼儿园的详细统计数据。

5. 教工队伍统计分析

职称情况统计：区域整体专任教师各职称人数。学历情况统计：区域整体专任教师各学历人数及占比。岗位情况统计：区域整体各岗位人数及占比。支持跳转查看各区县及幼儿园的详细统计数据。

6. 教学教研统计分析

园本资源统计：区域整体各幼儿园的园本资源建设。课题成果统计：区域整体各个教师的课题成果建设。师资培训统计：区域整体各类培训场次。支持跳转查看各区县及幼儿园的详细统计数据，如图 7 – 14 所示。

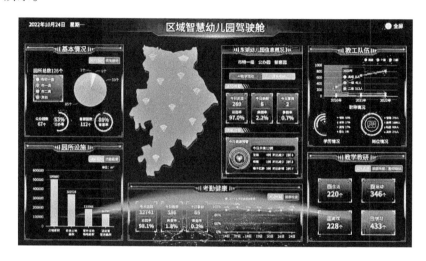

图 7 – 14　区域智慧幼儿园驾驶舱

三、数字化区域学前智慧之基础信息管理系统

依据国家教育行业标准《教育基础数据》（JY/T 0633—2022）和《教育系统人员基础数据》（JY/T 0637—2022）进行收集数据，依据教育部《幼儿园建设标准》（教发函〔2016〕231 号）、《县域学前教育普及普惠督导评估办法》以及地方办园标准进行统计分析。数据收集与统计：办园条件、场地面积、功能室和厨房、师资队伍建设等全局统计、各区县统计分析。办园达标对比分析：结合办园标准和地方政策制定达标线，用于统计对比分析。综合分析说明：通过数据全面分析，通过多个维度客观反映区域建设情况。

智慧幼教管理平台需要集成多种技术，包括云计算、大数据、人工智能等，研发团队需要具备较强的技术创新能力。围绕确保教育优先发展、落实立德树人的根本任务，运用新一代信息技术与学前教育深度融合，伴随式收集园所保育、教育和管理工作中产生的过程性数据，为督导工作打造全面客观的数据化支撑能力。透过数据服务，一方面减轻督导的前置统计压力，以时间换空间，将精力集中在提高督导专业化上，规范管理与业务指导"双轮驱动"，把督导工作做实、做细、做深；另一方面，围绕通过督导促发展的核心目标，依赖数据服务补短板促规范，疏导教育难点，优化学校管理。

案例来源：安徽淘云科技股份有限公司　　朱亚东　王洋　叶娟

参考文献

一、中文文献

（一）学术著作

［1］艾森克，基恩．认知心理学［M］．4 版．高定国，肖晓云，译．上海：华东师范大学出版社，2004.

［2］陈帼眉．学前儿童发展与教育评价手册［M］．北京：北京师范大学出版社，1994.

［3］陈鹤琴．家庭教育［M］．武汉：长江文艺出版社，2013.

［4］程书肖．教育评价方法技术［M］．北京：北京师范大学出版社，2004.

［5］陈向明．质的研究方法与社会科学研究［M］．北京：教育科学出版社，2006.

［6］陈幸军．学前教育概论［M］．北京：人民教育出版社，2015.

［7］陈玉琨．教育评价学［M］．北京：人民教育出版社，1999.

［8］冯晓霞．计算机与幼儿教育［M］．北京：人民教育出版社，2010.

［9］弗拉维尔，米勒，米勒．认知发展［M］．4 版．邓赐平，译．上海：华东师范大学出版社，2002.

［10］胡惠闵，郭良菁．幼儿园教育评价［M］．上海：华东师范大学出版社，2009.

［11］胡云聪，申建强，李容香．学前教育评价［M］．北京：人民邮电出版社，2015.

［12］金娣，王刚．教育评价与测量［M］．北京：教育科学出版社，2002.

［13］霍力岩，潘月娟，黄爽，等．学前教育评价［M］．3 版．北京：北京师范大学出版社，2015.

［14］霍力岩．学前教育评价［M］．北京：北京师范大学出版社，2000.

［15］李季湄，肖湘宁．幼儿园教育［M］．北京：北京师范大学出版社，1997.

［16］李玉侠，杨香香，张焕荣．幼儿园教育评价［M］．北京：北京师范大学出版社，2017.

［17］刘晶波．学前教育研究方法［M］．北京：人民教育出版社，2016.

［18］罗秋英，周文华．儿童行为观察与研究［M］．上海：复旦大学出版

社，2011.

　　[19] 克瑞克维斯基. 多元智能理论与学前儿童能力评价 [M]. 李季湄，方钧君，译. 北京：北京师范大学出版社，2002.

　　[20] 霍曼，班纳，韦卡特. 活动中的幼儿：幼儿认知发展课程 [M]. 郝和平，周欣，等译. 北京：人民教育出版社，1995.

　　[21] 彭聃龄. 普通心理学 [M]. 5 版. 北京：北京师范大学出版社. 2019.

　　[22] Sharman S，Cross W，Vennis D. 观察儿童：实践操作指南 [M]. 3 版. 单敏月，王晓平，译. 上海：华东师范大学出版社，2008.

　　[23] 申健强，吴志勤. 人生百年，立于幼学：学前教育理论与实践新探 [M]. 长春：吉林大学出版社，2015.

　　[24] 王坚红. 学前教育评价：理论·方法·实践 [M]. 北京：人民教育出版社，1994.

　　[25] 王颖嫣，蔡丹娜，胡佳. 数字化幼儿园："健康＋"智慧幼教整体解决方案 [M]. 长春：吉林美术出版社，2022.

　　[26] 王振宇. 学前儿童发展心理学 [M]. 北京：人民教育出版社，2004.

　　[27] 汪文义，宋丽红. 教育认知诊断评估理论与技术研究 [M]. 北京：北京师范大学出版社，2015.

　　[28] 吴钢. 现代教育评价基础 [M]. 上海：学林出版社，1996.

　　[29] 鄢超云. 学前教育评价 [M]. 北京：高等教育出版社，2010.

　　[30] 杜威. 我们怎样思维·经验与教育 [M]. 姜文闵，译. 北京：人民教育出版社，2005.

　　[31] 杨世诚. 学前教育科研方法 [M]. 北京：科学出版社，2007.

　　[32] 叶澜，白益民，王枬，等. 教师角色与教育发展新探 [M]. 北京：教育科学出版社，2001.

　　[33] 张乐天. 教育学 [M]. 2 版. 北京：高等教育出版社，2007.

　　[34] 张向众. 中国基础教育评价的积弊与更新 [M]. 北京：教育科学出版社，2009.

（二）学术期刊

　　[1] 蔡连玉，刘家玲，周跃良. 人机协同化与学生发展核心素养：基于社会智能三维模型的分析 [J]. 开放教育研究，2021（1）：24－31.

　　[2] 陈天福，潘玲蓉，宋铁成，等. 基于物联网的实验设备管理系统的研制 [J]. 电气电子教学学报，2012（5）：41－44.

　　[3] 戴海琦，谢美华，丁树良. 我国大陆认知诊断研究的文献计量分析 [J]. 南京师范大学学报（社会科学版），2013（6）：88－97.

　　[4] 戴雯，李雪佩，张剑，等. 学前儿童大肌肉动作发展特点与规律：基于身体移动与物体控制能力具体动作任务的分析 [J]. 学前教育研究，2017（6）：29－39.

［5］邓红红．农村幼儿教师信息素养的缺失与提高策略［J］．教育探索，2013，（7）：145－146.

［6］冯芳，田霖．南昌市民办幼儿园教师信息素养的现状调查与分析［J］．教育观察，2019（34）：110－113.

［7］傅钢善，方中玉，周回回．教师专业化背景下师范生专业知识发展研究［J］．黑龙江高教研究，2015（6）：80－84.

［8］傅宏．幼儿社会适应能力状况评价量表［J］．早期教育（教育教学），2000（6）：6.

［9］傅宏．幼儿日常行为习惯评价量表［J］．早期教育（教育教学），2000（20）：5.

［10］方丰娟，陈国鹏，戚炜颖．幼儿心理健康评估现状和思考［J］．心理科学，2006（2）：493－495.

［11］高海英．现代教育技术在幼儿语言教学中的运用［J］．中国现代教育装备．2014（12）61－62.

［12］葛晓英，王默，杨冬梅．大数据时代背景下幼儿园教师培训体系的重构［J］．学前教育研究，2020（9）：69－72.

［13］高旭亮，涂冬波．参数化认知诊断模型：心理计量特征，比较及其转换［J］．江西师范大学学报（哲学社会科学版），2017（1）：88－104.

［14］耿霞．幼儿园教师信息素养调查分析［J］．幼儿教育（教育科学），2011（10）：35－37，42.

［15］郭力平，蒋路易，吕雪．幼儿园教师"儿童观察能力"的情境判断测验：中国8省市幼儿园教师测评的实证研究［J］．教育测量与评价，2018（10）：26－33.

［16］郭力平，吕雪，罗艳艳，等．物联网技术应用于学前儿童类比推理评价与学习支持的研究：基于认知诊断方法［J］．电化教育研究，2020（9）：94－101.

［17］郭力平，孙佳玥，李丽．幼儿园教师保育与教育能力情境判断测验：基于2304名教师的实证研究［J］．学前教育研究，2021（11）：46－57.

［18］郝建江，郭炯．新兴技术赋能教师专业发展：诉求、挑战与路径［J］．开放教育研究，2023（1）：46－52.

［19］黄瑾，汤杰英．学前教师数学教学领域知识研究［J］．教师教育研究，2016（2）：101－104.

［20］黄瑾，王晓棠．质量监测视角下的美国早期儿童学习与发展评价［J］．全球教育展望2017（9）：104－117.

［21］黄友初．职前教师实践性知识的缺失与提升［J］．教师教育研究，2016（5）：85－90.

［22］黄瑾，张宁．幼儿园教师数学教学信念、领域教学知识与教学行为的关系研究［J］．教师教育研究，2019（5）：16－22.

[23] 洪秀敏，杜海军，张明珠．乡村振兴战略背景下幼儿园教师队伍建设"中部塌陷"的审思与治理 [J]．华中师范大学学报（人文社会科学版），2021 (2)：170-178.

[24] 蒋笃运．浅析智能教育中的几个哲学问题 [J]．河南社会科学，2019 (11)：119-124.

[25] 金锐，苑玉洁．信息技术促进区域幼儿教师综合素质发展模式探究 [J]．中国电化教育，2019 (8)：116-122.

[26] 李鸿，王林珠，谭怀忠．物联网技术在幼儿园幼儿管理中的应用研究 [J]．中国教育技术装备，2013 (9)：7-9.

[27] 李琳．学前教育评价的历史发展轨迹及其未来发展趋势 [J]．幼儿教育（教育科学），2012 (10)：42-47.

[28] 李少梅，王慧．面向幼儿教师培训的视频教学案例课程资源的设计开发研究 [J]．中国远程教育，2013 (21)：88-92.

[29] 李晓燕．现代信息技术在幼儿园语言教学活动中的运用 [J]．中国现代教育装备，2013 (20)：30-32.

[30] 李幼穗，周坤．同情心培养对幼儿典型亲社会行为影响的研究 [J]．心理科学．2010 (2)：341-345.

[31] 黎勇，蔡迎旗．基于核心素养的幼儿园教师专业促进路径 [J]．集美大学学报（教育科学版），2019 (6)：1-6.

[32] 李兆义，杨晓宏．"互联网+"时代教师专业素养结构与培养路径 [J]．电化教育研究，2019 (7)：110-120.

[33] 梁宗保，吴安莲，张光珍．父母消极养育方式与学前儿童社会适应问题的关系：亲子冲突的中介作用 [J]．学前教育研究，2022 (3)：43-52.

[34] 刘宝根，周兢，高晓妹，等．4-6岁幼儿图画书自主阅读过程中文字注视的眼动研究 [J]．心理科学，2011 (1)：112-118.

[35] 刘航，刘秀丽，陈憬，等．学前儿童情绪表达自发性控制的发展及心理理论的作用 [J]．教育研究，2017 (11)：91-99.

[36] 刘彦楼，辛涛，李令青，等．改进的认知诊断模型项目功能差异检验方法：基于观察信息矩阵的 Wald 统计量 [J]．心理学报，2016，48 (5)：588-598.

[37] 刘洋．"互联网+教育"新常态下学前教育教师信息技术素养调查与提升策略研究 [J]．中国电化教育，2018 (7)：90-96.

[38] 约翰逊，亚当斯·贝克尔，埃斯特拉达，等．新媒体联盟地平线报告：2015 基础教育版 [J]．开放学习研究，2015 (s1)：1-18.

[39] 刘霞，陈蓉晖．幼儿园教学活动中融入信息技术障碍类型与影响因素分析 [J]．学前教育研究，2019 (3)：71-84.

[40] 刘珍芳．幼儿教师信息素养现状调查与分析 [J]．现代教育技术，2010 (11)：64-68.

［41］卢长娥，冯桢石．幼儿教师信息素养调查与思考［J］．早期教育（教科研版），2012（4）：26－29．

［42］卢乃桂，钟亚妮．国际视野中的教师专业发展［J］．比较教育研究，2006（2）：71－76．

［43］罗楠艺，欧亮．幼儿教师信息素养现状调查与分析：以重庆市部分幼儿教师为例［J］．教育观察，2020（48）：43－45．

［44］马瑞，蔺梦科，宋珺，等．动作技能发展对学前儿童行为自我调节能力的影响［J］．体育科学，2019（11）：40－47．

［45］梅剑峰．基于模糊数学及数据挖掘的幼儿教师信息素养评价研究［J］．宁波大学学报（教育科学版），2012（5）：89－93．

［46］潘月娟，王艳云，汪苑．不同发展阶段的幼儿园教师数学学科教学知识的比较研究［J］．教师教育研究，2015（3）：56－62．

［47］彭杜宏．儿童早期学习品质的本质内涵、因素结构及学习效应［J］．学前教育研究，2020（3）：57－71．

［48］乔莹莹，周燕．人工智能时代幼儿园教师信息素养的内涵与培养［J］．学前教育研究，2021（11）：58－61．

［49］曲铁华，王凌玉．我国学前教师培训政策的演进历程及特点：基于1978—2016年政策文本的分析［J］．河北师范大学学报（教育科学版），2018（1）：24－31．

［50］任晓玲，严仲连．英国早期阶段儿童学习与发展评价研究及启示［J］．外国教育研究，2018（10）：13－24．

［51］宋丽红．测验Q矩阵中属性指定、选择和验证方法［J］．江西师范大学学报（哲学社会科学版），2017（1）：80－87．

［52］舒华，李平．学前儿童语言与阅读的发展及其促进［J］．学前教育研究，2014（10）：3－10．

［53］史弘文．物联网普及教育走进中小学的策略和实践［J］．中国信息技术教育，2013（10）：26－28．

［54］沈萍强．物联网校本课程设计与实施［J］．中小学数字化教学，2018（7）：63－65．

［55］涂冬波，张心，蔡艳，等．认知诊断模型—资料拟合检验统计量及其性能［J］．心理科学，2014（1）：205－211．

［56］汪大勋，高旭亮，韩雨婷，等．一种简单有效的Q矩阵估计方法开发：基于非参数化方法视角［J］．心理科学，2018（1）：180－188．

［57］万超，冯璐，卢阳．幼儿教师信息素养现状及影响因素实证分析：以沈阳市为例［J］．沈阳大学学报（社会科学版），2018（3）：261－267．

［58］王竟，吴响，黄怡鹤，等．医学院校物联网工程专业虚拟仿真实验教学体系建设与实践［J］．高教学刊，2017（21）：35－37．

［59］王晴语，赵静卉，高媛．学前儿童卫生与生活习惯调查研究［J］．教育理论与实践．2022（14）：48－51．

［60］王阳．基于职后需求导向的幼儿师范生信息技术能力培养研究［J］．教育评论，2015（6）：88－91．

［61］王永立．体育教学中教育技术的应用［J］．教学与管理（理论版），2007（12）：145－146．

［62］王运武，李炎鑫，李丹．智慧教育示范区建设的现状、内容与对策［J］．现代教育技术，2019（11）：26－32．

［63］魏戈，吕雪晗．从实践性知识反思教师教育课程改革——基于师范生教学视频的实证研究［J］．教师教育研究，2021（4）：76－85．

［64］武东海，明应安，孙国栋．基于物联网技术的大学生体质健康监测管理研究［J］．体育研究与教育，2019（3）：22－24．

［65］向海英．幼儿社会性发展评价方法初探［J］．当代教育科学，1997（5）：37－38．

［66］肖峰．信息技术的哲学特征［J］．学术界，2012（12）：50－60．

［67］肖文雅，王永波．物联网在高校图书馆管理中的应用［J］．信息技术，2014（3）：85－87．

［68］闫志明，朱友良，刘方媛．新一代信息技术支撑的教育评价：价值诉求、现实问题与建设进路［J］．现代教育技术，2022（11）：34－41．

［69］姚志湘，粟晖．多元统计描述中随机误差与变量空间角的关系［J］．中国科学：化学，2010（10）：1564－1570．

［70］许崇高，权德庆，严波涛，等．对儿童动作协调能力发展研究的前瞻与构想［J］．体育科学，1998（3）：93－94．

［71］于开莲，曹磊．教育信息化2.0时代幼儿园教师信息技术素养评价指标体系构建研究［J］．电化教育研究，2021（8）：51－58．

［72］叶宇．5G时代下高职院校"指数型"智慧教学模式创新构建［J］．中国职业技术教育，2022（20）：45－51．

［73］周兢，刘宝根．汉语儿童从图像到文字的早期阅读与读写发展过程：来自早期阅读眼动及相关研究的初步证据［J］．中国特殊教育，2010（12）：64－71．

［74］周琴，文欣月．从自适应到智适应：人工智能时代个性化学习新路径［J］．现代教育管理，2020（9）：89－96．

［75］朱晶晶，李燕，张云，等．学前儿童害羞与社会适应：师幼关系的调节作用［J］．心理科学，2018（5）：1130－1137．

［76］祝智庭，韩中美，黄昌勤．教育人工智能（eAI）：人本人工智能的新范式［J］．电化教育研究，2021（1）：5－15．

［77］朱书慧，汪基德．幼儿园教师信息技术素养及其模型构建研究［J］．电化教育研究，2019（6）：121－128．

［78］张建端，时俊新，刘国艳，等．幼儿社会性和情绪发展现况研究［J］. 中国妇幼保健，2007（9）：1244－1246.

［79］张莹．动作发展视角下的幼儿体育活动内容实证研究［J］. 北京体育大学学报，2012（3）：133－140，F0003.

［80］张晓，陈会昌，张桂芳，等．亲子关系与问题行为的动态相互作用模型：对儿童早期的追踪研究［J］. 心理学报，2008（5）：571－582.

［81］张晓，陈会昌，张桂芳．母子关系、师生关系与儿童入园第一年的问题行为［J］. 心理学报，2008（4）：418－426.

［82］赵建华，朱广艳．技术支持的教与学：多伦多大学安大略教育研究所 Jim Slotta 教授访谈［J］. 中国电化教育．2009（6）：1－6.

［83］赵义，曹映红，张莉萍．基于 ZigBee 技术的幼儿园环境控制系统的设计与实现［J］. 黄冈师范学院学报，2017（3）：58－60.

［84］支祖利．物联网技术在学生日常管理中的应用［J］. 阜阳职业技术学院学报，2016（2）：31－32.

（三）学位论文

［1］鲍孟颖．运用 DINA 模型对 5 年级学生数学应用题问题解决进行认知诊断［D］. 上海：华东师范大学，2014.

［2］白恩唐．青岛市幼儿教师信息素养的现状调查与培训对策研究［D］. 济南：山东师范大学，2015.

［3］蔡艳．群体水平的英语阅读问题解决能力评估及认知诊断［D］. 南昌：江西师范大学，2010.

［4］陈兆强．基于物联网的校园环境监测系统研究［D］. 长春：吉林大学，2018.

［5］房俞彤．学前教育专业本科生信息化教学能力调查和培养研究［D］. 长沙：湖南大学，2018.

［6］何婷．基于可穿戴设备的幼儿行为评价研究［D］. 上海：华东师范大学，2019.

［7］胡金生．儿童同情心的结构及其发展特点的研究［D］. 大连：辽宁师范大学，2004.

［8］李姗姗．3—4 岁儿童按数取物游戏的物联网技术应用及数据挖掘［D］. 上海：华东师范大学，2020.

［9］涂冬波．项目自动生成的小学儿童数学问题解决认知诊断 CAT 编制［D］. 南昌：江西师范大学，2009.

［10］伍正翔．批判与超越：信息技术在基础教育中的价值重构［D］. 长春：东北师范大学，2009.

［11］于京．信息技术在 5—6 岁儿童分类排序教学中的应用研究［D］. 哈尔

滨：哈尔滨师范大学，2019.

[12] 余悦粤．幼儿园教师信息技术素养研究 [D]．重庆：西南大学，2020.

[13] 汤杰英．学前教师领域教学知识研究 [D]．上海：华东师范大学，2013.

[14] 臧芳．基于认知诊断理论的小学生数学能力评价研究 [D]．上海：华东师范大学，2012.

[15] 左萌．潜在特质模型与潜在分类模型的诊断结果对比研究 [D]．南昌：江西师范大学，2016.

（四）其他

[1] 中华人民共和国教育部．教育信息化2.0行动计划 [EB/OL]．[2020 - 10 - 10]．https：//etc. hzu. edu. cn/2018/0420/c877a156035/page. html.

[2] 新华社．中共中央国务院印发《深化新时代教育评价改革总体方案》[OL]．http：//www. gov. cn/zhengce/2020 - 10/13/content_5551032. htm.

[3] 国家中长期教育改革和发展规划纲要（2010—2020 年）[EB/OL]．http：//www. gov. cn/jrzg/2010 - 07/29/content_1667143. htm.

[4] 教育信息化十年发展规划（2011—2020 年）[EB/OL]．http：//www. edu. cn/zong_he_870/20120330/t20120330_760603. shtml.

二、外文文献

（一）学术著作

[1] BRANSFORD J D, BROWN A L, Cocking R R. How People Learn [M]. Washington, DC：National Academy Press, 2000.

[2] CAROLYN S. Emotion Regulation and Personality Development in Childhood [M]//Handbook of Personality Development. Mahwah, NJ：Lawrence Erlbaum Associates Publishers, 2006.

[3] DANIELA L. Smart Learning with Educational Robotics [M]. New York：Springer, 2019.

[4] EMBRETSON S E, YANG X. Construct Validity and Cognitive Diagnostic Assessment [M]. New York：Cambridge University Press, 2007.

[5] FROST J L. A History of Children's Play and Play Environments：Toward a Contemporary Child-saving Movement [M]. London；New York：Routledge, 2009.

[6] LINDER T W. Transdisciplinary Play-based Assessment：A Functional Approach to Working with Young Children [M]. Towson：Paul H Brookes Publishing, 1993.

[7] NOVAK J D, GOWIN D B. Learning How to Learn [M]. New York：Cambridge University Press, 1984.

[8] PIANTA R C. Child-Parent Relationship Scale [M]. Virginia：University of Virginia, 1992.

［9］RIJEKA J, CORTÉS M, HYTÖNEN M, et al. Touching Nametags with NFC Phones: A Playful Approach to Learning To Read ［M］. Heidelberg: Springer-Verlag, 2013.

［10］SAWYER R K. Introduction: The New Science of Learning ［M］//Cambridge Handbook of the Learning Sciences. New York: Cambridge University Press, 2006.

［11］SMIDT S. Observing, Assessing and Planing for Children in the Early Years ［M］. London; New York: Routledge, 2005.

［12］ZHUANG R X, LIU D J, SAMPSON D, et al. Smart Education in China and Central & Eastern European Countries ［M］. Singapore: Springer Nature Singapore, 2023.

（二）学术期刊

［1］ASHFORD S J, BLATT R, et al. Reflections on the Looking Glass: A Review of Research on Feedback-seeking Behavior in Organizations ［J］. Journal of Management, 2003, 29（6）: 773 – 799.

［2］BORKO H. Professional Development and Teacher Learning: Mapping the Terrain ［J］. Educational Researcher, 2004（33）: 3 – 15.

［3］BUSTAMANTE A, WHITE L J, GREENFIELD D B. Approaches to Learning and Science Education in Head Start: Examining Bidirectionality ［J］. Early Childhood Research Quarterly, 2018（44）: 34 – 42.

［4］CHAN K K H, XU L H, COOPER R, et al. Teacher Noticing in Science Education: Do You See What I See? ［J］. Studies in Science Education, 2021（57）: 1 – 44.

［5］CHAN K K H, YAU K W. Using Video-based Interviews to Investigate Preservice Secondary Science Teachers' Situation – Specific Skills for Informal Formative Assessment ［J］. International Journal of Science and Mathematics Education, 2021（19）: 289 – 311.

［6］CHEN J, MCNAMEE G D. Positive Approaches to Learning in the Context of Preschool Classroom Activities ［J］. Early Childhood Education Journal, 2011（39）: 71 – 78.

［7］CHUNG G K W K, BAKER E L. An Exploratory Study to Examine the Feasibility of Measuring Problem-solving Processes Using A Click-through Interface ［J］. The Journal of Technology, Learning and Assessment, 2003, 2（2）: 1 – 29.

［8］CLEMENTS D H, SARAMA J. Learning Trajectories in Mathematics Education ［J］. Mathematical Thinking and Learning, 2004（6）: 81 – 89.

［9］CUNNINGHAM A E, STANOVICH K E. Early Reading Acquisition and its' Relation to Reading Experience and Ability 10 Years Later ［J］. Developmental Psychology, 1997（33）: 934 – 945.

［10］DAVIS H A. Conceptualizing the Role and Influence of Student-Teachers Relationships for Children's Social and Cognitive Development ［J］. Educational Psychologist, 2003（38）: 207 – 234.

[11] DIBELLO L V, STOUT W. Guest Editors' Introduction and Overview: IRT-based Cognitive Diagnostic Models and Related Methods [J]. Journal of Educational Measurement, 2007 (44): 285 – 291.

[12] DUNEKACKE S, JENBEN L, BlöMEKE S. Effects of Mathematics Content Knowledge on Pre-School Teachers' Performance: A Video-based Assessment of Perception and Planning Abilities in Informal Learning Situationd [J]. International Journal of Science and Mathematics Education, 2015 (13), 267 – 286.

[13] FANTUZZO J, MCWAYNE C, PERRY M A, et al. Multiple Dimensions of Family Involvement and Their Relations to Behavioral and Learning Competencies for Urban, Low-income Children [J]. School Psychology Review, 2004 (33): 467 – 480.

[14] GIERL M J, ALVES C, MAJEAU R T. Using the Attribute Hierarchy Method to Make Diagnostic Inferences About Examinees' Knowledge and Skills in Mathematics: An Operational Implementation of Cognitive Diagnostic Assessment [J]. International Journal of Testing, 2010 (10): 318 – 341.

[15] GLIGORIĆN, DIMČIĆT, KRČO S, et al. Internet of Things Enabled LED Lamp Controlled by Satisfaction of Students in a Classroom [J]. A Publication of IPSI Bgd Internet Research, 2014, 10 (1): 5 – 8.

[16] GÓMEZ J, HUETEB J F, HOYOS O, et al. Interaction System Based on Internet of Things as Support for Education [J]. Procedia Computer Science, 2013 (21): 132 – 139.

[17] HATTIE J A C, TIMPERLEY H H S. The Power of Feedback [J]. Review of Educational Research, 2007 (77): 81 – 112.

[18] HUANG R J, LI Y P. What Matters Most: A Comparison of Expert and Novice Teachers' Noticing of Mathematics Classroom Events [J]. School Science and Mathematics, 2012 (112): 420 – 432.

[19] HU B Y, TEO T, NIE Y Y, et al. Classroom Quality and Chinese Preschool Children's Approaches to Learning [J]. Learning and Individual Differences, 2017 (54): 51 – 59.

[20] IFENTHALER D. Bridging the Gap Between Expert-Novice Differences: The Model-based Feedback Approach [J]. Journal of Research on Technology in Education, 2010, 43 (2): 103 – 117.

[21] JACOBS V R, LAMB L C, PHILIPP R A. Professional Noticing of Children's Mathematical Thinking [J]. Journal for Research in Mathematics Education, 2010 (41): 169 – 202.

[22] JENNIFER M S, CHEN J Q. Pedagogical Content Knowledge for Preschool Mathematics: Consteuct Validity of A New Teacher Interview [J]. Journal of Research in Childhood Education, 2012 (26): 291 – 307.

［23］KANFER R, ACKERMAN P L. Motivation and Cognitive Abilities: An Integrative/Aptitude-treatment Interaction Approach to Skill Acquisition ［J］. Journal of applied psychology, 1989 (74): 657 – 690.

［24］KIM P W. Real-time Bio-signal-processing of Students Based on An Intelligent Algorithm for Internet of Things to Assess Engagement Levels in A Classroom ［J］. Future Generation Computer Systems, 2018 (86): 716 – 722.

［25］KNIEVEL I, LINDMEIER A, HEINZE A. Beyond Knowledge: Measuring Primary Teachers' Subject-specific Competences in and for Teaching Mathematics with Items Based on Video Vignettes ［J］. International Journal of Science and Mathematics Education, 2015 (13): 309 – 329.

［26］KRIKKEN J B, WIJK A J V, CATE J M T, et al. Child Dental Anxiety, Parental Rearing Style and Referral Status of Children ［J］. Community Dental Health, 2012, 29 (4): 289 – 292.

［27］KROMM H. Felt or False Smiles? Volitional Regulation of Emotional Expression in 4-, 6-, and 8-year-old Children ［J］. Child Development, 2015, 86 (2): 579 – 597.

［28］LEIGHTON J P, GIERL M J. Defining and Evaluating Models of Cognition Used in Educational Measurement to Make Inferences About Examinees' Thinking Processes ［J］. Educational Measurement: Issues and Practice, 2007 (26): 3 – 16.

［29］LEIGHTON J P, GIERL M J, HUNKA S. The Attribute Hierarchy Method for Cognitive Assessment: A Variation on Tatsuoka's Rule-space Approach ［J］. Journal of Educational Measurement, 2004 (41): 205 – 237.

［30］LI-GRINING C P, VOTRUBA-DRZAL E, MALDONADO-CARRENO C, et al. Children's Early Approaches to Learning and Academic Trajectories Through Fifth Grade ［J］. Developmental Psychology, 2010, 46 (5): 1062 – 1077.

［31］MARSH J. Young Children's Play in Online Virtual Worlds ［J］. Journal of Early Childhood Research, 2010 (8): 23 – 39.

［32］MCCLELLAND M M, MORRISON F J, HOLMES D L. Children at Risk for Early Academic Problems: the Role of Learning-related Skills ［J］. Early Childhood Research Quarterly, 2000 (15): 307 – 329.

［33］MCDERMOTT P A, RIKOON S, FANTUZZO J W. Tracing Children's Approaches to Learning Through Head Start, Kindergarten, and First Grade: Different Pathways to Different Outcomes ［J］. Journal of Educational Psychology, 2014 (106): 200 – 213.

［34］MCWAYNE C M, FANTUZZO J W, MCDERMOTT P A. Preschool Competency in Context: an Investigation of the Unique Contribution of Child Competencies to Early Academic Success ［J］. Developmental Psychology, 2004, 40 (4): 633 – 645.

［35］MENG C. Classroom Quality and Academic Skill: Approaches to Learning as A

Moderator [J]. School Psychology Quarterly, 2015, 30 (4): 553 –563.

[36] MORINE-DERSHIMER G. Pre-service Teachers' Conceptions of Content and Pedagogy: Measuring Growth in Reflective, Pedagogical Decision-making [J]. Journal of Teacher Education, 1989 (40), 46 –52.

[37] MUSU-GILLETTE L E, BAROFSKY M Y, LIST A. Exploring the Relationship Between Student Approaches to Learning and Reading Achievementat the School Level [J]. Journal of Early Childhood Literacy, 2015 (15): 37 –72.

[38] MYHILL D, WARREN P. Scaffolds or Straitjackets? Critical Moments in Classroom Discourse [J]. Educational Review, 2005 (57), 55 –69.

[39] NARCISS S, HUTH K. Fostering Achievement and Motivation with Bug-related Tutoring Feedback in A Computerbased Training for Written Subtraction [J]. Learning and Instruction, 2006 (16): 310 –322.

[40] O'NEIL H F, CHUANG S S, CHUNG G K W K. Issues in the Computer-based Assessment of Collaborative Problem Solving [J]. Assessment in Education: Principles, Policy & Practice, 2003, 10 (3): 361 –373.

[41] PAAS F, RENKL A, SWELLER J. Cognitive Load Theory and Instructional Design: Recent Developments [J]. Educational Psychologist, 2003 (38): 1 –4.

[42] SANTAGATA R, YEH C. The Role of Perception, Interpretation, and Decision Making in the Development of Beginning Teachers' Competence [J]. ZDM, 2016 (48): 153 –165.

[43] SARAMA J, CLEMENTS D H, WOLFE C B, et al. Professional Development in Early Mathematics: Effects of An Intervention Based on Learning Trajectories on Teachers' Practices [J]. Nordic Studies in Mathematics Education, 2016, 21 (4): 29 –55.

[44] SARAMA J, CLEMENTS D H, STARKEY P, et al. Scaling Up the Implementation of A Pre-kindergarten Mathematics Curriculum: Teaching for Understanding with Trajectories and Technologies [J]. Journal of Research on Educational Effectiveness, 2008 (1): 89 –119.

[45] SCHRADER P G, MCCREERY M P. The Acquisition of Skill and Expertise in Massively Multiplayer Online Games [J]. Educational Technology Research and Development, 2008 (56): 557 –574.

[46] SHERIN M, VANES E. Using Video to Support Teachers' Ability to Notice Classroom Interactions [J]. The Journal of Technology and Teacher Education, 2005 (13): 475 –491.

[47] SHUTE V J. Stealth Assessment in Computer-based Games to Support Learning [J]. Computer Games and Instruction, 2011, 55 (2): 503 –523.

[48] SHUTE V J. Focus on Formative Feedback [J]. Review of Education Research, 2007 (78): 153 –189.

［49］STERNBERG R J, GARDNER M. Unities in Inductive Reasoning ［J］. Journal of Experimental Psychology: Gentral, 1983 （112）: 80 - 116.

［50］TATSUOKA C. Diagnostic Models as Partially Ordered Sets ［J］. Measurement: Interdisciplinary Research and Perspectives, 2009 （7）: 49 - 53.

［51］TAN T H, LIU T Y, CHANG C C. Development and Evaluation of An RFID-based Ubiquitous Learning Environment for Outdoor Learning ［J］. Interactive Learning Environments, 2007, 15 （3）: 253 - 269.

［52］UZELAC A, GLIGORIC N, KRCO S. A Comprehensive Study of Parameters in Physical Environment That Impact Students' Focus During Lecture Using Internet of Things ［J］. Computers in Human Behavior, 2015 （53）: 427 - 434.

［53］VITIELLO V E, GREENFIELD D, MUNIS P, et al. Cognitive Flexibility, Approaches to Learning, and Academic School Readiness in Head Start Preschool Children ［J］. Early Education and Development, 2011 （22）: 388 - 410.

（三）其他

［1］BECKER S A, CUMMINS M, DAVIS A, et al. NMC Horizon Report: 2015 Higher Education Edition ［R］. The New Media Consortium, 2015.

［2］BECKER S A, CUMMINS M, DAVIS A. The NMC Horizon Report: 2012 Higher Education Edition ［R］. The New Media Consortium, 2013.

［3］BODA P A, SVIHLA V. Minding the Gap: Lacking Technology Inquiries for Designing Instruction to Retain STEM Majors ［C］//Handbook of Research in Educational Communications and Techndogy, 2020 : 423 - 436.

［4］BUS A G, SARI B, TAKACS Z K . The Promise of Multimedia Enhancement in Children's Digital Storybooks ［C］//Literacy Studies, 2019 （18）: 45 - 55.

［5］DI LIETO M C, PECINI C, CASTRO E. et al. Robot Programming to Empower Higher Cognitive Functions in Early Childhood ［C］//Smart Learning with Educational Robotics, 2019: 229 - 250.

［6］FENG B, WANG L. Multimodal Information Processing Method of College English Course Online Education System ［C］//e-Learning, e-Education, and Online Training, 2021: 378 - 390.

［7］GU Z L, LING W Y, LIU B, et al. "Let There Be Light": Evaluating a Serious Game Using Image Schemas for Teaching Preschool Children Scientific Concept and Developing Their Creativity ［C］//Learning and Collaboration Technologies: Games and Virtual Environments for Learning, 2021: 31 - 46.

［8］JIANG Z. Analysis of Student Activities Trajectory and Design of AtteNdance Management Based on Internet of Things ［C］//2016 International Conference on Audio, Language and Image Processing （ICALIP）, 2016: 600 - 603.

[9] MISLEVY R J, HAERTEL G, RICONSCENTE M, et al. Evidence-centered Assessment Design [C]//Assessing Model-based Reasoning Using Evidence-centered Design. Springer, Cham, 2017: 19-24.

[10] OGATA H, AKAMATSU R, MITSUHARA H, et al. Tango: Supporting Vocabulary Learning with RFID Tags [C]//Proc Int Workshop Series on RFID, 2004.

[11] PLAUSKA I, DAMASEVICIUS R. Educational Robots for Internet-of-things Supported Collaborative Learning [C]//International Conference on Information & Software Technologies. Springer, Cham, 2014.

[12] REVELLE G L, STROUSE G A, TROETH G L, et al. Technology Support for Adults and Children Reading Together: Questions Answered and Questions Raised [C]//Reading in the Digital Age: Young Children's Experiences with E-books, 2019 (18): 103-132.

[13] RUGHINIŞ R. Talkative Objects in Need of Interpretation: Rethinking Digital Badges in Education [C]//CHI'13 Extended Abstracts on Human Factors in Computing Systems, ACM, 2013: 2099-2108.

[14] SCARADOZZI D, SCREPANTI L, CESARETTI L. Towards a Definition of Educational Robotics: A Classification of Tools, Experiences and Assessments [C]// Smart Learning with Educational Robotics, 2019 : 63-92.

[15] SCOTT-LITTLE C, KAGAN S L, FRELOW V S. Inside the Content: the Breadth and Depth of Early Learning Standards [R]. Regional Educational Laboratory at Serve, 2005.

[16] SÁNCHEZ I, CORTÉS M, RIEKKI J, et al. NFC-based Interactive Learning Environments for Children [C]//IDC'11: Proceedings of the 10th International Conference on Interaction Design and Children, ACM, 2011: 205-208.

[17] TIMPERLEY H, WILSON A, BARRAR H, FUNG I. Teacher Professional Development: Best Evidence Synthesis Iteration [C]//Educational Practices Series-18, 2008.

[18] WANG Y. English Interactive Teaching Model Which Based Upon Internet of Things [C]//2010 International Conference on Computer Application and System Modeling (ICCASM 2010). IEEE, 2010 (13): V13-587-V13-590.

[19] Xu Z C, SONG C, Li L. Design of Online Teaching System for Theory of Variable Order Fractional Gradient Descent Method [C]//e-Learning, e-Education, and Online Training, 2023: 229-242.